150 Jahre
Wissen für die Zukunft
Oldenbourg Verlag

Kostensteuerung kompakt

von
Prof. Dr. Robert C. Rickards

Oldenbourg Verlag München Wien

Bibliografische Information der Deutschen Nationalbibliothek

Die Deutsche Nationalbibliothek verzeichnet diese Publikation in der Deutschen Nationalbibliografie; detaillierte bibliografische Daten sind im Internet über <http://dnb.d-nb.de> abrufbar.

© 2008 Oldenbourg Wissenschaftsverlag GmbH
Rosenheimer Straße 145, D-81671 München
Telefon: (089) 4 50 51-0
oldenbourg.de

Lektorat: Wirtschafts- und Sozialwissenschaften, wiso@oldenbourg.de
Herstellung: Anna Grosser
Coverentwurf: Kochan & Partner, München
Cover-Illustration: Hyde & Hyde, München
Gedruckt auf säure- und chlorfreiem Papier
Druck: Grafik + Druck, München
Bindung: Thomas Buchbinderei GmbH, Augsburg

ISBN 978-3-486-58386-1

Inhalt

Abkürzungs- und Symbolverzeichnis

Best.	Bestellung(en)
ΔB	Beschäftigungsabweichung
ΔeB	„echte" Beschäftigungsabweichung
ΔG	Gesamtabweichung vom statischen Budget
ΔL	leistungsmengenbedingte Abweichung
ΔP	Preisabweichung
ΔP_g	Preisabweichung 2. Grades, d. h. die gemischte Komponente der Preis-Verbrauchsabweichung
ΔP_L	Preisabweichung der Fertigungsmaterialbestände
ΔP_r	Preisabweichung 1. Grades, d. h. die reine Komponente der Preisabweichung
ΔS	Abweichung vom flexiblen Budget
ΔU	Umsatzabweichung
ΔV	Verbrauchsabweichung
BAM	business activity monitoring
CFO	chief financial officer
CPM	corporate performance management
EAI	enterprise application integration
EFQM	European Foundation for Quality Management
ERP	enterprise resource planning
€	Euro
G	günstige Abweichung

h	Stunde
IAS	International Accounting Standard(s)
IFRS	International Financial Reporting Standard(s)
$IKSvFGK_{IEV}$	Istkostensatz variabler Fertigungsgemeinkosten je Inputeinheit der Verrechnungsgrundlage
$IKSvFGK_{PE}$	Istkostensatz variabler Fertigungsgemeinkosten je Produkteinheit
IM	Istmenge eines Inputs insgesamt
IM_A	Istmenge des Absatzes
IM_{PE}	Istmenge eines Inputs je Produkteinheit
IM_B	Istmenge des beschafften Inputs
IM_V	Istmenge des verbrauchten Inputs
IPE	Istzahl der Produkteinheiten
IP_I	Istpreis eines Inputs insgesamt
IP_{IE}	Istpreis je Inputeinheit
IP_{PE}	Istpreis je Produkteinheit
IT	Informationstechnologie
KMU	kleine und mittelständische Unternehmen
KPI	key performance indicator
Mh	Maschinenstunde(n)
PE	Produkteinheit(en)
PfFGK	geplante fixe Fertigungsgemeinkosten
$PKSfFGK_{IEV}$	Plankostensatz fixer Fertigungsgemeinkosten je Inputeinheit der Verrechnungsgrundlage
$PKSfFGK_{PE}$	Plankostensatz fixer Fertigungsgemeinkosten je Produkteinheit
$PKSvFGK_{IEV}$	Plankostensatz variabler Fertigungsgemeinkosten je Inputeinheit der Verrechnungsgrundlage
$PKSvFGK_{PE}$	Plankostensatz variabler Fertigungsgemeinkosten je Produkteinheit
PM	Planmenge eines Inputs insgesamt
PM_A	Planmenge des Absatzes
PM_{PE}	Planmenge eines Inputs je Produkteinheit

PPE	Planzahl der Produkteinheiten
PP_{IE}	Planpreis je Inputeinheit
PP_{PE}	Planpreis je Produkteinheit
Rv.	Rüstvorgänge
$\sum$	Summe
SfFGK	fixe Fertigungsgemeinkosten im Soll
SK_I	Sollkosten eines Inputs
SK_{IE}	Sollkosten je Inputeinheit
$SKSfFGK_{IEV}$	Sollkostensatz fixer Fertigungsgemeinkosten je Inputeinheit der Verrechnungsgrundlage
$SKSfFGK_{PE}$	Sollkostensatz fixer Fertigungsgemeinkosten je Produkteinheit
$SKSvFGK_{IEV}$	Sollkostensatz variabler Fertigungsgemeinkosten je Inputeinheit der Verrechnungsgrundlage
$SKSvFGK_{PE}$	Sollkostensatz variabler Fertigungsgemeinkosten je Produkteinheit
SM	Sollmenge eines Inputs insgesamt
SM_{PE}	Sollmenge eines Inputs je Produkteinheit
SM_V	Sollmenge des verbrauchten Inputs
SP_I	Sollpreis eines Inputs
SPI	supplier performance index
StK_I	Standardkosten eines Inputs insgesamt
StK_{IE}	Standardkosten je Inputeinheit
StK_{IPE}	Standardkosten für die Istzahl der Produkteinheiten
StK_{PE}	Standardkosten je Produkteinheit
$StKSfFGK_{IEV}$	Standardkostensatz fixer Fertigungsgemeinkosten je Inputeinheit der Verrechnungsgrundlage
$StKSfFGK_{PE}$	Standardkostensatz fixer Fertigungsgemeinkosten je Produkteinheit
$StKSfVGK_{PE}$	Standardkostensatz fixer Vertriebsgemeinkosten je Produkteinheit
$StKSvFGK_{IEV}$	Standardkostensatz variabler Fertigungsgemeinkosten je Inputeinheit der Verrechnungsgrundlage
$StKSvFGK_{PE}$	Standardkostensatz variabler Fertigungsgemeinkosten je Produkteinheit

StKSvVGK$_{IEV}$ Standardkostensatz variabler Vertriebsgemeinkosten je Inputeinheit der Verrechnungsgrundlage

StKSvVGK$_{PE}$ Standardkostensatz variabler Vertriebsgemeinkosten je Produkteinheit

StM   Standardmenge eines Inputs insgesamt

StM$_{PE}$ Standardmenge eines Inputs je Produkteinheit

StM$_V$ Standardmenge des verbrauchten Inputs

SVA   shareholder value assessment

(U)   ungünstige Abweichung

VfFGK   verrechnete fixe Fertigungsgemeinkosten

¥   Yen

Danksagung

Diese Arbeit wurde während eines Forschungsfreisemesters begonnen, das vom Fachbereichsrat der Hochschule Harz unter dem Dekanat von Herrn Kollegen Martin Wiese bewilligt wurde.

Am meisten Mut, Zeit und Geduld hat eine ehemalige Studentin, Frau Christiane Lenz, aufgebracht und das Manuskript zur Gänze gelesen. Bis an die Grenze des Zumutbaren hat sie den ursprünglichen Entwurf überarbeitet und manche nützlichen Verbesserungsvorschläge gemacht. Ganz besonderer Dank gilt Martina Hesse, die die Schlussredaktion übernahm.

Hinweise kamen auch aus einigen Jahrgängen von Studierenden der Hochschule Harz, der Handelshochschule Leipzig und der Hochschule für Telekommunikation - Leipzig, nachdem sie das Manuskript gelesen und die Aufgaben gelöst hatten.

Herr Markus Wagner hat den Text und die Abbildungen formatiert. Dabei hat er oft Tücken in der Software überlistet, um meine Wünsche umzusetzen.

Frau Meike Schaich und Dr. Jürgen Schechler vom Oldenbourg Verlag bringen mir mit der Veröffentlichung großes Vertrauen entgegen.

Ihnen allen sei herzlicher Dank gesagt.

Osterode am Harz

Robert C. Rickards

Vorwort

Nach „Budgetplanung kompakt" legt Robert C. Rickards nun sein zweites gelungenes Lehrbuch vor.

Rickards beginnt seine Darstellung von Kostensteuerungsmethoden in seiner spezifischen Art und Weise, zunächst den Studierenden eine Einordnung des Stoffes zu ermöglichen. So gibt er zunächst einen ausführlichen Überblick über den Stand der Praxis bei Planungsrechnung und Abweichungsanalyse – nicht nur in Deutschland, sondern mit dem international geschulten Auge auch auf andere europäische Länder.

Unter Berücksichtigung jüngerer empirischer Studien zu den Anwendungsbereichen von Planungsrechnungen und anderen Controlling-Tools in Unternehmen zeigt Rickards mit treffendem Blick die Gründe auf, die jeweils zu Fortentwicklungen der Instrumente führten. Insbesondere können die Studierenden daraus entnehmen, warum manchen Instrumenten eine andauernde, anderen eine eher kürzere „Karriere" zugekommen ist. Zwischen Better Budgeting und Beyond Budgeting, mit deren Skizzierung Rickards an sein erstes Buch anknüpft, wird dem Advanced Budgeting mit der gelungen Zusammenfassung empirischer Befunde aus dem CFO-Panel von Horvath & Partners angemessen breiter Raum eingeräumt. So formt er ein plastisches Bild von den Stärken, aber auch von den zahlreichen Schwächen traditioneller Planungsmethoden und den Ansätzen zu deren Überwindung.

Praxisnähe ist aber nicht nur aus der konzentrierten Wiedergabe dieser Manager-Befragung zu ziehen. Richtig spannend liest sich der Abschnitt über die meist mittelständischen Zulieferer der (deutschen) Automobilindustrie, deren Steuerungsinstrumentarium sich stark verändern musste, um den massiv gesteigerten Anforderungen ihrer Großkunden nachkommen zu können.

Nach diesen ausführlichen Vorbereitungen wissen die Leserinnen und Leser, worum es geht. Das konkrete Instrumentarium für die zwei großen Bereiche der Einzelkosten- und der Gemeinkostenbetrachtungen entwickelt Rickards dann immer mit Bezug auf den realen betrieblichen Einsatz. Es sind nicht nur Rechentechniken, mit denen Kostenzuordnungen versucht und Soll-Ist-Abweichungen unterschieden werden. Das Buch ordnet die Instrumente ein zwischen der Datenerfassung in der Buchhaltung und dem Reporting für die unterschiedlichen Adressaten. Damit ist ein Einsatzfeld für die Kostensteuerungsinstrumente immer begleitend zur theoretischen Erläuterung präsentiert.

Das Buch ist didaktisch ausgezeichnet gelungen, in klarer Struktur aufgebaut. Der Text ist verständlich und gleichzeitig in wissenschaftlicher Absicherung geschrieben. Und er unterstützt den Lernprozess der Leserinnen und Leser in vierfacher Hinsicht:

Viele Grafiken verdeutlichen komplizierte Zusammenhänge oder erlauben einen sortierenden Blick auf die Instrumentenvielfalt des Controllings. Die Methoden der Einzel- und Gemeinkostenplanung und -kontrolle werden mit zahlreichen plastischen und somit gut nachvollziehbaren Beispielen präsentiert. Testfragen und Lösungen am Ende jeden Kapitels ermöglichen es dem Leser, sich bzw. das Gelernte selbst zu kontrollieren und somit den Stoff sicher zu beherrschen. Nicht zuletzt: In einer unternehmerischen Welt, in der sich auch Controller in mittelständischen Unternehmen der Internationalisierung nicht verschließen können, ist eine durchgängige Kenntnis der englischen Fachbegriffe zunehmend unabdingbar. Rickards führt sie im laufenden Erklärungszusammenhang wie selbstverständlich an und erleichtert zudem mit einer geordneten Zusammenstellung im Anschluss an das jeweilige Kapitel die Festigung ihrer Verwendung.

Das zweite Buch von Robert C. Rickards bietet somit den Studierenden erneut einen sehr schönen Weg zum Verständnis der Controlling-Welt. Auf die Nummer Drei der Reihe, auf „Leistungssteuerung kompakt", darf man heute schon gespannt sein.

Prof. Dr. Günther Dey

Hochschule Bremen,
Fakultät Wirtschaftswissenschaften

Sprecher des Arbeitskreises der Hochschullehrer
für Controlling an deutschen Fachhochschulen

1 Einführung

1.1 Zweck und Organisation des Textes

Der Hauptzweck von Budgets ist es, das Management bei der Umsetzung seiner Strategien sowie bei der Planung, Steuerung und Kontrolle seiner operativen Maßnahmen zu unterstützen. Die Budgetierung ist ein hoch strukturierter Prozess, der zahlreiche multidimensionale, geplante Handlungen innerhalb einer Organisation miteinander vergleichbar macht, indem er sie in Geld bewertet. Einmal genehmigt autorisiert ein Budget den Verbrauch von Ressourcen bis zu spezifischen Summen, um diese Handlungspläne durchzuführen. Der Vergleich von Plandaten in Budgets mit Ist- oder Standardergebnissen ergibt ferner Abweichungen, die signalisieren, wo Planungsmethoden oder operative Maßnahmen innerhalb eines Bereichs oder sogar bereichsübergreifend verbesserungsbedürftig sind. So erleichtert der Budgetierungsprozess das Controlling von Aktivitäten auf der Unternehmensebene bzw. auf der Ebene seiner Teilbereiche erheblich.

Empirische Untersuchungen belegen, dass die meisten Organisationen die Budgetierung als ihr wichtigstes Controlling-Instrument betrachten. 84 % der untersuchten österreichischen Unternehmen stimmten zu, dass die Analyse der Unterschiede zwischen Plan- und Istergebnissen die unverzichtbare Hauptaufgabe des Controlling ist. Sie bejahten auch, dass vergleichende Analysen der Istergebnisse mit denen des Standard Costing in der Sollrechnung das wesentliche Element des operativen Controlling ist. Untersuchungen in Deutschland haben zu ähnlichen Ergebnissen geführt (Özel, 2003).

Zum Grundwissen des operativen Controlling gehören weiterhin die Budgetierung, die Erstellung von flexiblen Planrechnungen und Abweichungsanalysen sowie Steuerungsmaßnahmen für Kosten und Leistungen. Während *Budgetplanung kompakt* (Rickards, *Budgetplanung*, 2007) das Thema Budgetierung behandelt, und das demnächst erscheinende *Leistungssteuerung kompakt* sich mit Umsatzabweichungen und Produktivitätsuntersuchungen auseinandersetzt, widmet sich die vorliegende Veröffentlichung schwerpunktmäßig den Grundzügen der flexiblen Planrechnung und der Abweichungsanalysen, die mit der Kostensteuerung zusammenhängen. Es gliedert sich in drei Kapitel:

- Kapitel 1: An die Einleitung schließt sich ein Exkurs zum gegenwärtigen Stand der Planrechnung und Abweichungsanalysen in West- und Mitteleuropa an. Ihm folgt eine Übersicht über die Hauptformen der Planrechnung und die wichtigsten Kostenabweichungen.

- Kapitel 2: Der Diskussion wichtiger Begriffe folgt eine ausführliche Präsentation zur Erstellung von flexiblen Budgets ohne und mit Standardkosten, auf herkömmlicher Basis und prozessorientiert sowie die Berechnung und Analyse von Preis- und Verbrauchsabweichungen bei den Einzelkosten. Außerdem wird die Frage beantwortet, wann man eine Abweichung untersucht. Schließlich betrachtet man die Journaleintragungen, die mit Abweichungsanalysen von Einzelkosten zusammenhängen.

- Kapitel 3: Hier stehen die Planung, Steuerung und Kontrolle variabler und fixer Gemeinkosten im Brennpunkt. Das Kapitel befasst sich mit der Ermittlung von Gemeinkostensätzen, der Berechnung und Analyse variabler und fixer Gemeinkosten sowie mit Beschäftigungsabweichungen. Ferner präsentiert es integrierte „4-variance analyses" (4er-Abweichungsanalysen) innerhalb und außerhalb des Produktionsbereichs, die für die Gemeinkosten erforderlichen Journaleintragungen und die anteilige Verrechnung der Fertigungsgemeinkostenabweichungen.

Am Ende der Kapitel 2 und 3 bieten Übungsaufgaben mit Lösungen die Möglichkeit, den Lernerfolg zu überprüfen. Hier ist mit Hilfe von Stift und Papier nachzuvollziehen, was hinter der Softwaremaske passiert, wenn man am PC ein Menüfenster herunterzieht, auf einen Button klickt und eine analytische Funktion durchlaufen lässt.

Es suchen auch Studierende mit wenig Praxis der höheren Mathematik Zugang zu den Feinheiten des Controlling. Mit Rücksicht auf sie wurde in den Abweichungsanalysen bewusst auf die übliche Symbole der Differentialrechnung verzichtet. Stattdessen werden die verwendeten Symbole von den jeweiligen Begriffen hergeleitet und beim erstmaligen Gebrauch im Text definiert. Sie finden sich zusätzlich im Abkürzungs- und Symbolverzeichnis aufgelistet.

Aufgrund der langen Tradition des Controlling in den angelsächsischen Ländern und deren maßgeblicher Beteiligung an seiner Entwicklung ist Englisch die international gebräuchliche Sprache dieses Faches. Manche Fachausdrücke aus dem Englischen werden unverändert ins Deutsche übernommen (z. B. der oben verwendete Ausdruck „Standard Costing"). Für andere Begriffe sind daneben deutsche Wörter gebräuchlich. Um die LeserInnen mit dem passenden englischen Wortschatz vertraut zu machen, erscheinen nach dem ersten Gebrauch in deutscher Sprache die wichtigsten Fachbegriffe in englischer Übersetzung. Jedes Kapitel enthält auch eine Liste der verwendeten englischen und deutschen Fachterminologie.

1.2   Die unendliche Fachdebatte: Sinn und Unsinn der Budgetierung

Die Ergebnisse einer neuen Umfrage unter Controllern in kleinen und mittelständischen Unternehmen (KMUs) zu Qualität und Kosten der Budgetierung belegen erneut das zwiespältige Verhältnis von Managern zu diesem Controlling-Instrument (Kühn/Pick, 2006). Einerseits beklagt man den hohen Aufwand, den die Budgeterstellung erfordert, und den geringen Nutzen, den man von Budgets hat. Andererseits glauben die meisten Manager, nicht auf sie verzichten zu können.

Zur Frage nach dem Ressourcenbedarf der Budgetierung gaben 10 % der untersuchten Unternehmen an, mehr als 20 Mannmonate für die Budgeterstellung aufzuwenden. Nur 39 % schafften den Prozessdurchlauf in weniger als drei Mannmonaten. Die Detaillierung der Planrechnung ist i. d. R. sehr hoch: Über 50 % der Unternehmen budgetieren mehr als 50, 25 % sogar mehr als 100 Kostenstellen. Bei den berücksichtigten Sachkonten sieht es ähnlich aus. Für die untersuchenden Forscher ist die Frage, inwieweit solche „Zahlenfriedhöfe" wirklich notwendig und effizient sind, deshalb unausweichlich.

Für diskussionswürdig halten sie auch die Tatsache, dass nur 36 % der Befragten wirklich an das aufwändig erarbeitete Budget glauben. 57 % von ihnen stufen den Realismus des Zahlenwerkes eher als „mittel" ein. Vergleicht man die erstellten Planrechnungen nun auch noch mit den Forecasts, so erscheint diese Selbsteinschätzung stark übertrieben. Denn nach nur drei Monaten sind mehr als die Hälfte aller Budgets überholt und, auf die Planungsperiode bezogen, erweisen sich sogar nur 6 % der Budgets als wirklich zutreffend. Auch die Verknüpfung der Budgetzahlen mit personifizierten Zielvorgaben in Form einer Leistungsvereinbarung scheint keine Abhilfe zu schaffen. Offensichtlich ist die traditionelle starre Budgetierung nur noch selten den Aufgaben des modernen operativen Controlling gewachsen.

Umso erstaunlicher ist es, dass sich fünf von sechs befragten Controllern ein Leben ohne Budgets nicht vorstellen können (Obermüller, 2006)! Horváth & Partners u. a. wollen diese Controller durch ihr Konzept des Advanced Budgeting mit zeitgemäßen Instrumenten versorgen.

1.3   Herausforderungen an Planung und Budgetierung

Empirische Resultate einer Umfrage des Horváth & Partners CFO-Panels unterstreichen die Kritik der Wirtschaftlichkeit („efficiency") und der Wirksamkeit („effectiveness") traditioneller Planungs- und Budgetierungsmethoden. Schon Anfang 2006 war das Panel ein Netzwerk von Spitzenmanagern und Experten aus ungefähr 170 größeren Unternehmen. Die Mitglieder tauschen sich intensiv über „best practices" and Benchmarks in den Bereichen Controlling, Finanzen und Rechnungswesen aus. Ausgewertete Ergebnisse der Umfrage stoßen vergleichende Diskussionen unter den Mitgliedern an, die zur Anerkennung von Unterschieden, zur Entwicklung von Trends und zur Identifizierung von Innovationen führen. Ihre alljährliche Durchführung hält die umfangreiche Datenbasis auf dem neuesten Stand. Die folgende Darstellung fasst Ergebnisse der neuesten Umfrage des Panels zusammen, setzt jedoch neue Akzente in der Diskussion (Leyk/Müller/Grünebaum, 2006, SS. 469-479).

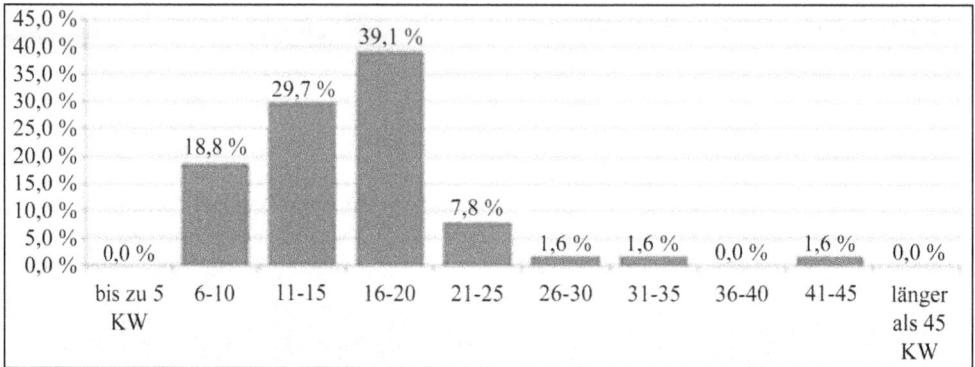

Abb. 1.1   *Ergebnisse zur Gesamtdauer des jährlichen Planungsprozesses (Quelle: Leyk/Müller/Grünebaum, 2006)*

Die aus der Umfrage gewonnenen Daten stimmen weitgehend mit den obigen für KMUs überein. Mehr als die Hälfte der Panel-Unternehmen brauchen zwischen vier und sechs Monaten für die operative Planung und Budgetierung. Einige Befragten erzählten, dass ihre Unternehmen sogar länger als 31 Wochen für diese Prozesse brauchen (s. Abb. 1.1). Also haben sich die traditionelle Planung und Budgetierung zu teuren, zeitaufwändigen Prozessen entwickelt, die kaum Möglichkeiten bieten, schnell und flexibel auf Veränderungen zu reagieren.

Eine andere Untersuchung fand, dass allein für die Beschaffung der Daten bereits mehr als 50 % der verfügbaren Zeit aufgewendet wird. Weniger als 25 % bleiben übrig für Analyse und Planung (Hackett, 2002). So kann es kaum überraschen, dass Panel-Mitglieder die vorhandene Zeit und Ressourcen für zu gering halten, um operative Aktivitäten des Unternehmens optimal zu steuern.

Nicht nur entsprechen Pläne und Budgets zum Zeitpunkt der Umsetzung der aktuellen Situation nicht mehr, oft genug sind sie schon veraltet, bevor man sie genehmigt. Das ist das Resultat der langwierigen Verhandlungen, die Planungs- und Budgetierungsprozesse meistens begleiten. Der hohe Detaillierungsgrad ist auch bei größeren Unternehmen ein wichtiger Einflussfaktor. Man setzt erhebliche Mengen an Ressourcen ein, um Budgets bis auf die niedrigste hierarchische Ebene zu zerlegen. Dies findet jedes Mal statt, wenn die Budgetverantwortlichen die Planungsschleifen durchlaufen, bis sie operative Planung und Jahresbudget verabschieden. In der Praxis werden manchmal 75 % bis 95 % der vorhandenen Controllingkapazitäten eingesetzt, bis die Budgetverantwortlichen alle Planungsschleifen durchlaufen und das Jahresbudget verabschiedet haben (Kopp/Leyk, 2004). Unglücklicherweise hinterfragt man auch hier nur selten den Nutzen solcher detaillierten Instrumente, und es ist kein Wunder, dass die Kosten- und Leistungssteuerung sowie das strategische Controlling oft zu kurz kommen.

Die Impulse zur Veränderung, die aus dem Panel kommen, reichen von Lösungskonzepten, die inkrementelle Verbesserungen in der klassischen Budgetierung implizieren, bis zu radikalen Veränderungskonzepten, die die gänzliche Abschaffung der Budgetierung bedeuten würden. Die Begriffe Better Budgeting und Beyond Budgeting bilden die jeweiligen Enden dieser Skala. Dazwischen liegt das von Horváth & Partners stark befürwortete Advanced Budgeting, das wichtige Verbesserungsvorschläge in den Planungsprozess integrieren will, um die Planungsqualität bei gleichzeitiger Senkung ihrer Kosten zu erhöhen. Die spezifische Kombination unterschiedlicher Instrumente, die für die Umsetzung des Advanced Budgeting erforderlich sind, muss jedoch für jede Organisation und ihren Entwicklungsstand individuell bestimmt werden. So ist z. B. der Einsatz eines rollierenden Budgets oder eines kontinuierlichen Forecasts in einem Unternehmen nützlich, im anderen nicht.

Für die Befürworter des Advanced Budgeting ist seine große Stärke die Möglichkeit der allmählichen Einführung. Auf diese Weise lernen Manager und Mitarbeiter schrittweise, mit dem neuen System umzugehen und auf der Grundlage neuer Prinzipien und neuer Instrumente eine Planung und Steuerung einzuführen, die die Bedeutung der traditionellen Budgetierung entscheidend reduziert.

1.4 Empirische Ergebnisse zum Advanced Budgeting

Bei der Entwicklung von Planung und Budgetierung müssen alle Komponenten des Planungssystems berücksichtigt werden. Auf die Frage „Wo sehen Sie den größten Hebel zur Verbesserung Ihres Planungssystems?" schlagen die Teilnehmenden des Horváth & Partners CFO-Panels eine Vielzahl von Ideen zur Systemverbesserung vor (s. Abb. 1.2).

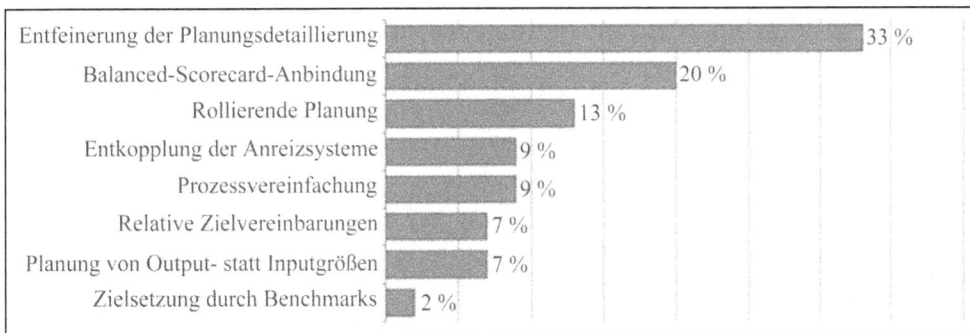

Abb. 1.2 *Maßnahmen zur Verkürzung der Gesamtdauer des jährlichen Planungsprozesses(Quelle: Leyk/Müller/ Grünebaum, 2006)*

Die am häufigsten genannte Lösung betrifft die Planungsinhalte, insbesondere die Planung mit einem geringeren Detaillierungsgrad. 20 % der Befragten sehen in der Verknüpfung der operativen mit der strategischen Planung durch die Balanced Scorecard Verbesserungspotenzial für den Prozessablauf. Mit der Forderung nach mehr Kontinuität und Flexibilität durch eine rollierende Planung und nach der Entkopplung von Planungs- und Anreizsystem folgen auf den Plätzen 3 und 4 bereits zwei moderne Methoden, die immer mehr Unternehmen benutzen, um ihr Controlling zu optimieren. Nach ihnen kommen die Themenbereiche der Prozessvereinfachungen, der relativen Zielvereinbarungen, der Planung von Output- statt Inputgrößen und der Zielsetzung anhand von Benchmarks.

Zusammengefasst diskutiert man zurzeit über Planungsinhalte, -prozesse, -methoden und -instrumente. Darüber hinaus untersuchen Horváth & Partners kontinuierlich den gegenwärtigen Stand der IT-Unterstützung im Kontext der Planung und Budgetierung, die als bereichsübergreifende Funktion alle anderen Themenbereiche berührt.

1.5   Planungsinhalte

Was die Planungsinhalte betrifft, so will man ihre Komplexität durch Reduzierung der detaillierten Budgetierung mindern. Panel-Mitglieder sehen den hohen Detaillierungsgrad in der Budgetplanung als die Kernursache hoher Planungskosten an. Ein Drittel der Unternehmen betrachtet eine Reduzierung der Budgetdetails als den wirksamsten Hebel zur Verbesserung des Planungssystems. Keine andere Maßnahme findet eine vergleichbare Zustimmung (s. Abb. 1.2).

Vor diesem Hintergrund ist es notwendig, genau zu prüfen, in wie fern ein hoher Detaillierungsgrad für ein Unternehmen Wert steigernd wirkt und ob er dem Controlling einen zusätzlichen Nutzen bringt. Viel wichtiger als ein hoher Detaillierungsgrad ist die Erfüllung der Kontrollfunktion durch das Spitzenmanagement einerseits und die erfolgreiche Suche nach Sicherheit durch die operativen Manager. Auch für Planung und Budgetierung gilt das klassische 80:20-Verhältnis als Faustregel aus der Praxis: 20 % der Kostenkonten machen bereits 80 % der Gesamtkosten aus (Leyk, 2006).

Anstatt den Preis des hohen Aufwands zu bezahlen, um die Planung der restlichen 20 % der Kostenkonten zu realisieren, kann man auf deren Planung verzichten. Für Kontroll- bzw. Sicherheitszwecke eignen sich Ist-Ist-Vergleiche (der Vorperiode mit der laufenden Periode) anstatt Plan-Ist-Vergleiche.

Die Einsicht der Panel-Teilnehmer verdeutlicht den Trend, hinsichtlich der offenkundigen Probleme der Planung und Budgetierung die eigenen, ursprünglichen Aufgaben zu hinterfragen. In der Tat existiert hier ein hohes Einsparungspotenzial: Controller in „Weltklassenunternehmen" verwenden mehr als 50 % der Zeit für Analyse und Planung, während für die Beschaffung von Daten nicht einmal 15 % veranschlagt werden (Hackett, 2002).

1.6   Planungsprozess

Laut Umfrage von Horváth & Partner stellt die Zusammenführung der strategischen und operativen Planung den zweitwichtigsten Hebel bei der Optimierung von Planung und Budgetierung dar (Abb. 1.2). Betätigt man ihn erfolgreich, steigt der Nutzen der Budgetplanung bei gleichzeitiger permanenter Senkung ihrer Kosten.

Viele Unternehmen sehen die strategische und die operative Planung organisatorisch und inhaltlich als voneinander getrennte, autonome Bereiche. Näher betrachtet sind jedoch beide Teile eines integrierten Prozesses, durch den das Spitzenmanagement über die strategische Planung die Rahmenbedingungen für die operative Planung – und so für die Umsetzung der Geschäftstransaktionen – vorgibt. Umgekehrt liefert die operative Planung und Budgetierung Anhaltspunkte dafür, wie das gesamte Management seine strategischen Ziele erreichen kann. In einem ineinander verwobenen Prozess koordiniert man die einzelnen Planungsphasen miteinander, wodurch kontinuierliche Feedback- und Lernprozesse möglich werden (Simons, 1990, 1992; Leyk/Kopp, 2004).

Einen besonderen Stellenwert hat in der integrierten Planung die Zuordnung spezifischer operativer Maßnahmen zu den auf Sparten und Funktionen herunter gebrochenen strategischen Zielen. Die Ergebnisse des Horváth & Partners CFO-Panels zeigen, dass fast 98 % der Teilnehmenden solchen Top-down-Vorgaben für die operative Planung hohe Bedeutung beimessen oder sie als Schlüsselerfolgsfaktor einschätzen (s. Abb. 1.3). Erstaunlicherweise geben mehr als ein Viertel der Befragten zu, diese Zuordnung in der Praxis jedoch bis jetzt nicht erfolgreich hergestellt zu haben.

Im Panel überprüfen mehr als 40 % der Unternehmen ihre strategische Zielerreichung bestenfalls einmal jährlich, manche von ihnen sogar noch seltener. Das hat zwei Konsequenzen. Erstens vernachlässigt man die Analyse der strategischen Ziele. Zweitens leitet man keine operativen Maßnahmen von den strategischen Zielen ab. Deshalb überrascht es nicht, dass mehr als die Hälfte aller Unternehmen ihrem eigenen strategischen Controlling Noten von 3 oder schlechter vergeben. Die Organisationen nehmen zwar die Bedeutung und das Potenzial der Planungsverbesserung zur Kenntnis. Ob dies zu weitreichenden positiven Veränderungen in nächster Zukunft führen wird, scheint insbesondere hinsichtlich des Mangels an erfolgreichen Fahrplänen zum Ziel Advanced Budgeting mehr als fraglich.

Ein Hauptgrund für die Ineffizienz im Planungsprozess liegt daran, dass Startpunkte für operative Ziele fehlen, die aufgrund einer allgemein akzeptierten Unternehmensstrategie als Produkt der strategischen Planung entwickelt wurden (Horváth, 2003). Ohne solche Ausgangspunkte müssen die Planungseinheiten die Zielrichtung antizipieren statt auf deutliche Vorgaben zurückgreifen zu können. Eine einfache Extrapolation bisheriger Planungen ist oft die Folge, obwohl die Zukunft selten eine einfache Fortführung der Vergangenheit ist. Nicht selten beginnt das Spitzenmanagement sich erst mit den einzelnen Kostenposten auseinanderzusetzen, wenn der Controllerdienst den ersten Budgetentwurf erstellt und vorgelegt hat. Wenn der Entwurf dann nicht mit den Visionen des Spitzenmanagements übereinstimmt (der Normalfall), kommt es zu weiteren Durchläufen durch die Planungsschleifen. Dadurch wird der Planungsprozess unnötig ausgedehnt. Wenn man dagegen von sich am Leitbild orientierenden, klaren strategischen Zielen ausgehen kann, kann der Planungsprozess viel später anfangen. Das hätte den Vorteil, dass die Planungsannahmen aktueller und der Nutzen der Planung wesentlich höher wären. Darüber hinaus würde man eine Menge Ressourcen sparen.

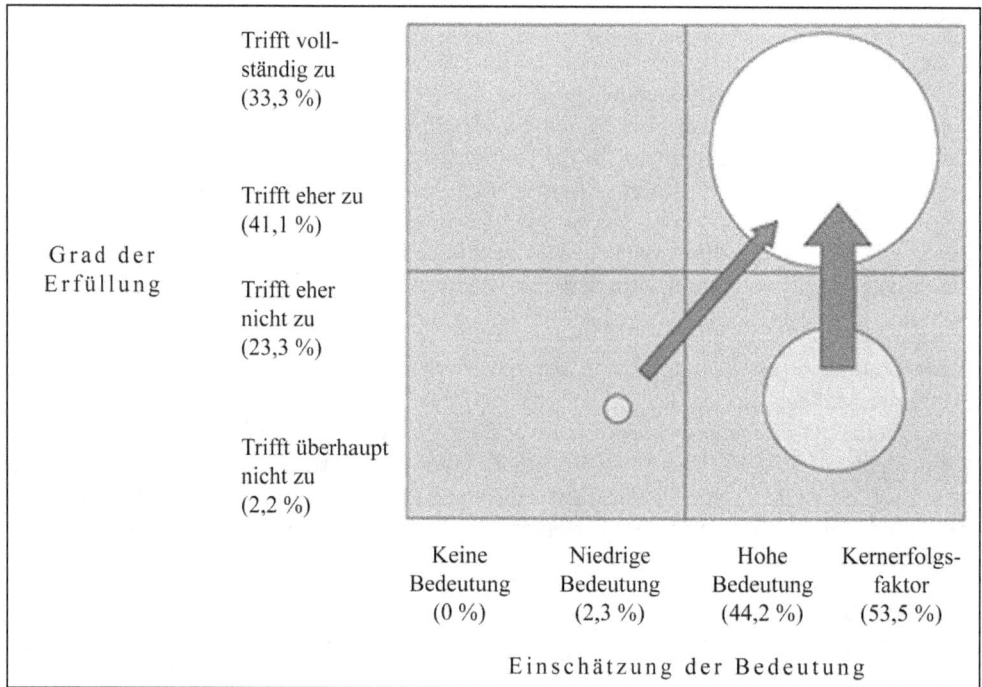

Abb. 1.3   Umfrage zur Zuordnung von Maßnahmen zu strategischen Zielen (Quelle: Leyk/Müller/Grünebaum, 2006)

Abhängig von der angewandten Planungsmethodologie kann das Problem der Ineffizienz mehr oder weniger groß sein. Generell kann man zwischen drei Vorgehensweisen unterscheiden: Bottom-up-Planung, Top-down-Planung sowie Gegenstromplanung (Leyk/ Müller/Grünebaum, 2006).

Bottom-up-Planung beginnt auf der operativen Ebene. Dort fragt man sich: „Was könnten wir erreichen, wenn wir über die notwendigen Mittel verfügten?" In enger Zusammenarbeit entwickeln das Management und der Controllerdienst dann einen ersten Budgetentwurf. Er ist eine „Wunschliste". Wenn sich die Prioritäten der Geschäftsführung in den nachfolgenden Verhandlungsrunden manifestieren, stattet man es mit realistischeren Werten aus.

Top-down-Planung dagegen fängt beim Unternehmensleitbild an. Von ihm leitet die Geschäftsführung Ziele ab und entwickelt Strategien, mit denen sie erreicht werden. Diese Unternehmensstrategien sind der Startpunkt für die Planung und Budgetierung, von dem aus man spezifische Ziele und Maßnahmen für die operative Ebene formuliert. Wenn man die Reduzierung der Planungszeit erreichen will, ist das Top-down-Verfahren vorzuziehen, weil es einen Großteil der mit der Budgeterstellung zusammenhängenden Verhandlungsrunden überflüssig macht. Die operative Planung beginnt mit der Frage, was aus der Perspektive des Spitzenmanagements erreicht werden soll.

Das Gegenstromverfahren kombiniert die beiden geschilderten Methoden. Es vergleicht die Ergebnisse der Bottom-up-Planung mit den Ausgangspunkten der Top-down-Planung und bringt sie in einem Anpassungsprozess allmählich in Einklang miteinander.

Die Umfrage innerhalb des Horváth & Partners CFO-Panels zeigt, dass das Fehlen von Startpunkten für die Zielsetzung sowie zeitraubende Verhandlungsrunden immer noch weitverbreitet sind. Nur 28 % der untersuchten Unternehmen verlassen sich auf eine Top-down-Planung. Das ist zwar ein höherer Prozentsatz als 2004, aber es wäre verfrüht, einen eindeutigen Trend zum Top-down-Kozept festzustellen (s. Abb. 1.4). Im Fall der Top-down-Planung halten die Befragten realistische Planungsannahmen und Zielvorgaben für besonders wichtig (s. Abb. 1.5).

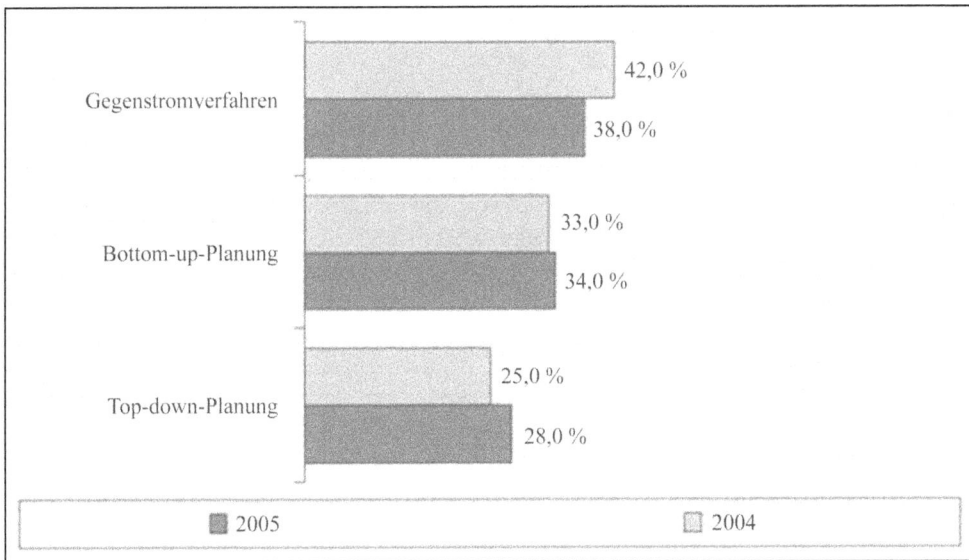

Abb. 1.4 *Angewandte Planungsverfahren im Zeitverlauf (Quelle: Leyk/Müller/Grünebaum, 2006)*

Möglichkeiten der IT-gestützten Planungssimulation
zu Beginn der operativen Planung — 26 %

Beherrschung der integrierten Unternehmensplanung
(GuV, Bilanz, Cash-flow Statement, Absatzplanung etc.) — 44 %

Commitment der Organisation
zu den Top-down-Vorgaben — 49 %

Realistische Planungsprämissen
und Top-down-Vorgaben — 68 %

0 % 10 % 20 % 30 % 40 % 50 % 60 % 70 % 80 %

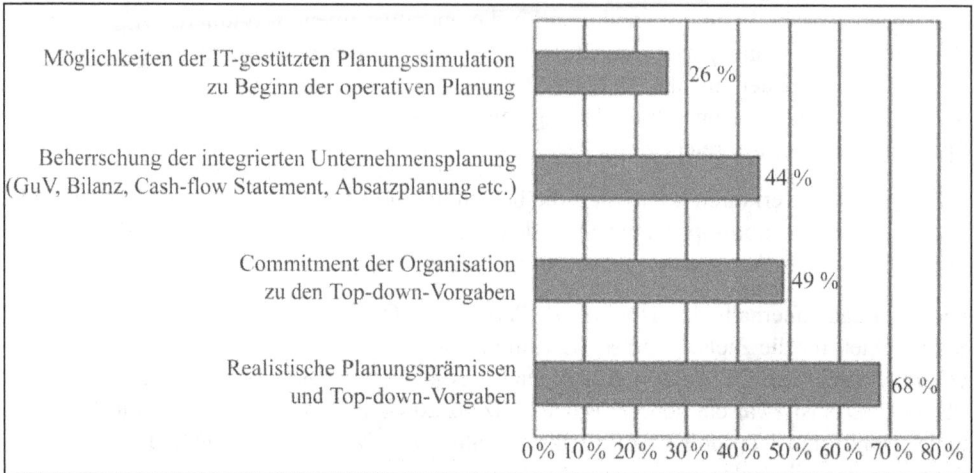

Abb. 1.5 *Erfolgsfaktoren der Umstellung auf den Top-down Ansatz (Quelle: Leyk/Müller/Grünebaum, 2006)*

1.7   Methoden und Instrumente

Horváth & Partners halten vergangenheitsorientierte, starre Controllingsysteme für veraltet. Sie befürworten einen Wechsel zu flexibleren, zukunftsorientierten Steuerungssystemen. Allerdings beharren die meisten Unternehmen auf der Beibehaltung des herkömmlichen Jahresbudgets als Hauptinstrument ihres Controlling. Man plant immer noch auf Jahresbasis, ohne den immer kürzer werdenden Produktlebenszyklen und der zunehmenden Konkurrenz aus der Regionalisierung und der Globalisierung gerecht zu werden. Wenn man darauf besteht, auf Basis von Jahresbudgets zu planen, ist die Steuerung nur mithilfe von Forecasts möglich. Besser ist es, die Budgets zu flexibilisieren, indem man Forecasts durch eine rollierende Planung ergänzt und die Planerfüllung vom Anreizsystem trennt.

Durch eine rollierende Planung kann man Forecasting, Planung und Budgetierung verbinden und so das Nebeneinander der drei Funktionen überwinden. Die Vorteile dieser Vorgehensweise liegen in einer zuverlässigeren, exakteren Planung und der Senkung der Planungskosten, weil man alle drei Aufgaben kontinuierlich durchführt und nicht nur einmal jährlich zu einem festgelegten Zeitpunkt.

Neben der fortlaufenden Planung ist die Konzentration auf eine kürzere Zeitspanne vorteilhaft. Durch die Festlegung von Teilzielen für bestimmte Zeitabschnitte kann man konkrete Maßnahmen zeitlich besser zuordnen und den Fortschritt bei ihrer Umsetzung kontinuierlich kontrollieren. In Verbindung mit der beschriebenen Strategieintegration ist eine effektivere Umsetzung der Unternehmensstrategie möglich.

Umfrageergebnisse des Horváth & Partners CFO-Panels unterstreichen, dass viele Unternehmen die Tücken langer Planungszeiträume bis jetzt weder wahrgenommen noch beseitigt haben. Mehrheitlich meinen die Befragten, das Problem habe keine oder nur geringe Bedeutung. Darüber hinaus sagen fast 90 % von ihnen aus, dass sie eher über längere Perioden und ohne zeitliche Zuordnung konkreter Maßnahmen planen (s. Abb. 1.6). Mehr als die Hälfte messen dem Einsatz kurzfristiger Szenarioplanungen eine niedrige oder keine Bedeutung bei (s. Abb. 1.7).

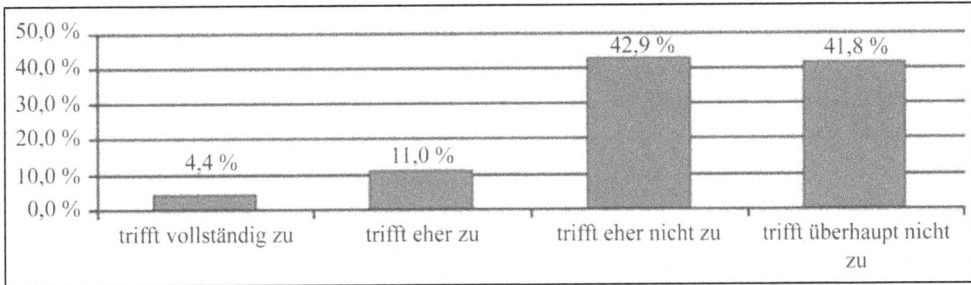

Abb. 1.6 *Einsatz kurzfristiger Szenarioplanungen (Quelle: Leyk/Müller/Grünebaum, 2006)*

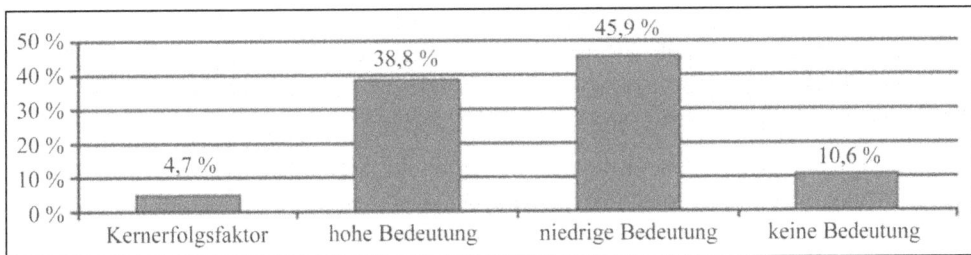

Abb. 1.7 *Bedeutung des Einsatzes kurzfristiger Szenarioplanungen (Quelle: Leyk/Müller/Grünebaum, 2006)*

Noch weniger halten die Teilnehmer des CFO-Panels von der Entkopplung des Anreizsystems vom Budget. Laut Horváth & Partners wollen nur 22 % der Unternehmen die direkte Verbindung zwischen operativer Jahresplanung und der persönlichen Zielvereinbarung eines Managers kappen. Eine Verbindung führt jedoch zu dysfunktionalem Verhalten und kostspieligen Verhandlungen, weil die angestrebten Zielsätze des operativen Managements denen der Geschäftsführung widersprechen. Die Geschäftsführung will die erfolgreiche Umsetzung ihrer Strategien und Ziele für das Unternehmen erreichen, während das operative Management sich eine möglichst große Prämie am Jahresende sichern möchte. Um einen ausreichenden Puffer für spätere Kürzungsrunden aufzubauen, neigen Manager mit Kostenstellenverantwortung bei der Erstellung des ersten Budgetentwurfs dazu, sich möglichst „warm anzuziehen", indem sie die antizipierten Kürzungen in ihre Forderungen nach Ressourcen einbeziehen. Normalerweise geht das Spitzenmanagement dagegen von Budgetannahmen aus, die einen möglichst hohen Umsatz bei möglichst niedrigen Kosten voraussetzen. Die operativen Manager kontern mit einem minimalen Gegenvorschlag bezüglich ihrer Leistungen.

Das Ergebnis sind wiederholte, teure, nicht Wert steigernde Durchläufe durch die Planungsschleifen, um Puffersummen aufzuspüren und das reale Leistungspotenzial zu identifizieren. Letztendlich spiegelt das genehmigte Budget einen Kompromiss wider, den man irgendwo zwischen den beiden extremen Ausgangspositionen vereinbart. Wegen der großen Verschwendung, die solche „Budgetspielchen" in der Praxis verursachen, erscheint eine Trennung des Anreizsystems von der Erreichung der Budgetziele vernünftig. Horváth & Partners schlagen vor, wo möglich *ex ante* verhandelte, Budgetwerte durch angepasste Vorjahreswerte, Benchmarkwerte oder relative Zielwerte für die *ex post*-Beurteilung der tatsächlichen Leistung zu ersetzen.

1.8   IT-Unterstützung

Ohne eine leistungsfähige IT-Unterstützung ist ein rollierendes Konzept nicht gut realisierbar. Durch die effiziente IT-Unterstützung kann man sowohl die Qualität der gelieferten Informationen als auch die der Planung, Steuerung und Kontrolle verbessern sowie die Umsetzung des Konzepts wesentlich erleichtern (Horváth, 2003). Das CFO-Panel bestätigt dies eindeutig. Über 90 % der Unternehmen betrachten gute IT-Unterstützung als einen Schlüsselerfolgsfaktor oder jedenfalls als einen Faktor mit größerer Bedeutung für das Controlling (s. Abb. 1.8). Horváth & Partners schlussfolgern, dass die Unternehmen sich der Wichtigkeit der Systemunterstützung für die operative Planung bewusst sind.

Gleichzeitig sind ungefähr ein Drittel der Befragten der Meinung, dass die vorhandene IT-Unterstützung in ihrem Unternehmen nicht gut sei. Unter anderem ist dies auf die eingesetzten Werkzeuge für die operative Planung zurückzuführen. Laut Umfrageergebnis benutzen nur etwa ein Drittel der Unternehmen spezialisierte Planungssoftware, während mehr als 90 % sich hauptsächlich auf Excelkalkulationsblätter verlässt. Letztere bieten eine (scheinbar) hohe Flexibilität (Rasmussen/Eichorn, 2000). Allerdings ist diese Flexibilität trügerisch. Origin (die ehemals englische Tochter der KPMG) hat Anwendungen von Tabellenkalkulationen bei Kunden untersucht (KPMG Consulting, 1999) und alarmierendes entdeckt:

- · 95 % der Anwendungen enthielten wesentliche Fehler.

- · 95 % der Anwendungen hatten ein mangelhaftes Design.

- · 92 % der Anwendungen hatten wesentliche Fehler in der Steuerberechnung.

- · 75 % enthielten wesentliche Rechnungswesenfehler.

- · 78 % der Abteilungen verfügten über keine formale Qualitätssicherung.

Im operativen Bereich also sehen Horváth & Partners Potenziale, die der Controllerdienst unbedingt realisieren müsste. Zur Steigerung der Planungseffizienz durch den Einsatz leistungsfähiger Planungswerkzeuge, die das strategische mit dem operativen Controlling verknüpfen, machen sie jedoch keine Aussage. Dieses Schweigen ist auffällig, weil Horváth & Partners und ihr CFO-Panel behaupten, dass eine weniger detaillierte Planung und ihre Anbindung an die Balanced Scorecard die wichtigsten Hebel zur Verbesserung des Planungssystems seien.

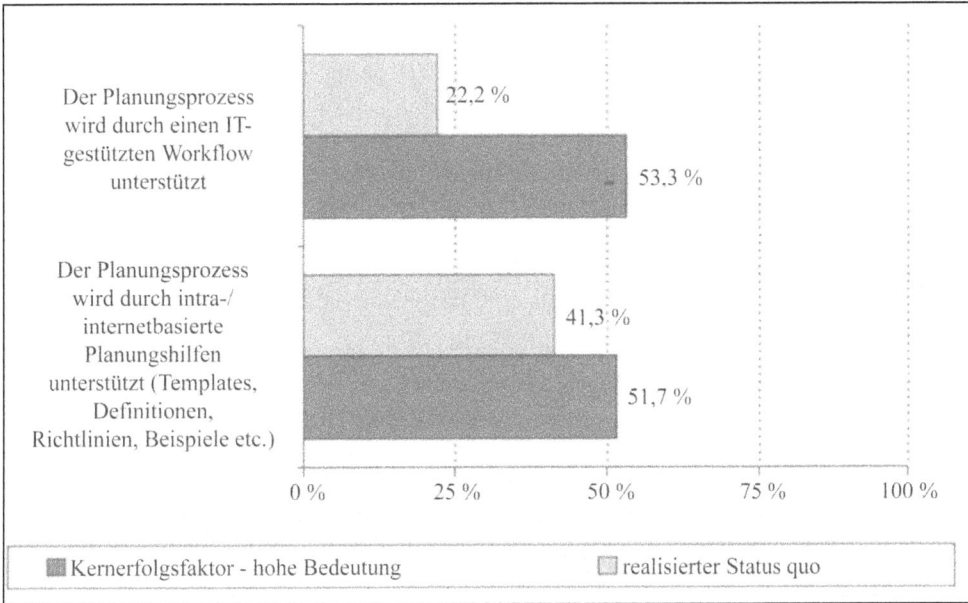

Abb. 1.8 *IT-Unterstützung im Planungsprozess (Quelle: Leyk/Müller/Grünebaum, 2006)*

1.9 Schlussfolgerungen für die Praxis des Advanced Budgeting

Die Resultate der Umfrage des CFO-Panels belegen empirisch, dass es hinsichtlich der Effizienz und der Effektivität der Unternehmensplanung erhebliche, bisher nicht realisierte Potenziale gibt. Sie bestätigen aber auch, dass die teilnehmenden Unternehmen diese Probleme erkannt haben und sie durch neue bzw. angepasste Konzepte anzupacken beabsichtigen. Die angestrebten Veränderungen beziehen sich auf alle Aspekte der Planung und Budgetierung: Prozesse, Inhalte, Methoden und Instrumente. Das Prinzip der Kontinuität und der Budgetflexibilisierung scheint jedoch von den Unternehmen noch nicht ausreichend beachtet

zu werden. Auch ist die gegenwärtige IT-Unterstützung solchen Neuerungen allein im operativen Bereich weitgehend nicht gewachsen. Andere Forscher suggerieren, dass die Entwicklung entsprechender IT-Unterstützung für die Verknüpfung operativer und strategischer
Planungen noch um ein Vielfaches schwieriger wird.

1.10   Erfolgsfaktoren für ein integriertes Unternehmenscontrolling

Der Begriff „corporate performance management" (CPM) tauchte zum ersten Mal im Jahr
2000 auf. Alternative Begriffe sind „enterprise performance management" (EPM) und „business performance management" (BPM). Mit der neuen Terminologie will man zeigen,
dass CPM weit mehr umfasst als nur die Erstellung von Controlling-Kennzahlen als Grundlage für Entscheidungen des Spitzenmanagements oder die Anwendung von „Business-
Intelligence"-Technologien. CPM soll mithilfe integrierter, analytischer Prozesse die Entwicklung und operative Umsetzung der Unternehmensstrategien unterstützen. Dabei sollen
diese Prozesse sowohl nicht finanzielle als auch finanzielle Daten aufarbeiten.

Im Gegensatz zum „enterprise resource planning" (ERP), wird man CPM allerdings nicht so
bald „von der Stange" kaufen können. Der Grund dafür ist, dass anerkannte „best practice"
sich bisher nur in wenigen betriebswirtschaftlichen Bereichen etabliert hat. Ein Startpunkt in
diesem Zusammenhang mag ein Konzept ähnlich der „Balanced Scorecard" sein: Die Erstellung von Zielsystemen in der Form von Ursache-Wirkungsdiagrammen und die Zuordnung
von Messgrößen zu den Zielen sind inzwischen fast ein Standard geworden (Oehler, „Corporate Performance", 2006).

Trotzdem ist es noch ein weiter Weg zu einem umfassenden Unterstützungssystem, wie eine
Untersuchung von der CFO-Forschung zeigt (s. Abb. 1.9). Mit den klassischen Aufgaben –
wie z. B. das Berichtswesen und die Erstellung von Prognosen – existiert weitgehende Zufriedenheit. Im Falle der integrativen Bereiche – wie z. B. rollierende Forecasts, das Reporting von nicht monetären Indikatoren – sowie in der Anwendung durch Laien gibt es jedoch
offensichtliche Verbesserungspotenziale.

Bisherige Lösungsversuche zur Frage der Systemunterstützung zeigen eine ähnliche Entwicklung wie in früheren Jahren die Unterstützung von operativen Aktivitäten durch Systeme für das Rechnungswesen. Aus ursprünglich unverbundenen Programmen entstanden
integrierte ERP-Lösungen, die inzwischen ganzheitliche Unternehmensprozesse unterstützen. Lediglich die Entwicklung eines integrierten CPM hat im Vergleich zur Entwicklung
integrierter ERP-Systeme einen Rückstand von einem Jahrzehnt oder mehr. Trotzdem werden erste integrierte CPM-Systeme von MIS, Hyperion und SAP angeboten. In der Zukunft
hofft man, die analytische mit der transaktionalen Welt verbinden zu können.

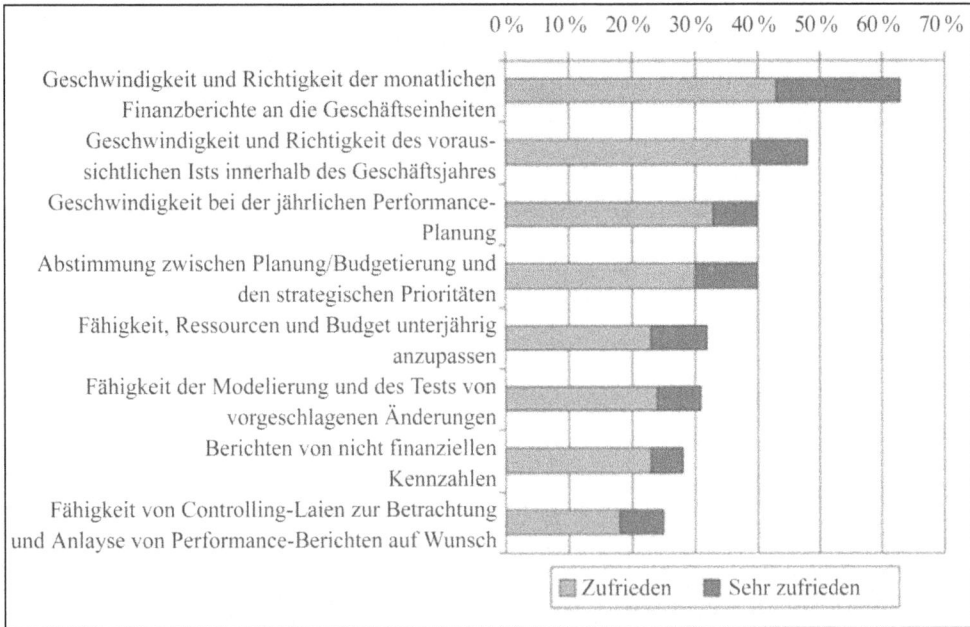

*Abb. 1.9 Zufriedenheit mit dem Performance-Management-Prozess (Quelle: Oehler, „Corporate Performance",
2006)*

1.11   Integration

Die Integration spielt eine Schlüsselrolle bei CPM, weil sie ein Schlüsselthema in der IT wie
in der Betriebswirtschaft ist. Ihre Bedeutung erklärt sich aus der Komplexität, die bereits bei
kleinen Problemen oder Fragen ein Zerlegen der Aufgabe in kleinere Teilaufgaben erfordert.
Die einzelnen Teilaufgaben löst man durch weitgehend isolierte Prozeduren. Um schließlich
nützliche Einsichten oder Ergebnisse zu erreichen, muss man die Teillösungen wieder in
einen Gesamtkontext zusammenführen (Oehler, „Planung", 2006). So entsteht das Bedürfnis
nach Integration, das laut einer Studie der CFO-Research das zentrale Problem bei der Imp-
lementierung neuer Controlling-Konzepte darstellt (s. Abb. 1.10).

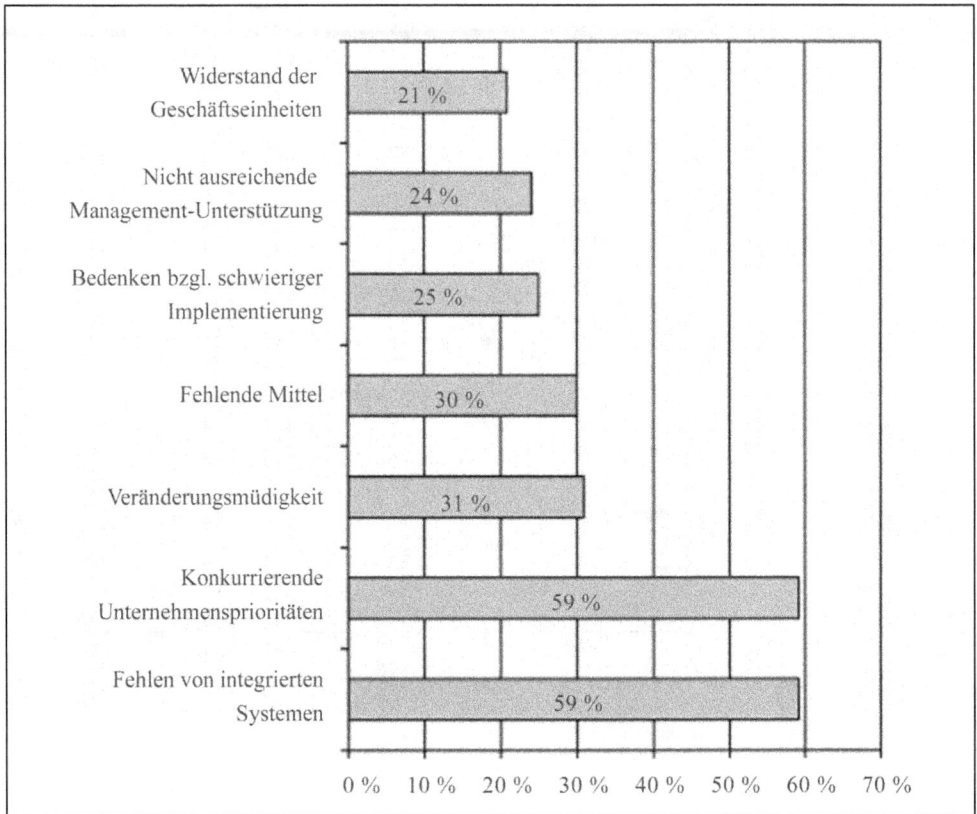

Abb. 1.10 *Problempunkte, die gegen eine Verbesserung von CPM sprechen (Quelle: Oehler, „Corporate Performance", 2006)*

Eine weitere Untersuchung zeigt, dass die Wahrnehmung des Mangels an integrierten Systemen relativ neu ist (s. Abb. 1.11). Die fehlende Funktionalität dagegen ist bei der CPM-Unterstützung schon länger ein größeres Problem.

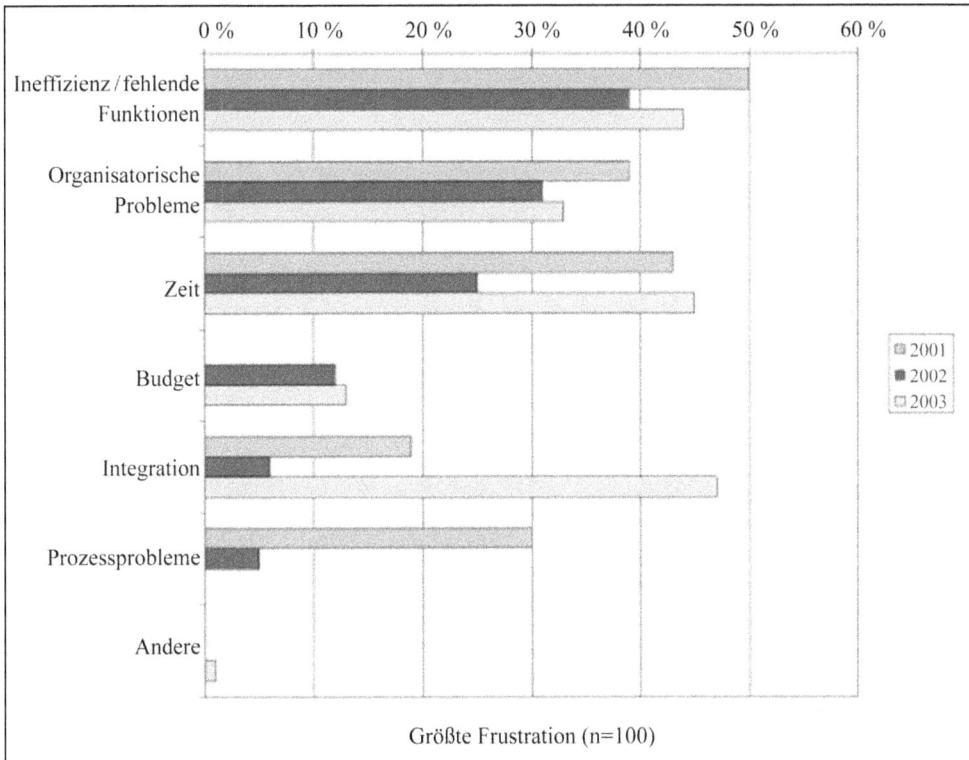

Abb. 1.11 Frustration mit der CPM-Unterstützung (Quelle: Oehler, „Corporate Performance", 2006)

Bisher hat man das Problem der Integration hauptsächlich über die Technik zu lösen versucht. Für eine Integration in das Unternehmenscontrolling sind prinzipiell die gleichen Technologien wie bei der ERP verfügbar. Diese Technologien lenken jedoch nur den Datenaustausch. Anwendungen, die mehrere Prozesse umfassen, sind hier gerade in den frühesten Entwicklungsphasen. Trotzdem verstärkt die wachsende Automatisierung einzelner Prozesse durch die Möglichkeit, deren wichtigste Kennzahlen zu erfassen, die Bedeutung der Technologie. Abb. 1.12 zeigt wichtige Faktoren, die – wie die Automatisierung – das CPM beeinflussen. Insbesondere wird die „Enterprise Application Integration" (EAI) das Bedürfnis nach Unterstützung in Echtzeit erhöhen und die Suche nach technologischen Lösungen anspornen.

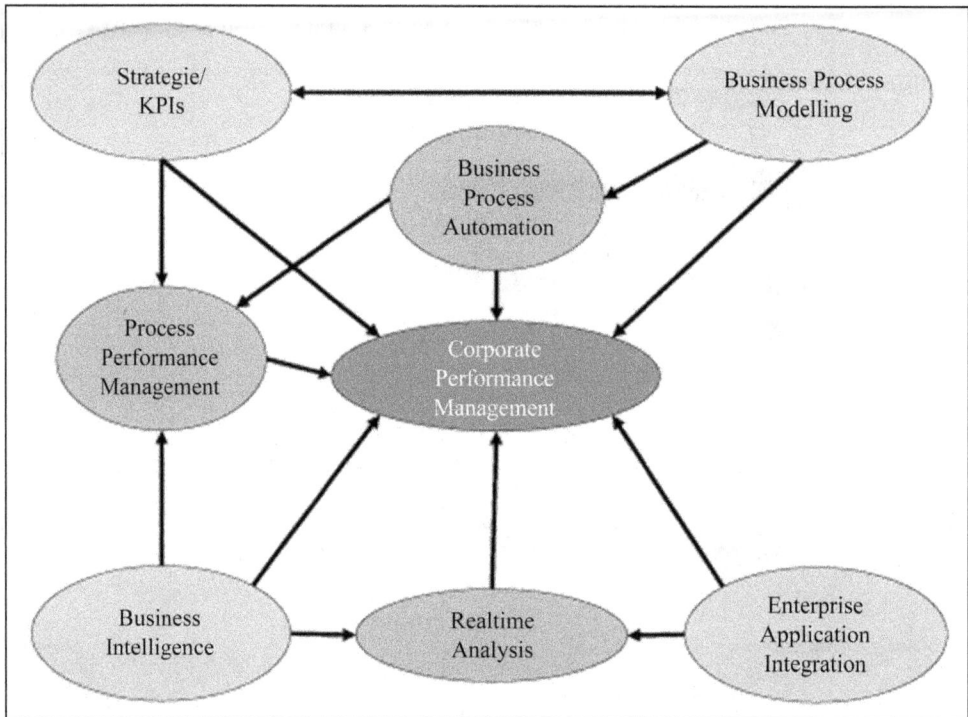

Abb. 1.12 *Einflussfaktoren auf CPM (Quelle: Oehler, „Corporate Performance", 2006)*

Warum man CPM nicht wie das ERP einfach integrieren kann, hat weniger mit technischen als mit konzeptionellen Überlegungen zu tun. Das Problem liegt nicht bei der Technik an sich, sondern in den analytischen Verfahren und Methoden, die die Eingliederung des CPM in das Gesamtkonzept des Unternehmenscontrolling widerspiegeln. Wie sollen die Teilprozesse zusammenarbeiten? Wann muss man sie miteinander abstimmen? In den meisten Unternehmen sucht man noch vergebens nach Antworten auf diese Fragen. Einige Beobachtungen machen das deutlich:

- In der Praxis sind strategische und operative Planung selten miteinander verknüpft. Gemäß empirischen Erhebungen verfügen weniger als 5 % der Unternehmen über eine enge Verzahnung zwischen strategischer und operativer Planung (Hackett, 2002).

- Das Vorhandensein einer Balanced Scorecard scheint nicht viel zu helfen. Nur 15 % der in einem Fragebogen von *Business Finance* untersuchten Unternehmen gaben an, dass sie die Scorecard und die Budgetierung integrieren (Oehler, „Corporate Performance", 2006).

- In den meisten Unternehmen ist das Risiko-Management ebenfalls isoliert. Neben den voneinander getrennten Säulen für strategische Planung, operative Planung und Risiko-management wird zurzeit eine neue alleinstehende Säule mit einem eigenen internen Controllingsystem errichtet, nämlich die „Corporate Governance".

- Darüber hinaus sind die Konzernkonsolidierung im externen Rechnungswesen und die interne Management-Konsolidierung oft völlig voneinander isolierte Prozesse.

- Letztlich können viele verschiedene Methoden einander überlappen. Z. B. beziehen sich das Modell der European Foundation for Quality Management (EFQM-Model) und die Balanced Scorecard auf den gleichen Bereich, haben allerdings einen unterschiedlichen Hintergrund. Das EFQM-Konzept entsteht aus der „total quality" Diskussion, während die Balanced Scorecard die Umsetzung der Strategie betrifft. Es herrscht Unsicherheit darüber, wie man die beiden Lösungen zusammenführen soll.

Deshalb den Kopf in den Sand zu stecken und bei der Suche nach der erforderlichen Integration für ein funktionierendes CPM auf Lösungen von außerhalb des Unternehmens zu warten, ist die falsche Reaktion. Aber auch innerhalb des Unternehmens kann die Suche vergebens sein. Die Analysen von Gartner bieten beispielsweise eine relativ einfache Empfehlung an: Nicht die beste Methode ist entscheidend, sondern eine, die alle Entscheidungsträger im Management akzeptieren (Oehler, „Corporate Performance", 2006). Wenn es nur so einfach wäre! Bezüglich der richtigen Kennzahlen und des Verfahrens sie zu berechnen, mögen solche politischen Entscheidungen funktionieren. Wenn es aber, beispielsweise um die Wahl zwischen rollierendem Forecasting und traditioneller Budgetierung geht, d. h. um eine komplexere, sehr viel wichtigere Entscheidung, müsste fachliche Expertise ausschlaggebend sein.

Bevor man die Integration anpacken kann, muss man also ein klares Konzept entwickeln, das den Zyklus von Planung, Steuerung und Kontrolle als eine Einheit begreift. Abb. 1.13 zeigt, dass daraus ein erhebliches Bedürfnis nach Integration entspringt.

Auch bei KMUs läuft das Controllingsystem bereits auf mehreren Ebenen gleichzeitig. Neben den verschiedenen Aufgabenbereichen müsste das CPM deswegen simultan strategische, operative und taktische (dispositive) Planungsmaßnahmen überbrücken. Das strategische CPM ist mit etablierten Instrumenten wie der Balanced Scorecard verbunden, während das operative CPM eher mit Budgetierung, Monatsberichten und „business activity monitoring" (BAM) zu tun hat. Taktisches CPM umfasst kurzfristige Maßnahmen, um auf geänderte Prämissen sowie strategische und operative Fehler zu reagieren.

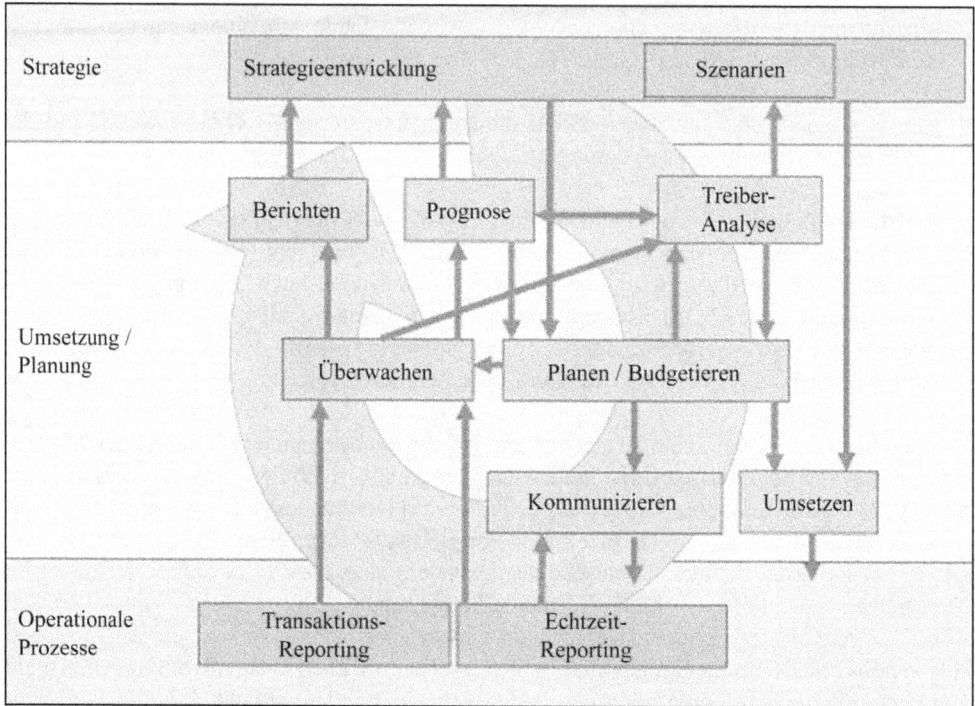

Abb. 1.13   *Integrationsbedarf aus fachlicher Sicht (Quelle: Oehler, „Corporate Performance", 2006)*

1.12   Schlussfolgerungen für die IT-Unterstützung

Weil zahlreiche unternehmensspezifische Faktoren zu berücksichtigen sind, muss jedes Management für sich eine den eigenen Bedürfnissen entsprechende CPM-Architektur aufbauen. Das Management muss entscheiden, welche Prozesse zu durchlaufen, Methoden anzusetzen, Daten zu übergeben und organisatorische Instanzen einzubinden sind. Sobald es Antworten auf diese Fragen gibt und das individualisierte Konzept steht, ist die Realisierung mithilfe von Standard-Tools durchaus möglich. Die von Horváth & Partners erhoffte IT-Lösung für die fehlende Verbindung zwischen strategischem und operativem Controlling wird jedoch noch eine ganze Weile auf sich warten lassen.

1.13   Controlling-Tools bei Automobilzulieferern

Ob groß oder klein, die Unternehmen sind unzufrieden mit ihrer Planung und Budgetierung. Seine Befürworter empfehlen das Advanced Budgeting als Lösung. Allerdings bemängeln sie die fehlenden technischen Mittel, während die Techniker nach überzeugenden Konzepten fragen sowie nach Beispielen ihrer praktischen Umsetzung. Welche Instrumente haben Unternehmen – KMUs vor allem, denn die stellen die Mehrheit aller Unternehmen dar – zurzeit in ihren „Controlling-Werkzeugkästen"? Seit vielen Jahren übt die Original Equipment Manufacturers (OEM) massiven Druck auf die Autozulieferer aus, um deren Kosten zu senken. Aufgrund der Aktivitäten von Ignacio López änderte die Autoindustrie in den 1990er Jahren permanent ihre Arbeitsweise. Eingestiegen bei General Motors España übernahm José Ignacio López de Arriortúa in Deutschland 1987 als Vorstand die Verantwortung für Produktion und Einkauf der Adam Opel AG. 1988 wurde er Chefeinkäufer für General Motors (GM) Europe. 1992 revolutionierte er als Executive Vice President vom General-Motors-Stammsitz in Detroit aus den weltweiten Einkauf und zwang die Zuliefererindustrie zu bis dahin unbekannten Zugeständnissen. López hatte großen finanziellen Erfolg mit seiner Methode, indem er die volle Verhandlungsmacht der OEM gegenüber den Zulieferern ausreizte. Allein zwischen 1992 und 1993 sparte GM dadurch vier Milliarden US-Dollar. (Moffett/Youngdahl, 1998). Allerdings belastete López' Vorgehen das Verhältnis von GM zu den Lieferanten schwer.

Über Nacht und unter umstrittenen Bedingungen verließ López 1993 überraschend General Motors. Unter dem Vorsitz von Ferdinand Piëch wurde er Vorstandsmitglied im für ihn neu geschaffenen Bereich Produktionsoptimierung und Beschaffung der schwer angeschlagenen Volkswagen AG. Sein Wechsel stand unter dem Vorwurf der Industriespionage.

Mit bis dahin beispiellosen Methoden trug er wesentlich zum Turnaround der Volkswagen-Gruppe bei. Für Volkswagen do Brasil baute er in Resende eine Lkw-Fabrik gemäß der Methode der modularen Produktion. Als GM 1996 mit einem Prozess wegen Geheimnisverrats drohte, was sogar zu Spannungen in der internationalen Industriepolitik führte, musste López Volkswagen (VW) verlassen, um einen Vergleich zu ermöglichen. VW zahlte 100 Millionen US-Dollar an GM und erklärte sich bereit, Autoteile für eine Milliarde US-Dollar von GM zu beziehen (Wikipedia, 2007). Dieser Vergleich setzte u. a. die deutsche Zuliefererindustrie unter zusätzlichen Druck.

Seit López schrumpft die Zuliefererindustrie kontinuierlich. Der weltweite Konkurrenzdruck im Allgemeinen und der in der europäischen Autoindustrie im Besonderen ist enorm. Teilweise hat dieser Druck zu außergewöhnlich mageren Fertigungs- und Logistikprozessen geführt. Im Zuge der Konsolidierung suchen die Zulieferer zunehmend Verträge mit großen Autoherstellern außerhalb ihrer Heimatmärkte. Heute gibt es in einer Industrie, in der deutsch-deutsche, französisch-französische und spanisch-spanische Verhältnisse lange typisch waren, sehr viel mehr Geschäfte über innereuropäische Grenzen hinweg (Kanter/Dougherty, 2006). Ferner haben Partnerschaftsmodelle eine verbesserte Kapazitätsauslastung ermöglicht. Die Entscheidung, ein "preferred supplier" (bevorzugter Lieferant oder Partner) für eine Modellgruppe zu sein, hat inzwischen eine strategische Dimension erreicht (Kinkel/Lay, 2003).

Ein effektives Controlling insbesondere im Bereich der Kostensteuerung, der Budgetierung sowie der Optimierung des Produktportfolios müsste deshalb in den Werkzeugkasten eines jeden Zulieferers gehören. Denn nur ein effektives Controlling ist in der Lage, dünne Deckungsbeiträge zu sichern, essentielle Kostensenkungspotenziale aufzuspüren und mit detaillierten, genauen Kalkulationen gewinnbringende Preise zu bilden. Wie können Zulieferer andernfalls den Konkurrenzkampf in der Industrie überleben? Aber: Werden in diesem Überlebenskampf moderne, innovative Controlling-Tools eingesetzt?

- Inwiefern werden Balanced Scorecards (BSCs) mit „Key Performance Indicators" (KPIs), die zur Zielerreichung führen, eingesetzt, um die strategischen Ziele der Organisation zu realisieren?

- Hat die angloamerikanische Fokussierung auf „shareholder value assessment" (SVA) auch hier einen Durchbruch erzielt?

- Welche Rolle spielt Beyond Budgeting?

- Die Autoindustrie selbst bewegt sich in den Lebenszyklen verschiedener Modelle: Werden konsequent Lebenszyklenanalysen durchgeführt, um – wenn nötig – in die Steuerung einzugreifen?

Diese Fragen standen im Brennpunkt des internationalen Forschungsprojekts „Application of Advanced Controlling-Tools in the Automotive Supplier Industry – A Four Country Analysis", die man in Zusammenarbeit mit der FHTW Berlin im Winter und Frühling 2005 durchführte. Im Folgenden werden seine Hauptergebnisse wiedergegeben, wobei jedoch neue Akzente in der Diskussion gesetzt werden (Dressler, 2006, SS. 237-250).

Im Verlauf des Projekts untersuchte das internationale Forschungsteam 100 KMU-Zuliefererunternehmen in Frankreich, Deutschland, Großbritannien und Polen in Bezug auf deren Controlling. Abb. 1.14 listet die zwölf untersuchten Tools auf, zusammen mit einem Hinweis auf ihre Relevanz und ihren Komplexitätsgrad.

Von allen untersuchten Werkzeugen ist das Cost Center Accounting das einfachste Instrument. Die Einrichtung von Cost Centers und die Verrechnung der primären und sekundären Kosten auf sie sind schon mit der einfachsten Standard-Software möglich und setzen nicht viel betriebswirtschaftliche Expertise voraus. Die Komplexität entsteht jedoch aus der gegebenen Situation, der eingesetzten Software und dem gewählten Detaillierungsgrad eines bestimmten Controlling-Tools. So kann ein hochiterativer Budgetierungsprozess mit einigen Tausend Buchungskonten und Hunderten von Kostenstellen komplexer sein als eine Balanced Scorecard, die in der Regel auf nur 16 bis 20 Variablen basiert, für die man Daten aus einem zuvor definierten System automatisch entnimmt.

Komplexitätsgrad	Controlling-Tool	Relevanz
	• Cost Center Accounting (Kostenstellenrechnung)	▷ • Kostenkontrolle
	• Budgeting	▷ • Kostenkontrolle
	• Product Profitability (Produktergebnisrechnung)	▷ • Optimierung Produktportfolio
	• Forecasting	▷ • Stückzahlenschwankungen
	• Customer Profitability (Kundenergebnisrechnung)	▷ • Kundendeckungsbeiträge, Preise
	• Profit-Center-Controlling	▷ • Geschäftsfeldoptimierung
	• Project Costing (Projekt-Controlling)	▷ • Entwicklungsprojekte, Profitabilitäten, Modellreihen
	• Target Costing	▷ • Entwicklungsprojekte, Produktportfolio
	• Lifecycle Profitability (Lebenszyklusrechnung)	▷ • Lebenszyklusprofitabilität, Preise
	• Shareholder Value Assessment	▷ • Wertschöpfung, Anteilseigner
	• Balanced Scorecard	▷ • Performance Management, Strategieorientierung
	• Beyond Budgeting	▷ • Modernes Management-Tool, Dezentralisierung

Abb. 1.14 Controlling-Tools im Untersuchungsumfang (Quelle: Dressler, 2006)

1.14 Anwendung der Controlling-Tools in Deutschland

Vier Tools, die die Forscher als Standardausstattung im Werkzeugkasten des Controlling-dienstes in der Zuliefererindustrie bezeichnen, sind bei mehr als 90 % der befragten Unternehmen im Einsatz (s. Abb. 1.15): Cost Center Accounting (Kostenstellenrechnung) 94 %, Forecasting 93 %, Budgetierung 92 % sowie Produktprofitabilitätsanalysen (Produktergebnisrechnung) 91 %. Mit einer 89 %-igen Anwendungsrate gehört das Project Costing (Projektcontrolling) eigentlich auch dazu.

In der Kostenstellenrechnung belastet man die eingerichteten Cost Centers mit primären und sekundären Kosten. Im Unternehmen wird ein Betriebsabrechnungsbogen dazu benutzt, sekundäre Gemeinkosten zu verrechnen. Eine effiziente Budgetierung ordnet die Plankosten den Kostenstellen zu. Über die Budgets führt man in regelmäßigen Abständen Plan-Soll-Ist-Vergleiche durch, um den Gewinn zu steuern.

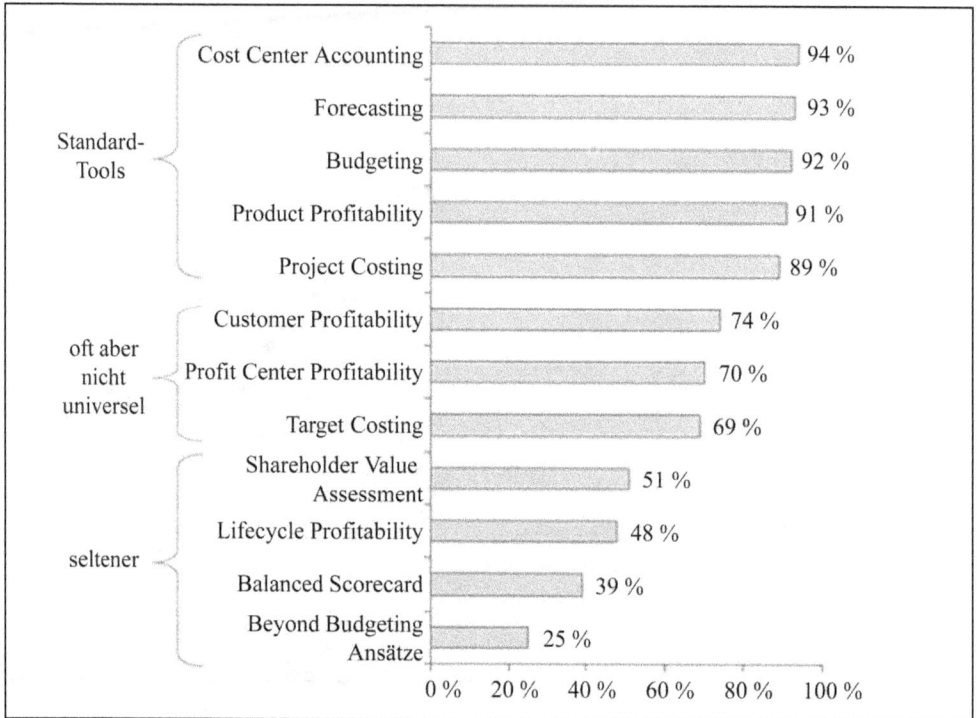

Abb. 1.15 Regelmäßige und fallweise Anwendung von Controlling-Tools in allen Ländern (Vgl.: Dressler, 2006)

Schwankende Ausbringungsmengen sind ein Risikofaktor für die Gesamtprofitabilität. Man kann diese Schwankungen z. T. durch Preisvereinbarungen auffangen, aber auch ein optimal geplanter Verkaufspreis kann die finanziellen Auswirkungen schwankender Auslastung der Fertigungskapazität nicht völlig kompensieren. Die Fähigkeit, Forecasts aus Marktdaten zu erstellen und sie in die Planrechnung zu integrieren, ist eine unverzichtbare Anwendung in diesem Industriezweig geworden.

Um den Status eines bevorzugten Lieferanten für eine Modellgruppe zu erlangen bzw. zu behalten, akzeptieren Zulieferer – wie bereits erwähnt – oft hauchdünne Stückdeckungsbeiträge. Um trotzdem langfristig überleben zu können, muss man die Profitabilität der gelieferten Komponenten präzise kontrollieren. Diese Notwendigkeit hat die Produktergebnisrechnung zum Standardwerkzeug gemacht.

Für die Produktentwicklung und die Zusammenarbeit in Modellgruppen ist ein projektorientierter Arbeitsstil förderlich. So verwundert es nicht, dass Projektcontrolling zu den am häufigsten eingesetzten Steuerungswerkzeugen gehört.

Kundenprofitabilitätsanalysen mit 74 %, Profit Center Profitability mit 70 % und Zielkostenrechnung („target costing") mit 69 % sind weitverbreitet, jedoch keineswegs überall anzutreffen. Da der klassische Autozulieferer i. d. R. nur mit wenigen Kunden zusammenarbeitet, ist eine präzise Kalkulation ihrer Profitabilität besonders wichtig. Darüber hinaus sind genaue Informationen über die Kundendeckungsbeiträge und die Profit Center, die sie erwirtschaften, unverzichtbar, um in Preisverhandlungen ausreichende Margen für die einzelnen Produkte zu sichern. Der zunehmende Transfer von FuE-Aktivitäten an die Zulieferer in Kombination mit der Margensicherung führt offensichtlich häufig zum Einsatz der Zielkostenrechnung.

Shareholder Value Assessment mit 51 %, Lebenszyklusrechnung mit 48 % und die Balanced Scorecard mit 39 % sind bedeutend seltener im Einsatz. Dass nur die Hälfte der Unternehmen Gebrauch vom Shareholder Value Assessment macht, zeigt die Bedenken, die man insbesondere in Deutschland gegen dieses Instrument hegt.

Dagegen sind die Bedingungen für eine weitere Ausdehnung der Lebenszyklusrechnung günstig. Die Fähigkeit, Produkte und ihre Leistung exakt zu kontrollieren, erfordert einen längeren Zeitbezug. Wegen seiner neuen Verantwortung für FuE und Design sowie angesichts schwankender Ausbringungsmengen und festgelegter Mengenpreise, sollte ein Zulieferer in der Lage sein, ein Produkt über den ganzen Lebenszyklus zu bewerten. Deshalb ist die Lebenszykluskostenrechnung ein wichtiges Werkzeug für Autozulieferer, das in Unternehmen zunehmend eingesetzt wird.

Um mit dem Tool effektiv umzugehen, ist ein komplexes Know-how erforderlich. Die notwendigen Daten aus verschiedenen Quellen in ein logisches Verhältnis zu setzen und dann methodologisch sauber zu analysieren, stellt eine große Herausforderung dar (Hahne/ Schmitz/Vetter, 2002).

Trotz der vielen Veröffentlichungen, die von der generellen Akzeptanz berichten, fällt das Ergebnis für die Balanced Scorecard relativ niedrig aus. Das kann nicht auf die Komplexität des Instruments allein zurückgeführt werden. Wahrscheinlicher ist die beschränkte Größe der meisten Zuliefererunternehmen der Grund. Der Versuch, eine BSC zu entwickeln und einzuführen, ist u. a. in kleinen und mittelgroßen Unternehmen mit zahlreichen Schwierigkeiten verbunden (Rickards, „BSC", 2007).

Die befragten Unternehmen wenden Beyond Budgeting nur selten an (29 %). Eine plausible Erklärung dafür ist, dass Beyond Budgeting kein Instrument an sich ist, sondern ein Konzept, das die Budgetierung durch Führungsmodelle mit mehreren modernen Managementinstrumenten wie z. B. BSCs, aktivitätenbasiertem Management, wertbasiertem Management, rollierenden Forecasts und Benchmarking sowie mit der radikalen Dezentralisierung der Verantwortung ersetzen will (Hope/Fraser, 2003). Dabei geht es nicht um die Fragen, ob und wie die Planung im Unternehmen durchgeführt, vereinfacht oder gar weggelassen wird. Vielmehr geht es um eine grundlegende Managementphilosophie, bei der Fragen der Mitarbeitermotivation eine große Rolle spielen (Pfläging, 2007; Zehetner, 2007).

Was Controller möglicherweise nicht zufrieden stellt, ist die weitgehende Reduktion der Planung auf den Motivationsaspekt. Planen ist jedoch notwendig, um Investitions- und Personalbedarfe festzustellen oder um eine kurz- und mittelfristige Terminplanung etwa in der Fertigung überhaupt zu ermöglichen. Gerade in der Produktion ist ein gewisses Maß an Sicherheit wichtig.

Ob die Selbstmotivation sich durch die Fülle von Beyond-Budgeting-Instrumenten erfolgreich steigern lässt, ist eine noch offene Frage. Man kann aber von der Annahme ausgehen, dass für die aus der hohen Zahl der zu integrierenden Instrumente resultierende Komplexität des Beyond Budgeting kein ausreichendes Know-how bei den kleineren Autozulieferern vorhanden ist.

1.15   Anwendung der Controlling-Tools im internationalen Vergleich

Der Vergleich der Ergebnisse auf internationaler Basis führt generell zu ähnlichen Einsichten (s. Abb. 1.16). Der Standardwerkzeugkasten hat eine dominante Stelle beim Controllerdienst in allen vier Ländern. Mit 88 % zeigen britische Unternehmen verglichen mit französischen und deutschen Unternehmen einen sehr hohen Grad der Anwendung des Shareholder Value Assessments. Polnische Zulieferer dagegen übertreffen diesen Wert sogar um 2 % und erreichen so eine 90 %-ige Anwendungsrate. Im Kontrast stehen die deutschen Unternehmen am anderen Ende der Skala bei 32 %. Die Ergebnisse der anderen Länder deuten an, dass ein Umdenken in Deutschland dringend vonnöten ist. Insbesondere im angloamerikanisch beeinflussten Controlling gehört die Shareholder-Value-Orientierung bereits zum Standardrepertoire.

Beyond Budgeting ist viel weniger weit verbreitet. Wegen seiner Vielschichtigkeit und der speziellen Anforderungen an das Controlling Know-how findet es im Allgemeinen wenig Akzeptanz in KMUs. Allerdings scheinen polnische Unternehmen den anderen Zulieferern auch hinsichtlich des Beyond Budgeting ein Stück im Voraus zu sein. Angesichts der entgegengesetzten Ergebnisse einer ähnlichen Umfrage in der Tschechischen Republik (Fibirova/Soljakova, 2007), die gleichzeitig mit Polen der Europäischen Union beitrat, sind hier allerdings tiefergehende Studien erforderlich. Warum sind polnische, aber nicht tschechische Unternehmen „angelsächsischer" in ihren Budgetierungspraktiken als britische Unternehmen? Jedenfalls zeigt eine detaillierte Analyse ferner, dass die meisten der britischen, deutschen, französischen, polnischen und tschechischen Unternehmen, die mit Beyond Budgeting arbeiten, nebenbei weiterhin traditionelle Budgets zu Controllingzwecken führen, also eher ein Advanced Budgeting Konzept anwenden (Gaiser/Kopp/Leyk, 2004).

	France	Poland	UK	Germany
Budgeting	82 %	100 %	100 %	91 %
Forecasting	76 %	100 %	100 %	95 %
Cost Center Accounting	82 %	90 %	100 %	96 %
Project Costing	88 %	80 %	100 %	88 %
Target Costing	71 %	90 %	69 %	64 %
Customer Profitability	53 %	70 %	69 %	82 %
Profit Center Profitability	71 %	50 %	81 %	70 %
Shareholder Value Assessment	53 %	90 %	88 %	32 %
Lifecycle Profitability	76 %	10 %	50 %	46 %
Balanced Scorecard	24 %	40 %	38 %	45 %
Beyond Budgeting	29 %	40 %	19 %	23 %

Abb. 1.16 *Einsatz von Controlling-Tools nach Ländern (Quelle: Dressler, 2006)*

1.16 Relevanz und Akzeptanz der Controlling-Tools

Deutsche Autozulieferer halten die Standard-Werkzeuge (Cost Center Accounting, Budgetie-rung, Forecasting und Produktergebnisrechnung) für die wichtigsten. So stehen die Anwen-dungsrate und die geschätzte Bedeutung dieser Tools jeweils mit einem Wert von über 90 % im Einklang miteinander. Bedeutsam erscheint aber auch die Unstimmigkeit über die Be-deutung und den Einsatz der Balanced Scorecard und der Lebenszyklusrechnung. Während 68 % der untersuchten Unternehmen letztere als wichtig einstufen, wird sie nur von 46 % der deutschen Unternehmen eingesetzt. Die Diskrepanz im Fall der BSC ist noch größer: Hier betrachten 69 % der Befragten dieses Tool als sehr wichtig, aber seine Anwendungsrate liegt bei nur 45 %.

Im direkten Vergleich von Bedeutung und Zufriedenheit gibt es wieder eine hohe Korrelati-on bezüglich der Standard-Werkzeuge (s. Abb. 1.17). Alle fünf Instrumente erhalten Werte von über 90 %, was ihre Wichtigkeit betrifft. Auch bei der Zufriedenheit erhalten vier von ihnen Werte von mindestens 82 %. Die Gründe für die hohen Werte sind vielschichtig. Viele deutsche KMU-Zulieferer haben die Bedeutung eines effizient funktionierenden Cont-rolling anerkannt und in den letzten Jahren größere Investitionen in diesem Bereich getätigt.

Ferner ist eine zuverlässige Auftragskostenrechnung notwendig, um der Forderung der
OEMs nach immer mehr Transparenz in den Kalkulationsgrundlagen nachkommen zu können. Aufgrund der schnellen Weiterentwicklung von Software für Kennzahlensysteme und
Berichtswesen sind viele kleine und mittelgroße Controllerdienste jetzt in der Lage, Daten
aus der Buchhaltung direkt in ihre Controllinganwendungen einfließen zu lassen. Das hat
vermutlich einen höheren Grad der Zufriedenheit zur Folge. Hierbei soll man den Beitrag
der Softwarelösungen nicht unterschätzen, die die Unternehmen für sich selbst entwickelt
haben. Beispielsweise haben KMUs immer noch etwa 90 % der eingesetzten Software-Tools
für Planungszwecke selbst auf Excel-Basis entwickelt (Dahnken/Keller/Narr/Bange, 2003).

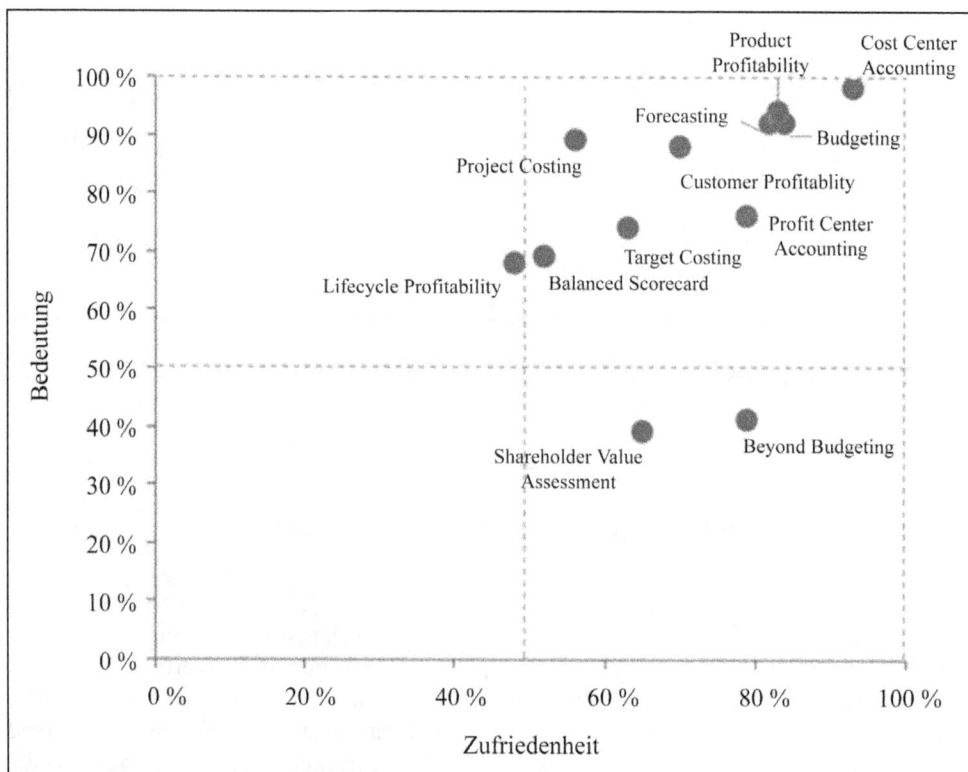

Abb. 1.17   Bedeutung und Zufriedenheit mit Controlling-Tools (Quelle: Dressler, 2006)

Größere Diskrepanzen zwischen Bedeutung und Zufriedenheit betreffen vier andere Control-
ling-Werkzeuge: Projektcontrolling (Bedeutung: 89 %, Zufriedenheit: 56 %), Zielkostenrechnung (74 %, 63 %), Balanced Scorecard (69 %, 52 %) sowie Lebenszyklusrechnung
(68 %, 48 %). Die Werte belegen, welch große Herausforderung es insbesondere für KMUs
ist, die Komplexität zu meistern, die mit dem Einsatz dieser Tools zusammenhängt. Da es
für die Zielkostenrechnung und die Lebenzyklusrechnung kaum Standard-Softwareprodukte

gibt, die den Bedürfnissen der KMUs entsprechen, befinden sich die Zulieferer in einer schwierigen Lage.

Die aufgezeigten Diskrepanzen stehen gegen die weitgehende Übereinstimmung bei den Standard-Controllingwerkzeugen sowie beim Shareholder Value Assessment und dem Beyond Budgeting (die beiden letzteren haben niedrige Werte hinsichtlich Bedeutung und Zufriedenheit). Es kann deshalb nicht überraschen, dass das Verhältnis zwischen Bedeutung und Zufriedenheit überall schwach (r = 0,37) ist.

1.17   Schlussfolgerungen und Handlungsbedarf

Die Standard-Werkzeuge erreichen bei den Unternehmen einen hohen Grad der Annahme und Zufriedenheit. Die starke Fokussierung auf die Bedeutung der Kostenkontrolle tritt in den Werten für Cost-Center-Accounting, Budgetierung und Forecasting deutlich zutage. Die Tatsache, dass über 90 % der befragten Zulieferer auch die Produktergebnisrechnung benutzen, ist beachtlich: Vor zehn Jahren gehörte das Wissen über die Produktprofitabilität noch nicht unbedingt zum Standardrepertoire der Controller. Allerdings fand das Forschungsteam nicht heraus, ob (1) das Produktergebnis sich einfach aus der Kalkulation für ein Angebot ergibt oder (2) das Produktergebnis die Profitabilität aufgrund von Standard- oder Istkosten ausdrückt.

Der beeindruckend hohe Verbreitungsgrad der fünf Instrumente bei den befragten Unternehmen steht weitgehend im Einklang mit anderen Untersuchungen (Schäffer/Steiners, 2005). Wer diese Werkzeuge bei seinem Standard-Controlling nicht im Einsatz hat, droht den Anschluss an die Konkurrenz zu verlieren. Ferner zeigt die hohe Zufriedenheit mit den Standard-Tools, dass es kaum weiteres Verbesserungspotenzial gibt. Das ist ein klares Signal an diejenigen, die bei der Vorbereitung und Analyse ihrer Monatsberichte stöhnen.

Bei den komplexeren Werkzeugen liegen die Dinge anders. Um eine größere Übereinstimmung zwischen Bedeutung und Zufriedenheit zu erreichen, müssten insbesondere vier Tools verbessert oder simplifiziert werden: das Projektcontrolling, die Zielkostenrechnung, die BSC und die Lebenszyklusrechnung. Mit Software „von der Stange" sind diese Instrumente jedoch sehr schwer einzusetzen. Darüber hinaus muss es konzeptionelle Klarheit geben, wie man die Tools anwendet, und was man mit ihnen erreichen will. Wenn solche Klarheit herrscht und ein entsprechendes Kostenrechnungssystem vorhanden ist, kann man auf Basis einfacher Excel-Anwendungen für das Projektcontrolling sowie für Ziel- und Lebenszyklusrechnungen nützliche Ergebnisse erarbeiten.

Das BSC-Beispiel dagegen zeigt deutlich, dass eine umfassende Analyse der Strategie und die Festlegung wichtiger Erfolgsfaktoren der Einführung vorausgehen müssen. Das setzt ein teures Projekt voraus, das man nur mit entsprechender Expertise oder externer Unterstützung effektiv verwirklichen kann. Bei den dünnen Margen der Zuliefererindustrie wird der Wunsch nach einem in ein BSC-Konzept integrierten Schlüsselindikatorensystem, das gleichzeitig mit dem operativen Controlling verknüpft ist, deshalb noch länger unerfüllt bleiben.

1.18   Plankostenrechnungssysteme und Abweichungsanalysen

Obwohl wenig beliebt und umstritten in ihrer Wirksamkeit und Wirtschaftlichkeit bleiben Budgets und die mit ihnen zusammenhängenden Abweichungsanalysen also nicht wegzudenkende Instrumente im Standard-Werkzeugkasten der meisten Controllerdienste. Bei ihrem Einsatz in der Plankostenrechnung handelt es sich in Deutschland um eine relativ junge Form des internen, betrieblichen Rechnungswesens. Das Fehlen eines echten Maßstabes für die Wirtschaftlichkeit des betrieblichen Geschehens in den 1950er Jahren ließ die Unternehmen nach neuen Formen der Kostenkontrolle suchen. Im Zuge dieser Bemühungen stieß man auf die in den USA bereits seit Jahren mit Erfolg angewandten Vergleichsrechnungen auf der Basis von „standard costs" und „budget costs".

1.18.1   Terminologie

Die amerikanischen Kostenrechnungsverfahren zeichneten sich dadurch aus, dass sie die Istkosten einer Abrechnungsperiode nicht mehr an den Istkosten früherer Perioden oder an denen anderer Betriebe maßen, sondern an Vorgabewerten, die Ausdruck für die Wirtschaftlichkeit der betrieblichen Tätigkeit sein sollten. Sie wurden zum Vorbild der in Westdeutschland entwickelten Formen der Plankostenrechnung. Auf diese enge Verbindung ist es wohl zurückzuführen, dass außer der Bezeichnung Plankostenrechnung auch andere Begriffe in den heimischen Sprachgebrauch übernommen wurden. In Anlehnung an die „Standards" und „Budgets" fand man zeitweise die Bezeichnungen „Standardkostenrechnung" und „Budgetkostenrechnung" als Synonyme für die Plankostenrechnung. Heute versteht man unter Standardkosten die für ein Produkt ermittelten Vorgabekosten. Bei Standardkostenrechnungen handelt es sich demnach um Kostenträgerrechnungen. Demgegenüber handelt es sich bei Budgetkosten um die für einen Zeitraum vorgegebenen Kosten von Verantwortungsbereichen. Budgetkostenrechnungen sind also kostenstellenbezogene Rechnungen.

1.18.2   Der Soll-Ist-Vergleich als Kernstück der Plankostenrechnung

Die Plankostenrechnung ist ein zukunftbezogenes Verfahren der Kosten- und Leistungsrechnung. Sie dient vor allem den Anforderungen der Betriebskontrolle. Das von ihr verwendete Instrument ist der sogenannte Plan-Soll-Ist-Vergleich. Man ermittelt die relevanten Plandaten über Schätzungen oder Berechnungen. Die tatsächlich angefallenen Istkosten misst man an Maßstabswerten, die man bei wirtschaftlicher Arbeitsweise nicht überschreiten sollte. Diese Maßstabswerte werden deshalb Sollkosten genannt. Man leitet sie aus den Plankosten ab. Die Plankosten sind also Vorgabekosten, besitzen jedoch nur für den Fall der Planbeschäftigung normativen Vorgabecharakter.

1.18.3   Formen der Plankostenrechnung

Für die Durchführung des Plan-Soll-Ist-Vergleichs hat die betriebliche Praxis im Laufe der Zeit verschiedene Darstellungsformen entwickelt. Sie alle gehen davon aus, dass Plankosten immer nur für den Fall der Planbeschäftigung Gültigkeit haben. Die Istbeschäftigung der einzelnen Abrechnungsperioden stimmt jedoch im Allgemeinen nicht mit der Planung überein. Folglich müssen die Plankosten bei Planbeschäftigung umgewandelt werden in Plankosten bei Istbeschäftigung, die man – wie beschrieben – als Sollkosten bezeichnet und an denen man die Istkosten misst.

Die Ableitung der Sollkosten aus den Plankosten kann nach unterschiedlichen Methoden erfolgen (s. Abb. 1.18). Man unterscheidet zwischen der *starren Plankostenrechnung* und der *flexiblen Plankostenrechnung*.

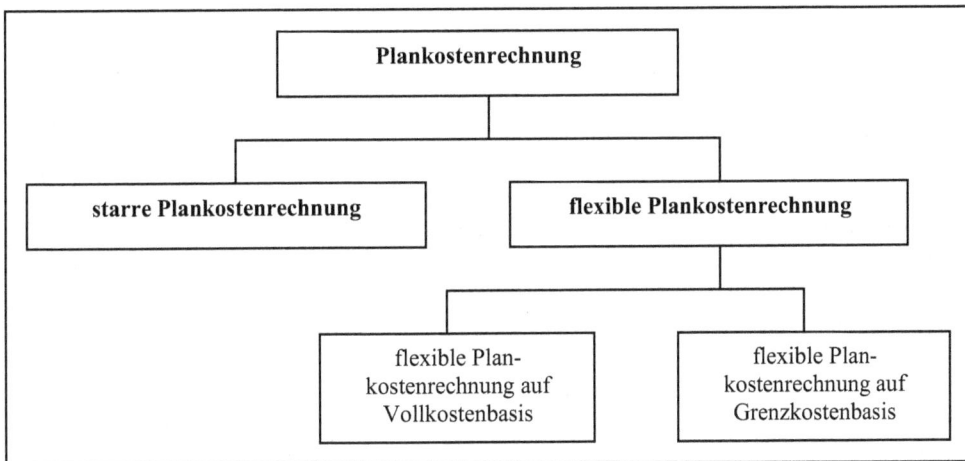

Abb. 1.18   *Ableitung der Sollkosten aus den Plankosten nach unterschiedlichen Methoden*

Die starre Plankostenrechnung ist ein Verfahren der Vollkostenrechnung. Dagegen gibt es die flexible Plankostenrechnung sowohl auf Vollkostenbasis als auch weiter entwickelt auf Teilkostenbasis (die Grenzplankostenrechnung).

1.18.4   Starre Plankostenrechnung

Eine Plankostenrechnung bezeichnet man als starr, wenn sie eine rechnerische Anpassung der Plankosten an Beschäftigungsänderungen nicht zulässt. Das bedeutet, dass man den für die Planbeschäftigung einmal festgelegten Vorgabewert unverändert als Sollwert in den Soll-Ist-Vergleich übernimmt, selbst dann, wenn die Istbeschäftigung von der Planbeschäftigung abweicht. Plankosten und Sollkosten sind identisch, so dass man auf eine Aufteilung der Kosten in fixe und proportionale Elemente verzichten kann.

Der Verrechnungssatz der Plankosten für jede Kostenstelle ergibt sich, indem man die Plankosten durch die Planausbringungsmenge dividiert. Er ist Grundlage der innerbetrieblichen Leistungsverrechnung, der anschließenden Kostenträgerrechnung und damit der kurzfristigen Erfolgsrechnung. Das Produkt aus dem Verrechnungssatz der Plankosten und der Istbeschäftigung ergibt die sogenannten verrechneten Plankosten. Da in der Praxis die starre Plankostenrechnung selten zwischen fixen und variablen Kosten unterscheidet, ist sie stets eine Vollkostenrechnung. Kapitel 2 und 3 stellen die starre und die flexible Plankostenrechnung anhand zahlreicher Beispiele dar.

Der große Vorteil der starren Plankostenrechnung liegt vor allem in der schnellen, einfachen Handhabung während der laufenden Abrechnung. Ihre Mängel zeigen sich bei der zum Zweck der Kostenkontrolle durchzuführenden Analyse der Abweichungen zwischen Plan-, Soll- und Istkosten. Da man in diesen Verfahren die Plankosten nicht auf die Istbeschäftigung umrechnet, ist ihre Aussagefähigkeit gering und verhindert somit eine wirksame Kostenkontrolle.

Bei der starren Plankostenrechnung ermittelt man zuerst die Plankosten (Summe aller geplanten Kosten für einen bestimmten Beschäftigungsgrad), dann die verrechneten Plankosten. Weicht die Ist- von der Planbeschäftigung ab, so ergibt sich aus der Differenz der Istkosten und der Plankosten eine Kostenabweichung, die Gesamtabweichung. Die Gesamtabweichung der Kosten kann weiter untergliedert werden, beispielsweise in eine Einzelkostenabweichung und eine Gemeinkostenabweichung. Die Gesamtabweichung der Kosten, die man auf Basis der starren Plankostenrechnung berechnet, stellt allerdings keinen geeigneten Maßstab für die Wirtschaftlichkeit einer Kostenstelle dar, weil die sich auf unterschiedliche Beschäftigungsgrade beziehenden Ist- und Plankosten in der Regel nicht vergleichbar sind. Es ist daher zum Beispiel nicht feststellbar, in welchem Umfang die Kostenabweichung auf Beschäftigungsänderungen oder auf unwirtschaftlicher Arbeitsweise beruht. Für eine aussagefähige Abweichungsanalyse müssten die Kostensummen bekannt sein, die bei der Istbeschäftigung und bei wirtschaftlichem Verhalten entstehen dürfen (Sollkosten). Diese Summen kann man jedoch nur im Rahmen der flexiblen Plankostenrechnung (siehe unten) ermitteln.

Auch die Differenz zwischen den effektiv angefallenen, d. h. Istkosten, und den verrechneten Plankosten ist wenig aussagefähig, da normalerweise in den verrechneten Plankosten fixe Kostenbestandteile enthalten sind, die sich zu der jeweiligen Bezugsgröße nicht proportional verhalten. Sie führen unweigerlich zu einer Unter- bzw. Überdeckung der Plankosten. Eine sinnvolle Kontrolle der Wirtschaftlichkeit ist nur dann möglich, wenn Planbeschäftigung und Istbeschäftigung übereinstimmen. In der Praxis ereignet sich dieser Zufall äußerst selten.

1.18.5   Flexible Plankostenrechnung

Im Gegensatz zur starren Plankostenrechnung ist bei der flexiblen Plankostenrechnung das System durch die Einbeziehung von Sollkosten an die tatsächlichen Verhältnisse anpassbar. Eine Trennung von variablen und fixen Kosten findet typischerweise auf der Kostenstellenebene, aber meistens nicht auf der Kostenträgerebene (Kosten pro Stück) statt. Das Kostenrechnungssystem erlaubt so die Anpassung der Plankosten an alle gegenüber der Planung veränderten Istverhältnisse. Es ist damit in der Lage, soweit wie möglich alle vom Kostenstellenleiter nicht zu vertretenden Abweichungen aus dem Plan-Soll-Ist-Vergleich zu eliminieren.

Im Anschluss an die Ermittlung der Plan- und verrechneten Plankosten stellt man die Sollkosten fest. Bei den Fixkosten ist eine Aufteilung in Nutzkosten und Leerkosten möglich und in der Praxis üblich.

Zusätzlich zur Gesamtabweichung kann man die Beschäftigungsabweichung (Sollkosten - verrechnete Plankosten) sowie die globale Verbrauchsabweichung (Maß für Ineffizienz = Istkosten - Sollkosten) ermitteln, wodurch die Kostenkontrolle wirksamer wird. Da die wichtigste dieser Abweichungskomponenten die Beschäftigungsabweichung ist, bezieht man das Attribut „flexibel" im Allgemeinen auf die Anpassungsfähigkeit der Plankosten an Beschäftigungsveränderungen. Das bedeutet, dass eine flexible Plankostenrechnung in der Lage sein muss, die nur für die Planbeschäftigung maßgeblichen Plankosten rein rechnerisch in Sollkosten als Vorgabekosten für die Istbeschäftigung umzuwandeln.

Hierzu trennt die flexible Plankostenrechnung fixe und variable Kosten voneinander. Dadurch ist es möglich, Kostenvorgaben nicht nur für die Planbeschäftigung, sondern auch für jeden anderen Beschäftigungsgrad zu ermitteln. Die auf diese Weise ermittelten Kostenvorgaben für die jeweilige Istbeschäftigung sind die Sollkosten. Sie entsprechen den Kosten, die unter der Annahme eines wirtschaftlichen Umgangs mit den Ressourcen bei der jeweiligen Istbeschäftigung anfallen dürfen.

1.18.6   Flexible Plankostenrechnung auf Vollkostenbasis

Die flexible Plankostenrechnung kann eine Vollkostenrechnung sein, die alle bei der Leistungserstellung entstandenen Kosten verrechnet. Sie kann aber auch als Grenzplankostenrechnung nur die Grenzkosten berücksichtigen und ist in diesem Fall eine Teilkostenrechnung.

Bei einer flexiblen Plankostenrechnung auf Basis von Vollkosten dient die Aufteilung der Kosten in fixe und proportionale Anteile nur der Kostenkontrolle. Für die Kalkulation und die darauf aufbauende kurzfristige Erfolgsrechnung bildet man die erforderlichen Kalkulationssätze, indem man die gesamten Plankosten durch die Planbeschäftigung dividiert. Somit verrechnet man die verrechneten Plankosten auf die Kostenträger insgesamt weiter.

Die Abweichungsanalyse ergibt zunächst die Beschäftigungsabweichung als Differenz zwischen Sollkosten und verrechneten Plankosten. Diese Größe zeigt, in welchem Umfang die

Änderung der Istbeschäftigung gegenüber der Planbeschäftigung an der Gesamtabweichung der Istkosten von den Plankosten beteiligt ist. Sofern Plan- und Istbeschäftigung übereinstimmen, ist sie gleich Null, und bei den fixen Kosten handelt es sich ausschließlich um „Nutzkosten", die sich mit abnehmender Beschäftigung in „Leerkosten" verwandeln (Mayer/ Liessmann/Mertens, 1997). Für die Kontrolle einzelner Kostenstellen ist die Beschäftigungsabweichung jedoch ein ungeeigneter Indikator, da man die jeweiligen Kostenstellenleiter für solche Abweichungen in der Regel nicht verantwortlich machen kann.

Die Verbrauchsabweichung als Differenz zwischen Ist- und Sollkosten ist Ausdruck für den mengenmäßigen Mehr- oder Minderverbrauch an Kostengütern. Zur näheren Analyse der Ursachen von Verbrauchsabweichungen ist deren Aufspaltung in spezielle Teilabweichungen (z. B. Verfahrensabweichung, Programm-/Auftragsabweichung, Qualitätsabweichung oder Einsatz- bzw. Inputmixabweichung usw.) erforderlich.

So wird eine wirksame Kostenkontrolle in den Kostenstellen möglich. Diese Variante der Plankostenrechnung hat jedoch Nachteile, weil sie auf dem Vollkostenkonzept basiert und damit grundsätzlich auch die Mängel der Vollkostenrechnung aufweist (Fischbach, 2004). Die Nachteile lassen sich dadurch reduzieren, dass man die flexible Plankostenrechnung auf eine Trennung der fixen und variablen Bestandteile stützt. Allerdings nutzt man diese für die Ermittlung von Sollkostenwerten wichtige Kostenspaltung in der Praxis nicht hinreichend und verzichtet damit auf die Ermittlung entscheidungsrelevanter Informationen.

1.18.7   Flexible Plankostenrechnung auf Teilkostenbasis

Die Grenzplankostenrechnung sieht sowohl in der Kostenstellenrechnung als auch in der Kostenträgerrechnung ausdrücklich eine Trennung von fixen und variablen Kostenbestandteilen vor. Die Kostenstellenrechnung entspricht in ihrem Aufbau weitgehend der auf Vollkosten basierenden flexiblen Plankostenrechnung. Man nimmt für die einzelnen Kostenstellen jedoch eine andere, nämlich eine nach fixen und variablen Kosten differenzierte Kostenplanung vor. Die fixen Kosten werden als vorgegebene Periodenkosten *en bloc* behandelt und nicht auf die einzelnen Leistungseinheiten weiter verrechnet. Lediglich für die variablen Kosten ermittelt man Plankosten als Sollkosten. Daraus folgt, dass die Grenzplankostenrechnung keine Beschäftigungsabweichung kennt und die Verbrauchsabweichung lediglich als Differenz zwischen Soll- und Istkosten ausweist. Diese Abweichung kann man durch tiefergehende Untersuchungen weiter untergliedern.

Der entscheidende Vorteil der Grenzplankostenrechnung liegt darin, dass sie die schwerwiegenden Mängel der Vollkostenrechnung vermeidet. Man trägt durch ihren Einsatz vor allem der Erkenntnis Rechnung, dass man die fixen Kosten nach deren Proportionalisierung (d. h., nach der Verrechnung auf einzelne Leistungseinheiten) nicht mehr sinnvoll kontrollieren kann.

Darüber hinaus liefert die Grenzplankostenrechnung auch bessere Kosteninformationen für die Vorbereitung unternehmerischer Entscheidungen. Welche konkrete Aussagefähigkeit solche Kosteninformationen haben, hängt stark davon ab, ob die Grenzplankostenrechnung als Teilkostenrechnung in ihrem Aufbau den einfachen Prinzipien des „Direct Costing" folgt oder ob man sie nach den moderneren Grundsätzen des Rechnens mit Einzelkosten oder stufenweisen Deckungsbeiträgen gestaltet (Konetzny, 2000). Letztlich ermöglicht die Grenzplankostenrechnung die Nutz- und Leerkostenanalyse als Sonderrechnung. Abb. 1.19 fasst die obige Diskussion über Plankostenrechnungssysteme und Abweichungsarten zusammen.

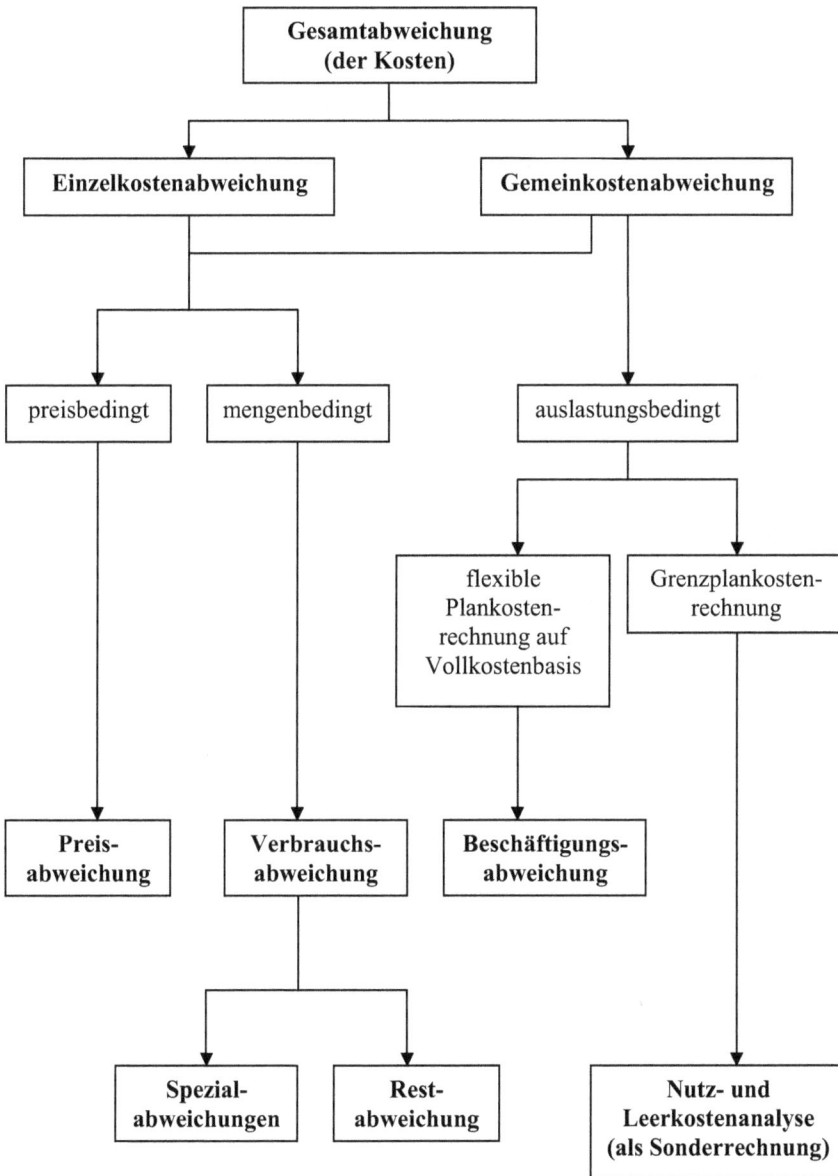

Abb. 1.19   *Übersicht über die wichtigsten Plankostenrechnungssysteme und Abweichungsarten*

1.18.8   Abweichungsanalyse

In Zusammenhang mit der Budgetierung ist die Abweichungsanalyse ein zentrales Instrument des operativen Controllings. Sie beschäftigt sich mit den Ursachen von Abweichungen zwischen Plan-, Soll- und Istergebnissen. Mit diesem Instrument können Planungsfehler und Unwirtschaftlichkeiten im Unternehmen aufdeckt werden. Bei der Analyse beginnt man mit einer Gegenüberstellung der zugehörigen Plan- und Istwerte hinsichtlich Umsatz und Kosten. Die Gesamtabweichung ist die Differenz zwischen Plan- und Istdaten, die alle tatsächlichen Abweichungen einzelner Bestimmungsfaktoren (z. B. Beschäftigung, Preis, Verbrauch, Mix usw.) gegenüber den geplanten Werten beinhaltet. Im weiteren Verlauf unterteilt man die Gesamtabweichung in einzelne Teilabweichungen, die unterschiedlichen Einflussfaktoren zuzurechnen sind. Das Ziel ist, die Einflussfaktoren zu identifizieren und entsprechende Gegensteuerungsmaßnahmen einzuleiten, um die Lücke zwischen Plan- und Istwerten zu schließen.

1.18.9   Kostenanalyse

Abweichende Betriebsergebnisse entstehen aus Veränderungen der Kosten und des Umsatzes. Da sich der Gewinn aus der Differenz von Umsatz und Kosten berechnen lässt, kann man die Ergebnisabweichung in eine Umsatzabweichung und eine Kostenabweichung aufteilen. Sowohl der Erlös als auch die Kosten werden im Wesentlichen von den Bestimmungsfaktoren Menge und Preis beeinflusst, bei denen jeweils Plan-Soll-Ist-Abweichungen auftreten können. Es gibt zahlreiche Kosten- bzw. Umsatzdeterminanten, deren Veränderung zur Gesamtabweichung beitragen kann. Während die demnächst erscheinende *Leistungssteuerung kompakt* u. a. auch die Umsatzanalyse präsentiert, steht in dieser Veröffentlichung die Kostenanalyse im Brennpunkt.

Die wichtigsten Kostenbestimmungsfaktoren sind das Produktionsvolumen, die Einkaufspreise für Rohstoffe, Vorprodukte usw., der Inputmix sowie fixe Kosten. Über alle diese Einflussfaktoren kann man unter Anwendung der Abweichungsanalyse eine Aussage treffen, die Gegensteuerungspotenziale aufzeigt.

1.19   Budgets und Abweichungsanalysen in diesem Text

Die nachfolgenden Kapitel behandeln die Budgets und Abweichungsanalysen, die als Standard-Tools im Werkzeugkasten fast jedes Controllerdienstes vorhanden sind, um Kosten zu planen und zu steuern. Kapitel 2 fokussiert auf variable und fixe Einzelkosten. Nach der Klärung wichtiger Begriffe zeigt es auf, wie man statische Budgets aus der starren und flexible Budgets aus der flexiblen Plankostenrechnung entwickelt. Darüber hinaus widmet es sich den Themen der flexiblen Budgets auf Standardkostenbasis und der Plan-Soll-Ist-Vergleiche. Von diesen Vergleichen werden verschiedene Abweichungen hergeleitet, wobei die Preis- und Verbrauchsabweichungen im Vordergrund stehen. Es folgen Diskussionen über die Rolle von Standardkosten im Prozess der kontinuierlichen Verbesserung, über die Verantwortung für Abweichungen, über die Fragen, wann man Abweichungen untersuchen soll, und wie statistische Wahrscheinlichkeiten dabei helfen können. Anhand von Beispielen präsentiert das Kapitel die entsprechenden Journaleintragungen bei Verwendung von Standardkosten und erklärt, wie man Benchmarks der Weltklasse wählt sowie Standardkosten an veränderte Bedingungen anpasst.

Kapitel 3 beschreibt die Steuerung variabler und fixer Gemeinkosten. Es zeigt, wie man die dafür erforderlichen Verrechnungssätze ermittelt. Ferner setzt es sich mit der Beschäftigungsabweichung auseinander und präsentiert eine integrierte Analyse, die auch die Preis- und Verbrauchsabweichungen der Gemeinkosten umfasst. Nach einer Diskussion der Interdependenzen zwischen einzelnen Abweichungen untersucht es am Beispiel des Vertriebs variable und fixe Gemeinkostenabweichungen außerhalb des Fertigungsbereichs und ihre möglichen Ursachen. Auch dieses Kapitel präsentiert wieder anhand von Beispielen die entsprechenden Journaleintragungen bei Verwendung von Standardkosten. Es kommen Elemente der flexiblen Plankostenrechnung sowohl auf Voll- als auch auf Teilkostenbasis vor. Die anteilige Verrechnung von Herstellkostenabweichungen auf halb- und fertiggestellte bzw. auf fertiggestellte und verkaufte Produkte einer Rechnungsperiode zählt zu den Verfahren, mit denen man im Controlling und in internem Rechnungswesen vertraut sein muss. Sowohl die International Accounting Standards (IAS) als auch die International Financial Reporting Standards (IFRS) sehen seine Anwendung vor (Leissing, 2002; Teichmann, 2003; Barthélemy/Willen, 2003; Lüdenbach/Hoffmann, 2003). In der Europäischen Union sind börsennotierte Unternehmen seit dem 1.1.2005 verpflichtet, ihre Jahresabschlüsse nach IFRS aufzustellen, um den Bilanzlesern transparentere und zugleich aussagekräftigere finanzielle Daten zur Verfügung zu stellen. Kapitel 3 erklärt alle wichtigen Aspekte der anteiligen Verrechnung und fasst alternative Sichtweisen zu ihrer Verwendung kurz zusammen.

1.20   Englische und deutsche Fachterminologie im Vergleich

Benchmark   Bezugsmarke, Eckwert, Vergleichszahl

best practice   bestes Verfahren, Erfolgsrezept, Erfolgsmethode

bottom-up   „von unten nach oben", Aggregationsmethode, progressive Planung, progressives Planungsverfahren; ein Planungsverfahren, das das Erstellen eines detaillierten Plans aufgrund von Vorschlägen der Unternehmenseinheiten (Business Units) ohne herausfordernde Ziele bezeichnet

budget costs	die für einen Zeitraum vorgegebenen Kosten von Verantwortungsbereichen
business activity monitoring (BAM)	die Sammlung von Analysen und Präsentationen von zeitrelevanten Geschäftsprozessen in Organisationen
business intelligence	Systeme und Prozesse zur systematischen Analyse eines Unternehmens und seines kommerziellen Umfelds – meist mit Computersystemen
business performance management (BPM)	auch Corporate-Performance-Management (CPM) genannt, beschreibt Methoden, Werkzeuge und Prozesse zur Verbesserung der Leistungsfähigkeit und Profitabilität von Unternehmen
corporate governance, corporate performance management (CPM)	beschreibt Methoden, Werkzeuge und Prozesse zur Verbesserung der Leistungsfähigkeit und Profitabilität von Unternehmen
cost center accounting	Kostenstellenrechnung
effectiveness	Wirksamkeit
efficiency	Wirtschaftlichkeit
enterprise application integration (EAI)	Unternehmensanwendungsintegration (UAI), Konzept zur unternehmensweiten Integration der Geschäftsfunktionen entlang der Wertschöpfungskette, die über verschiedene Applikationen auf unterschiedlichen Plattformen verteilt sind, und die im Sinne der Daten- und Geschäftsprozessintegration verbunden werden
enterprise performance management (EPM)	auch Corporate-Performance-Management (CPM) genannt, beschreibt Methoden, Werkzeuge und Prozesse zur Verbesserung der Leistungsfähigkeit und Profitabilität von Unternehmen

enterprise resource planning (ERP)	Planung des Einsatzes bzw. der Verwendung der Unternehmensressourcen durch die Einrichtung umfassender elektronischer Informationssysteme, die es den verschiedenen, in der Vergangenheit weitgehend isolierten Teilen einer Organisation erlauben, auf einen gemeinsamen Informationspool zuzugreifen und miteinander zu kommunizieren
forecast	Prognose, Vorhersage
4-variance analysis	4er-Abweichungsanalyse
key performance indicator (KPI)	Kennzahlen, anhand derer man den Fortschritt bzw. den Erfüllungsgrad hinsichtlich wichtiger Zielsetzungen oder kritischer Erfolgsfaktoren innerhalb einer Organisation messen bzw. ermitteln kann
preferred supplier	bevorzugter Lieferant
profit center profitability	Periodenerfolg einer Ergebniseinheit
shareholder value assessment (SVA)	kapitalmarktorientierte Steuerung des Unternehmens durch eine an geeigneten Erfolgsgrößen ausgerichtete Strategie
standard costing	Standardkostenrechnung
standard costs	die für ein Produkt ermittelten Vorgabekosten
target costing	Zielkostenrechnung
top-down	„von oben nach unten"; ein Planungsverfahren, das aufgrund von Vorgaben des Spitzenmanagements das Erstellen eines Plans mit Zeit-, Gewinn- und Kostenzielen, jedoch ohne Konkretisierung im Detail bezeichnet
turnaround	Sanierung

1.21   Literatur

Barthélemy, F. und B.-U. Willen, IAS/IFRS: *Vom Projektplan bis zur erfolgreichen Umsetzung am Beispiel SAP R/3*, Haufe, Freiburg, 2003.

Dahnken, O., P. Keller, J. Narr, und C. Bange, *Planung und Budgetierung – 16 Software-Plattformen für den Aufbau unternehmensweiter Planungsapplikationen*, Oxygon, München, 2003.

Dressler, S., „Controlling-Tools bei Automobilzulieferern – Bedeutung und Anwendung", *Der Controlling-Berater*, 2/2006.

Fibirova, J. und L. Soljakova, „Is the Budgeting Really 'Beyond'? – An Empirical Study in the Czech Republic", Jahrestagung des AK Controlling der Controlling Professoren/Innen an der Hochschule Zittau/Görlitz, 1.-2. Juni 2007.

Fischbach, S., *Grundlagen der Kostenrechnung*, 3. Auflage, Redline Wirtschaft, Frankfurt a. M., 2004.

Gaiser, B., J. Kopp, und J. Leyk (Hrsg.), *Beyond Budgeting umsetzen – Erfolgreich Planen mit Beyond Budgeting*, Schaeffer-Poeschel, Stuttgart, 2004.

Hackett Best Practice, *Book of Numbers Finance*, Atlanta, 2002.

Hahne, Y., H. Schmitz und A. Vetter, „Lebenszyklusanalysen mit modernen Software-Tools", *Controlling*, 1/2002, pp. 25-30.

Hope, J. und R. Fraser, *Beyond Budgeting*, Schaeffer-Poeschel, Stuttgart, 2003.

Horváth, P., „Neugestaltung der Planung – Notwendigkeiten und Lösungsansätze", in: P. Horváth und R. Gleich (Hrsg.), *Neugestaltung der Unternehmensplanung: Innovative Konzepte und erfolgreiche Praxislösungen*, Schaeffer-Poeschel, Stuttgart, 2003.

Kanter, J. und C. Dougherty, „A Scandal in Europe over Parts", *International Herald Tribune*, August 3, 2006, pp. 1, 11.

Kinkel, S. und G. Lay, „Automobilzulieferer in der Klemme – vom Spagat zwischen strategischer Ausrichtung und Auslandsorientierung", *Fraunhofer Institut Systemtechnik und Innovationsforschung*, Nr. 32, März 2003.

Kopp, J. und J. Leyk, „Effizient und effektiv planen", in: B. Gaiser, J. Kopp, und J. Leyk (Hrsg.), *Beyond Budgeting umsetzen – Erfolgreich planen mit Advanced Budgeting*, Schaeffer-Poeschel, Stuttgart, 2004.

Konetzny, M., „Plankostenrechnung", 2000; Internetaddresse: http://www.mkonetzny.de, (Stand 16. 6. 2007).

KPMG Consulting, *Supporting the Decision Maker – A Guide to the Value of Business Modelling*, London, 1999.

Kuhn, B., und H. Pick, „Sinn und Unsinn der Budgetierung", Vortrag an der 6. Controlling Innovation Berlin 2006: Controlling Wandel aktiv gestalten, 9. September 2006.

Leissing, T., „Controller's Roadmap Teil 2: Wertorientiertes, internes und externes Konzernreporting nach IAS und US-GAAP", *Der Controlling-Berater*, 3/2002.

Leyk, J., „Rollierender Forecast: Budgetierungsaufwand senken und Unternehmensziele besser erreichen", *Der Controlling-Berater*, 1/2006.

Leyk, J. und J. Kopp, „Innovative Planungs- und Budgetierungskonzepte und ihre Bewertung", in: B. Gaiser, J. Kopp, und J. Leyk (Hrsg.), *Beyond Budgeting umsetzen – Erfolgreich planen mit Advanced Budgeting*, Schaeffer-Poeschel, Stuttgart, 2004.

Leyk, J., M. Müller und D. Grünebaum, „Der Ansatz des Advanced Budgeting in der Unternehmenspraxis: Empirische Ergebnisse des Horváth & Partners CFO-Panel zum aktuellen Anwendungsstand", *Der Controlling-Berater*, 4/2006.

Lüdenbach, N. und W.-D. Hoffmann (Hrsg.), *IAS Kommentar*, Freiburg, 2003.

Mayer, E., K. Liessmann und H. W. Mertens, *Kostenrechnung*, 7. Auflage, Schaeffer-Poeschel, Stuttgart, 1997.

Moffett, M. H. und W. Youngdahl, „Thunderbird Case A02-98-0003 Jose Ignacio Lopez de Arriortua", 1998; Internetadresse: http://www.thunderbird.edu/faculty_research/case_series/cases_1998/jose_ignacio.htm, (Stand 15. 5. 2007).

Obermöller, J., „Controlling – Wandel aktiv gestalten", *Der Controlling-Berater*, 7/2006.

Oehler, K., „Planung und Budgetierung: (Neue) Anforderungen an die Softwareunterstützung", *Der Controlling-Berater*, 3/2006.

Oehler, K., „Corporate Performance Management: Erfolgsfaktoren für eine integrierte Unternehmenssteuerung", *Der Controlling-Berater*, 4/2006.

Özel, F., „Controlling und Kontrolle", *Controller Magazin*, 1/2003.

Pfläging, N., „Unternehmensführung: Relative Ziele als innovative Controlling- und Führungstechnologie", *Der Controlling-Berater*, 2/2007.

Rasmussen, N. und C. J. Eichorn, *Budgeting*, Wiley, New York, 2000.

Rickards, R. C., „BSC and Benchmark Development for an E-Commerce SME", *Benchmarking: An International Journal*, 2/2007.

Rickards, R. C., *Budgetplanung kompakt*, Oldenbourg, München/Wien, 2007.

Schäffer, U. und D. Steiners, „Wie nutzen Geschäftsführer und Vorstände in deutschen Industrieunternehmen ihre Kostenrechnung?", *Controlling*, 6/2005, pp. 321-325.

Simons, R., „The Role of Management Control Systems in Creating Competitive Advantage: New Perspective", *Accounting, Organizations & Society*, 1-2/1990.

Simons, R., „The Strategy of Control – How Accounting Information Helps to Formulate and Implement Business Strategy", *CA Magazine*, 3/1992.

Teichmann, W. „Internationale Rechnungslegung: Chance zum Reengineering im Controlling", *Der Controlling-Berater*, 5/2002.

Wikipedia: José Ignacio López de Arriortua; Internetaddresse: http://de.wikipedia.org/wiki/Jos%C3%A9_Ignacio_L%C3%B3pez_de_Arriortua, (Stand 11. 7. 2007).

Zehetner, K. „Beyond Budgeting als neues Paradigma im Management?", *Der Controlling-Berate*r, 2/2007.

2 Einzelkostensteuerung

2.1 Einleitung

Im Anschluss an die Ausführungen zum Einsatz von Controlling-Werkzeugen in West- und Mitteleuropa stehen im Folgenden flexible Budgets in Verbindung mit Abweichungsanalysen im Vordergrund. Ihre Schlüsselfunktion im betrieblichen Entscheidungsprozess verdanken beide Instrumente der Tatsache, dass sie einem Manager wichtiges Feedback bezüglich der Kosten und Leistungen seines Unternehmens liefern (Kaplan, 1975; Kraft, 1983; Bender/Hofmann, 2007).

Da sich die Technik der Abweichungsanalyse sowie deren Interpretation in Bezug auf Einzelkostenarten von der Gemeinkostenanalyse unterscheidet, werden beide Themenkomplexe getrennt dargestellt: Kapitel 2 beginnt mit den Einzelkosten, während Kapitel 3 sich schwerpunktmäßig mit der Gemeinkostenbetrachtung beschäftigt. Die Erläuterungen erfolgen am Beispiel zweier Unternehmen. Unternehmen 1, die Goslarer Glas AG, produziert Windschutzscheiben für die Fahrzeugindustrie. Unternehmen 2, die Hamburger Handtaschen GmbH, fertigt Accessoires für Damen.

2.2 Budgets und Standards

In der Diskussion um Budgets und Abweichungsanalysen werden häufig die Begriffe „budgetiert" und „Standard" verwendet, die nicht miteinander verwechselt werden dürfen. Alle in einer Planrechnung ausgewiesenen Mengen sind zwar budgetierte Mengen, aber nicht alle budgetierten Mengen stellen auch gleichzeitig Standardmengen dar. Eine Standardmenge ist vielmehr die besondere Form einer budgetierten Menge.

Ein Standard stellt ein gutes bzw. bestmögliches Leistungsniveau dar. Er basiert auf einer gründlichen Untersuchung spezifischer Abläufe in einem Unternehmen und wird in Produkteinheiten (PE) bzw. Stückzahlen angegeben. Eine Zeitvorgabe für einen Paketdienstzusteller beispielsweise müsste sich aus einer genauen Untersuchung der für jeden Arbeitsschritt beim Abholen oder Ausliefern eines Paketes erforderlichen Zeit ergeben.

In der Produktion basieren Vorgaben für den Materialverbrauch („materials standards") oft auf detaillierten, von Wirtschaftsingenieuren erstellten Studien. Eine Standardfaktoreinsatzmenge („standard input") ist hier die erlaubte Quantität des Faktors (z. B. Stunden der Fertigungsarbeitszeit oder Kilogramm des Fertigungsmaterials) für eine Produkteinheit bzw. ein Stück Fertigware, ein gutes bzw. das bestmögliche Leistungsniveau vorausgesetzt.

Parallel zu den Standardmengen gibt es auch Standardkostensätze („standard costs"). Sie ergeben sich als Stückkosten der Fertigware bei einem guten bzw. dem bestmöglichen Leistungsniveau. Die überwiegende Mehrheit der Unternehmen im verarbeitenden Gewerbe weltweit arbeitet mit Standardkosten (Matsuda, 1976; Monden, 1992; Krumwiede, 1999/2000). Am häufigsten setzt man sie in den Produktions- und Vertriebsteilen der Wertschöpfungskette ein. Die Standards werden in aller Regel einmal jährlich auf Aktualität überprüft.

Die Definition eines guten bzw. bestmöglichen Leistungsniveaus variiert von Unternehmen zu Unternehmen. Besonders oft verwendete Alternativen sind Perfektionsstandards und gegenwärtig erreichbare Standards.

- **Perfektionsstandards** („ideal standards" oder „perfection standards") beziehen sich auf das bestmögliche Leistungsniveau unter den bestmöglichen Bedingungen („best practice benchmarks"). Es werden keine Abschläge für Verderb, Ausschuss, Nacharbeit, Verschwendung etc. berücksichtigt.

- **Gegenwärtig erreichbare Standards** („currently attainable standards" oder „practical standards") bestimmen ein gutes Leistungsniveau unter Berücksichtigung normaler Verluste für Verderb, Ausschuss, Nacharbeit, Verschwendung etc.

Die meisten Unternehmen verwenden derzeit „gegenwärtig erreichbare Standards" in ihren Kostenrechnungssystemen. Mit der steigenden Umsetzung von Konzepten zur kontinuierlichen Verbesserung von Qualität und operativer Effizienz kommen jedoch zunehmend auch Perfektionsstandards zum Einsatz.

Standards erfüllen im Unternehmen im Wesentlichen vier Zwecke: Am größten ist ihr Nutzen für die Kostensteuerung und -kontrolle. Weiterhin kommen sie als Hilfsmittel bei Preisentscheidungen, in der Budgetplanung und in der Vorbereitung des Jahresabschlusses zur Anwendung.

Der Unterschied zwischen budgetierten Kosten und Standardkosten liegt in ihrer Ermittlung. Während Standardkostensätze auf Prozessanalysen beruhen (Wolf, 1982; Glendinning, 1986; Mak und Roush, 1994), werden die budgetierten Kosten oft auf der Grundlage historischer Kostenverhältnisse ermittelt. Damit kann nicht sichergestellt werden, dass die budgetierten Kosten tatsächlich einem guten bzw. bestmöglichen Leistungsniveau entsprechen.

Flexible Budgets können grundsätzlich auf der Basis beider Kosten- bzw. Mengenkategorien erstellt werden. Jedoch wird im Folgenden klar, welchen Zusatznutzen Standards bei der Berechnung von Abweichungen stiften können.

2.3 Performance Gap, Benchmark und Abweichung

Im Kontext der Budgetierung sind Performance Gap, Benchmark und Abweichung drei wichtige Begriffe, die in engem Zusammenhang stehen. Ein Performance Gap ist eine „Leistungslücke", der Unterschied zwischen einem tatsächlichem Ergebnis und dem Benchmark bzw. Bezugswert. Dabei verkörpert ein Benchmark das bestmögliche Leistungsniveau, das man in oder außerhalb des Unternehmens heranziehen kann.

Eine Abweichung ist der Unterschied zwischen einem Istergebnis und der budgetierten Menge, wenn die budgetierte Menge eine finanzielle Variable (d. h. Geldwert) ist, die man in der Finanzbuchhaltung berücksichtigt. Eine Abweichung kann sich also entweder auf einen Benchmark oder eine Standardmenge beziehen. Sie stellt eine spezifische Ausprägung des Performance Gap dar. Im Controlling unterscheidet man je nach Art des Benchmarks zwischen drei Typen von Perfomance Gap.

Typ 1 umfasst Produkte, Dienstleistungen oder Aktivitäten, deren Benchmark eine finanzielle Variable ist, die in der Finanzberichterstattung eines Unternehmens erscheint. Bei der Lufthansa zum Beispiel ist ein Benchmark vom Typ 1 die Summe der Kosten für Pilotengehälter. Ein Vergleich der Istgehälter mit den budgetierten Gehältern bietet wertvolle Einsichten für die weitere Kostenplanung und Leistungsevaluation von Managern. Derartige Vergleiche bezeichnet man auch als Abweichungsanalyse („variance analysis").

Typ 2-Vergleiche haben eine finanzielle Variable zum Gegenstand, die das hausinterne Rechnungswesen nicht berücksichtigt. Im Kontext von Fluggesellschaften ist ein entsprechender Benchmark die Bezahlung, die andere Fluggesellschaften (z. B. Air France) ihren Piloten und Managern zugestehen.

Typ 3 hat als Benchmark keine finanzielle Variable zum Vergleich. Bei Fluggesellschaften wäre der Prozentsatz der Flüge, die pünktlich den Zielflughafen erreichen, eine solche Kennzahl.

Im vorliegenden Text werden überwiegend Benchmarks verwendet, mit denen im Rahmen von Abweichungsanalysen gearbeitet wird. Dabei sollte bedacht werden, dass hiermit nur ein Informationstyp (Nr. 1) der genannten Arten von Performance Gap abgedeckt werden kann. Für ein ganzheitliches Controlling sind jedoch auch stets die beiden anderen zu berücksichtigen.

2.4 Statische und flexible Budgets und die Berichtsebene

Wie in *Budgetplanung kompakt* erläutert, erstellt man ein statisches Budget („static budget") in allen seinen Einzelheiten auf der Grundlage einer einzigen bestimmten Leistungsmenge bzw. Absatzzahl oder eines einzigen bestimmten Produktionsvolumens als Planbezugsgröße zu Beginn der Berichtsperiode. Dieses Budget mag als Ergebnis einer starren Planrechnung ein Einmalereignis sein. In einem rollierenden Planungsverfahren kann es aber auch ein überprüftes und angeglichenes Ergebnis sein. Ausschlaggebend ist, dass nach Beginn der laufenden Berichtsperiode keine Änderungen mehr an ihm vorgenommen werden.

Dagegen umfasst eine flexible Plankostenrechnung als Grenzplankosten- und Deckungsbeitragsrechnung oder flexibles Budget („flexible budget") mehrere Budgetberechnungen, die man zu Beginn oder am Ende einer Berichtsperiode und aufgrund einer oder mehrerer Leistungsmengen erstellt. Ferner passt man das flexible Budget der Istleistungsmenge an, die man während der Berichtsperiode entweder realisiert oder erwartet. Ein flexibles Budget ermöglicht im Vergleich zum statischen Budget eine größere Zahl verschiedener Abweichungsanalysen.

Solche Analysen lassen sich durchführen, wenn folgende Voraussetzungen erfüllt sind (Hagen, 2002):

• Das Unternehmen fertigt und verkauft standardisierte Erzeugnisse. In diesem Fall liegen auf der Absatzseite ein Mengengerüst der Absatzzahlen und auf der Kostenseite ein Mengengerüst der eingesetzten Kostenarten vor. (In Unternehmen mit Auftrags- und Einzelfertigung ist dies zumindest auf der Absatzseite nicht der Fall [Walker, 1972; Coenenberg/Fischer/Raffel, 1992; Hoffmann/Müller/Sasse, 2004].)

• Das Unternehmen hat eine differenzierte Ergebnisplanung.

• Die im Unternehmen eingesetzte Kostenrechnung unterscheidet fixe und variable Kostenbestandteile.

Sowohl statische als auch flexible Budgets unterscheiden sich in ihrem Detaillierungsgrad. Im Unternehmensalltag werden zunehmend Budgetierungsmethoden angewendet, die neben aggregierten Reports auch einen direkten Zugriff auf darin enthaltene Teilbudgets ermöglichen. Dabei hat die erste bzw. oberste Berichtsebene den geringsten Detaillierungsgrad. Die zweite (darunterliegende) Berichtsebene bietet hierzu nähere Informationen. Sie wird wiederum von einer dritten Berichtsebene untermauert usw.

Tab. 2.1 identifiziert die vier Berichtsebenen, ihre jeweilige Basis und die verschiedenen Abweichungen, die im Folgenden erläutert werden. Abb. 2.1 stellt die vier Berichtsebenen und die jeweils zu ihnen gehörenden Abweichungen dar. Bildlich betrachtet ähnelt die Vorgehensweise stark der Systematik beim Auseinandernehmen von russischen *Matruschka*-Puppen. Mit jeder höher nummerierten Berichtsebene gelangt man an zusätzliche, speziellere Informationen und kommt dem Kern eines Problems näher. Auf den ersten beiden Berichtsebenen betrifft die Analyse die wenig aussagekräftige Gesamtabweichung vom statischen Budget (ΔG), die aus der Differenz zwischen den Ist- und den Plankosten ermittelt wird. Dagegen unterteilt die Analyse auf der dritten Berichtsebene die Gesamtabweichung vom statischen Budget in (1) die gemischte Abweichung vom flexiblen Budget („flexible-budget variance") und (2) die leistungsmengenbedingte Abweichung (je nach Bezugsgröße, „sales-volume variance" oder „production-volume variance"). Auf der vierten Berichtsebene wird die Abweichung vom flexiblen Budget wiederum in (1) die Preisabweichung („price variance") und (2) die Verbrauchsabweichung („efficiency variance" im engeren Sinne oder „usage variance") zerlegt.

Tab. 2.1 Vier Berichtsebenen

Berichtsebene	Basis	Abweichungen
1	Statisches Budget	Gesamtabweichung
2	Statisches Budget, aber detaillierter als auf der 1. Berichtsebene	Gesamtabweichung
3	Flexibles Budget	Abweichung vom flexiblen Budget und leistungsmengenbedingte Abweichung
4	Flexibles Budget, aber detaillierter als auf der 3. Berichtsebene	Preisabweichung und Verbrauchsabweichung

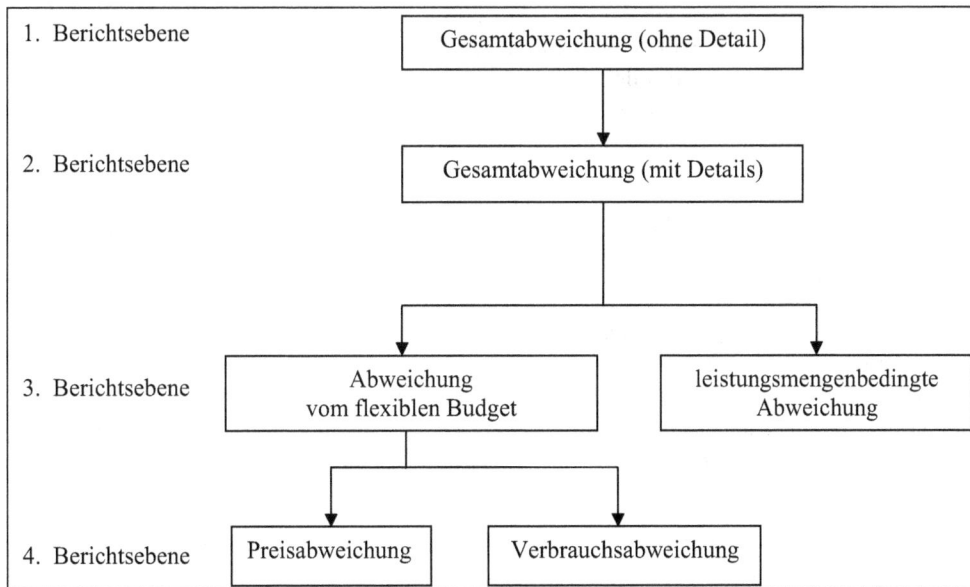

Abb. 2.1 *Das Verhältnis zwischen den Abweichungen auf der 1., 2., 3. und 4. Berichtsebene*

Abweichungen können als günstig oder ungünstig interpretiert werden. Eine günstige Abweichung – durch ein „G" gekennzeichnet – ist eine Abweichung, die das Betriebsergebnis im Verhältnis zum budgetierten Wert erhöht. Dagegen ist eine ungünstige Abweichung – durch ein „(U)" gekennzeichnet – eine Abweichung, die das Betriebsergebnis im Verhältnis zum budgetierten Wert reduziert.

Die Bezeichnung als „günstig" oder „ungünstig" ist nicht notwendigerweise mit „gut" oder „schlecht" gleichzusetzen. Z. B. könnte eine „günstige" Fertigungsmaterialpreisabweichung einem Unternehmen schaden, wenn eine billigere dafür aber schlechtere Fertigungsmaterialqualität als geplant erhöhte Ausschuss- und Kundendienstkosten verursacht.

Hinter augenscheinlich geringen Abweichungen auf der ersten und zweiten Berichtsebene können sich größere, sich gegenseitig kompensierende Abweichungen auf der dritten oder vierten Berichtsebene verbergen. Deshalb werden Abweichungsanalysen häufig auf tiefere Berichtsebenen ausgedehnt („drilling down"), obwohl die Abweichungen auf höheren Berichtsebenen zunächst unwesentlich erscheinen.

2.5   Flexibles Budget ohne Standardkostensätze am Beispiel der Goslarer Glas AG

Für die nachfolgende Abweichungsbetrachtung am Beispielunternehmen stehen folgende Informationen zur Verfügung: Die Goslarer Glas AG verkauft ihre Windschutzscheiben an Fahrzeughersteller und Ersatzteilhändler. Für 20XX weist das Unternehmen ein Betriebsergebnis von 142,400 Mio. € im statischen Budget aus. Es basiert auf einem Absatz- und einem Fertigungsbudget von jeweils 1.000.000 Stück bzw. Produkteinheiten; das Istbetriebsergebnis für 20XX war 182,814 Mio. €. Um die Erläuterungen zu vereinfachen, wird das Vorhandensein von Anfangs- oder Endbeständen im Lager ignoriert.

2.5.1   Statisches Budget: Analysen auf erster und zweiter Berichtsebene

Tab. 2.2 zeigt die Abweichungsanalysen auf der ersten und der zweiten Berichtsebene. Die erste Berichtsebene stellt den allgemeinsten Vergleich des Istbetriebsergebnisses mit dem geplanten Betriebsergebnis dar. Die Abweichung von 40,414 Mio. € G berechnet sich aus der Differenz zwischen Ist und Plan. Diese Differenz bezeichnet man als Gesamtabweichung vom statischen Budget, da der Vergleichswert daraus entnommen ist. Auf den ersten Blick dürfte ein solcher Erfolg strahlende Gesichter nach sich ziehen.

Die Analyse auf der zweiten Berichtsebene in Tab. 2.2 liefert detailliertere Auskunft über die Abweichung des Betriebsergebnisses von 40,414 Mio. € G. Die zusätzliche Information auf der zweiten Berichtsebene bezieht sich auf verkaufte Stückzahlen, Umsatzerlöse, variable Kosten und fixe Kosten. Im Fall der Goslarer Glas AG kann man 1.060.000 Stück anstatt der geplanten 1.000.000 Stück verkaufen. Ferner wächst der Deckungsbeitrag von 26,6 % (160,000 €/600.000 €) im statischen Budget auf 30,1 % (200,976 €/667,800 €) im Ist.

Dass die variablen Kosten wegen der größeren Ausbringungsmenge höher ausfallen, war zu erwarten. Aber sind die variablen Kosten so hoch, wie sie für 1.060.000 Produkteinheiten sein sollten? Um diese Frage beantworten zu können, muss man die Istergebnisse einem flexiblen Budget bei einem Absatz von 1.060.000 Stück gegenüberstellen.

Tab. 2.2 *Analyse des statischen Budgets (Mio. €) der Goslarer Glas AG für 20XX[†]*

Analyse auf der 1. Berichtsebene

Istbetriebsergebnis	182,814
Planbetriebsergebnis	142,400
Gesamtabweichung	40,414 G

Analyse auf der 2. Berichtsebene

	Istergebnisse	Gesamtabweichung	Statisches Budget
	(1)	(2) = (1) – (3)	(3)
Absatz (Stück)	1.060.000	60.000	1.000.000
Umsatzerlöse	667,800	67,800 G	600,000
Variable Kosten	466,824	26,824 (U)	440,000
Deckungsbeitrag	200,976	40,976 G	160,000
Fixe Kosten	18,162	0,562 (U)	17,600
Betriebsergebnis	182,814	40,414	142,400

40,414 € G

Gesamtabweichung

[†]G = günstige Auswirkung auf das Betriebsergebnis, (U) = ungünstige Auswirkung auf das Betriebsergebnis

2.5.2 Flexibles Budget als Voraussetzung für Analysen auf der dritten Berichtsebene

Während die zweite Berichtsebene detailliertere Informationen als die erste Berichtsebene enthält, kann die Abweichungsanalyse mithilfe eines flexiblen Budgets weitere Einsichten liefern. Die Goslarer Glas AG verwendet ein auf die Anzahl der Fertigungseinheiten bezogenes oder mengenorientiertes flexibles Budget. Hier ist das flexible Budget die Planrechnung, die die Goslarer Glas AG erstellt hätte, wenn es die tatsächliche Produktionsmenge *ex ante* bzw. zu Beginn der Berichtsperiode gekannt hätte. Das resultierende Budget weist die Kosten aus, die bei der tatsächlich produzierten Menge (d. h. die „richtige" Planbezugsgröße) hätten anfallen sollen. Deshalb bezeichnet man das flexible Budget auch als die „Sollrechnung". Mit ihr können nun „Plan-Soll-Ist-Vergleiche" durchführt werden.

Um in der Praxis für Controllingzwecke ein flexibles Budget *ex post* zu entwickeln, arbeitet man „rückwärts", indem man zunächst die Istproduktionsmenge ermittelt. Danach kalkuliert man den Umsatz und die Kosten, die bei dieser Menge geplant worden wären. Die Abweichung vom flexiblen Budget ist der Unterschied zwischen dem Istumsatz (bzw. Istkosten) und dem Sollumsatz (den Sollkosten), den man bei der tatsächlichen Produktionsmenge *ex ante* erwarten würde.

Für ein erstes illustratives Beispiel soll jedoch einmal „vorwärts" gearbeitet werden. Die Entwicklung eines flexiblen Budgets teilt sich in drei Schritte:

Schritt 1: Berechnung des geplanten Verkaufspreises, der geplanten variablen Stückkosten und der geplanten fixen Kosten. Man kann solche Planwerte auf verschiedenen Wegen entwickeln, z. B. durch die Analyse historischer Kosten, die man (a) für die Budgetperiode entsprechend inflationiert oder (b) aufgrund aktueller Erfahrungen der Produktionsmitarbeiter anpasst, um erwartete Verbesserungen für die Budgetperiode zu berücksichtigen. Die zweite Spalte in Tab. 2.3 zeigt den für 20XX geplanten Verkaufspreis (600 €) und die geplanten variablen Stückkosten (440 €) für die Goslarer Glas AG. Das sind die proportionalen Stückkosten oder Grenzkosten, die anfallen, wenn eine zusätzliche bzw. inkrementelle Produkteinheit hergestellt wird. (Daher auch der Begriff „Grenzplankostenrechnung".) Die geplanten fixen Kosten für 20XX betragen 17,6 Mio. €. Der geplante Absatz beläuft sich auf 1.000.000 Stück.

Schritt 2: Feststellung der tatsächlichen Produktionsmenge. 20XX verkaufte die Goslarer Glas AG insgesamt 1.060.000 Produkteinheiten.

Schritt 3: Erstellung des flexiblen Budgets auf Basis der Istproduktionsmenge, die aufgrund der Vernachlässigung von Lagerbeständen dem Absatz gleicht. Die Spalten 3 bis 5 in Tab. 2.3 zeigen das flexible Budget (d. h. die Sollwerte) für die jeweiligen Planbezugsgrößen von 960.000, 1.000.000 und 1.060.000 Fertigungseinheiten innerhalb der Kapazitätsgrenzen. Die budgetierten Kosten wurden der jeweils geplanten Produktionsmenge angepasst, um die Erwartungswerte bei unterschiedlichen Absatzzahlen zu ermitteln. Diese Anpassung erfolgt ausschließlich bei den variablen Kosten. Tab. 2.4 zeigt die Berechnungen für einige Posten im flexiblen Budget (Sollrechnung) mit dem Istabsatz von 1.060.000 Produkteinheiten als Planbezugsgröße.

Spalte 6 in Tab. 2.3 zeigt die Istergebnisse der Goslarer Glas AG für 20XX. Die Resultate kann man zweifach nutzen. Erstens können mit ihnen die Kosten für alternative Produktionsmengen vor Beginn der nächsten Rechnungsperiode prognostiziert werden. Außerdem können in der Übersicht auch die Kosten festgehalten werden, die man für die Istproduktionsmenge bis zum Ende der gegenwärtigen Rechnungsperiode verursacht haben sollte. Das flexible Budget ist also sowohl ein Planungsinstrument als auch ein Werkzeug, das der Ergebnissteuerung und -kontrolle dient.

Tab. 2.3 *Daten möglicher flexibler Budgets (Mio. €) der Goslarer Glas AG für 20XX*

Budgetposten	Planwert	Daten möglicher flexibler Budgets für alternative Planbezugsgrößen			Istergebnis für
		960.000 Stück	1.000.000 Stück	1.060.000 Stück	1.060.000 Stück
	(€/Stück)	(Mio. €)	(Mio. €)	(Mio. €)	(Mio. €)
(1)	(2)	(3)	(4)	(5)	(6)
Umsatzerlöse	600	576,000	600,000	636,000	667,800
Variable Kosten:					
Fertigungsmaterial	230	220,800	230,000	243,800	244,860
Fertigungsarbeit	90	86,400	90,000	95,400	94,764
Variable Fertigungsgemeinkosten	70	67,200	70,000	74,200	73,140
Variable Vertriebsgemeinkosten	50	48,000	50,000	53,000	54,060
Summe variabler Kosten	440	422,400	440,000	466,400	466,824
Deckungsbeitrag	160	153,600	160,000	169,600	200,976
Fixkosten:					
Fertigungsgemeinkosten		8,400	8,400	8,400	8,800
Vertriebsgemeinkosten		9,200	9,200	9,200	9,362
Summe Fixkosten		17,600	17,600	17,600	18,162
Betriebsergebnis		136,000	142,400	152,000	182,814

Tab. 2.4 *Berechnungen für einige Posten im flexiblen Budget der Goslarer Glas AG mit 1.060.000 Produkteinheiten als Planbezugsgröße*

Budgetposten	Berechnung	Ergebnis
Umsatzerlöse	= 600 €/Stück * 1.060.000 Stück	= 636,000 Mio. €
variable Kosten	= 440 €/Stück * 1.060.000 Stück	= 466,400 Mio. €
Fixkosten		= 17,600 Mio. €

Tab. 2.5 präsentiert die Analyse des flexiblen Budgets auf der dritten Berichtsebene für die Goslarer Glas AG. Neu ist hier die in Abb. 2.2 dargestellte Berichtsunterteilung der Gesamtabweichung in zwei Kategorien, nämlich (1) die Abweichung vom flexiblen Budget (d. h. Unterschied zwischen Ist- und Sollwerten) und (2) die leistungsmengenbedingte Abweichung (d. h. Unterschied zwischen Soll- und Planwerten).

Tab. 2.5 *Abweichungsanalyse der Goslarer Glas AG für 20XX auf der 3. Berichtsebene*

Analyse auf der 3. Berichtsebene	Ist- ergebnis (Mio.) (1)	Abweichungen vom flexiblen Budget (Mio.) (2) = (1) – (3)	Flexibles Budget (Soll- rechnung) (Mio.) (3)	Leistungsmengen- bedingte Abweichungen (Mio.) (4) = (3) – (5)	Statisches Budget (Plan- rechnung) (Mio.) (5)
Absatz (Stück)	1,060	0	1,060	0,060	1,000
Umsatzerlöse (€)	667,800	31,800 G	636,000	36.000 G	600,000
Variable Kosten (€)	466,824	0,424 (U)	466,400	26,400 (U)	440,000
Deckungsbeitrag (€)	200,976	31,376 G	169,600	9,600 G	160,000
Fixe Kosten (€)	18,162	0,562 (U)	17,600	0,000	17,600
Betriebsergebnis (€)	182,814	30,814	152,000	9,600	142,400

$$\uparrow \underline{\qquad 30,814 \text{€ G} \qquad} \uparrow \underline{\qquad 9,600 \text{€ G} \qquad} \uparrow$$

Abweichung vom flexiblen Budget   leistungsmengenbedingte Abweichung

$$\uparrow \underline{\qquad\qquad 40,414 \text{€ G} \qquad\qquad} \uparrow$$

Gesamtabweichung vom statischen Budget

Die Abweichung vom flexiblen Budget ist der Unterschied zwischen dem Istergebnis und der Sollangabe im flexiblen Budget für das erreichte Istergebnis. Die leistungsmengenbedingte Abweichung dagegen ist der Unterschied zwischen den entsprechenden Sollzahlen im flexiblen Budget und den Planzahlen im statischen Budget. Dabei werden der geplante Verkaufspreis je Stück, die geplanten variablen Stückkosten und die geplanten Fixkosten konstant gehalten. Auskunft über diese zwei Abweichungen ist nur durch eine Analyse auf der dritten Berichtsebene erhältlich.

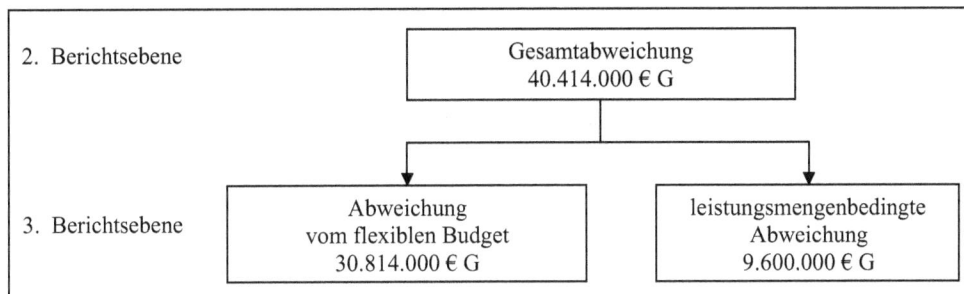

Abb. 2.2   *Abweichungen der Goslarer Glas AG auf der 2. und 3. Berichtsebene*

2.5.3   Prozessorientierte flexible Budgets

Das flexible Budget für die Goslarer Glas AG in Tab. 2.3 beruht auf einem einzigen Kostentreiber, nämlich der Produktionsmenge. Für Unternehmen, die ein herkömmliches, mengenorientiertes Kostenrechnungssystem nutzen, ist die obige Vorgehensweise zur Erstellung eines flexiblen Budgets durchaus angemessen.

Im Gegensatz dazu wenden Unternehmen, die ein prozessorientiertes Kostenrechnungssystem betreiben, eine komplexere Methodik an (Ruhl, 1995; Stammerjohan, 2001). Ein prozessorientiertes flexibles Budget beruht dort auf geplanten Kosten für jeden Prozess und dessen Kostentreiber. Tab. 2.6 zeigt ein prozessorientiertes flexibles Budget für die Goslarer Glas AG. Vier Prozesse werden unterschieden: Verarbeitung, Einrichtung, Lieferung und Verwaltung. Die Gesamtkosten für jeden Prozess werden durch den Verbrauch des entsprechenden Kostentreibers bestimmt.

Beim Vergleich von mengenorientiertem (Tab. 2.3) und prozessorientiertem (Tab. 2.6) flexiblen Budget fällt auf, dass lediglich die jeweiligen Spalten für 1.000.000 Stück im Ergebnis identisch sind. Die Kosten für die anderen Planbezugsgrößen unterscheiden sich voneinander. Der Hauptgrund dafür ist, dass einige Fertigungs- und Vertriebskosten, die in Bezug auf die Produktionsmenge fix sind, sich in Bezug auf den entsprechenden Kostentreiber variabel gestalten. Beispielsweise enthalten die fixen Fertigungsgemeinkosten von 8.400.000 € (Vertriebsgemeinkosten von 9.200.000 €) in Tab. 2.3 die Kosten der Rüstvorgänge (Bearbeitung von Bestellungen) in Tab. 2.6. Im Verhältnis zur gefertigten Stückzahl sind diese Kosten zwar fix, verändern sich aber proportional zur Zahl der Rüstvorgänge (Bestellungen).

Ein Unternehmen sollte dann auf prozessorientierte flexible Budgets zurückgreifen, wenn ein wesentlicher Anteil seiner Kosten von mehreren Kostentreibern abhängt. In der Goslaer Glas AG sind die Kosten von 112.000 € je Rüstvorgang und 1.000 € je Bestellung solche prozessabhängigen Kosten. Zur Vereinfachung wird jedoch im weiteren Verlauf angenommen, dass die Abläufe bei der Goslarer Glas AG und der Hamburger Handtaschen GmbH überschaubar genug sind, um ein herkömmliches, mengenorientiertes flexibles Budget mit einem einzigen Kostentreiber erstellen zu können.

Tab. 2.6   *Prozessorientiertes flexibles Budget der Goslarer Glas AG für 20XX*

Stückzahl		960.000	1.000.000	1.060.000
Umsatz	600 €/Stück	576.000.000 €	600.000.000 €	636.000.000 €
FERTIGUNGSPROZESSE:				
Verarbeitung		**Kostentreiber: Maschinenstunden (Mh)**		
Verbrauch des Kostentreibers		24.000	25.000	26.500
Variable Kosten	15.600 €/Mh	374.400.000 €	390.000.000 €	413.400.000 €
Fixkosten	2.800.000 €	2.800.000 €	2.800.000 €	2.800.000 €
Verarbeitungskosten gesamt		377.200.000 €	392.800.000 €	416.200.000 €
Einrichtung		**Kostentreiber: Rüstvorgänge (Rv.)**		
Verbrauch des Kostentreibers		24	25	27
Variable Kosten	112.000 €/Rv.	2.688.000 €	2.800.000 €	3.024.000 €
Fixkosten	2.800.000 €	2.800.000 €	2.800.000 €	2.800.000 €
Einrichtungskosten gesamt		5.488.000 €	5.600.000 €	5.824.000 €
VERTRIEBSPROZESSE:				
Lieferung		**Kostentreiber: Fahrten**		
Verbrauch des Kostentreibers		480	500	530
Variable Kosten	100.000 €/Fahrt	48.000.000 €	50.000.000 €	53.000.000 €
Fixkosten	4.200.000 €	4.200.000 €	4.200.000 €	4.200.000 €
Lieferkosten gesamt		52.200.000 €	54.200.000 €	57.200.000 €
Verwaltung		**Kostentreiber: Bestellungen (Best.)**		
Verbrauch des Kostentreibers		96	100	106
Variable Kosten	1.000 €/Best.	96.000 €	100.000 €	106.000 €
Fixkosten	4.900.000 €	4.900.000 €	4.900.000 €	4.900.000 €
Verwaltungskosten gesamt		4.996.000 €	5.000.000 €	5.060.000 €
Gesamtkosten		439.884.000 €	457.600.000 €	484.284.000 €
Betriebsergebnis				

2.5.4   Leistungsbeurteilung auf der Grundlage von flexiblen Budgets

Der Vergleich eines flexiblen Budgets mit den Istergebnissen erfüllt einen wichtigen Zweck der Leistungsbeurteilung (Simons,/Davila, 1998, Shim und Siegel, 2005; Stetenfeld/ Bender/Hofmann, 1/2007). Es gibt zwei mögliche Gründe für eine Abweichung der Istergebnisse vom Gesamtbudget: Absatz- und Kostentreiberzahlen entwickeln sich nicht so, wie man ursprünglich prognostiziert hat. Oder Erträge bzw. Kosten je Kostentreibereinheit sowie die Fixkosten der Periode weichen vom Planwert ab. Obwohl diese Gründe sich häufig gegenseitig beeinflussen (z. B. geringerer Absatz aufgrund gestiegener Verkaufspreise), ist es für die Analyse sinnvoll, die beiden Einflüsse voneinander zu trennen. Für die Entwicklung von Preisen (Vertrieb) und Kosten (z. B. Produktion) sind in aller Regel unterschiedliche Unternehmensbereiche verantwortlich, die jeweils individuelle Gegensteuerungsmaßnahmen erarbeiten können.

Der Zweck eines flexiblen Budgets für die Leistungsbeurteilung ist es also, die unerwarteten Auswirkungen auf die Istergebnisse zu isolieren und sie – falls ungünstig – zu korrigieren und – falls günstig – zu fördern. Weil das flexible Budget für die Istbezugsgröße (in unserem Beispiel: der Absatz) erstellt wird, können Abweichungen zwischen flexiblem Budget und den Istergebnissen nicht aus Absatzschwankungen resultieren; sie müssen – aufgrund von Preispolitik oder der Kostensteuerung – von Unterschieden zwischen den Istkosten oder -erträgen einerseits und den Sollwerten im flexiblen Budget andererseits herrühren.

Dagegen betreffen Abweichungen zwischen dem (statischen) Gesamtbudget und dem flexiblen Budget unterschiedliche Bezugsgrößen (z. B. Produktions- oder Absatzzahlen) und nicht Schwankungen von Stückerlösen oder -kosten. Die Unterschiede zwischen statischem Budget und flexiblem Budget werden deshalb generell leistungsmengenbedingte Abweichungen genannt.

2.5.5   Abweichungen vom flexiblen Budget

Die ersten drei Spalten in Tab. 2.5 beinhalten die Gegenüberstellung der Istergebnisse mit dem flexiblen Budget. Man ermittelt die Abweichungen vom flexiblen Budget (ΔS) in Spalte 2 für jeden Posten in der GuV-Rechnung:

$$\Delta S = (\text{Istwert}) - (\text{Sollwert im flexiblen Budget})$$

So beträgt beispielsweise die Abweichung vom flexiblen Budget für das Betriebsergebnis 30,814 Mio. € G (182,814 Mio. € - 152,000 Mio. €). In der Praxis wünschen sich die meisten Manager eine Auflistung aller Ertrags- und Aufwandsposten mitsamt ihrer Abweichungen vom flexiblen Budget. Eine solche Analyse der Umsatzerlöse geht zunächst von einer Abweichung von 31,800 Mio. € G vom flexiblen Budget aus. Diese Abweichung entstand, weil der Istverkaufspreis nach Budgeterstellung um durchschnittlich 30 € je Stück erhöht wurde (von budgetierten 600 € auf 630 €; d. h. 667,800 Mio. €/1.060.000 PE = 630 €/PE).

2.5.6   Leistungsmengenbedingte Abweichungen

Das flexible Budget in Spalte 3 der Tab. 2.5 sowie die Werte im statischen Budget berechnen sich auf Grundlage der geplanten Verkaufspreise und der geplanten Kosten (Martin, 1987). Die leistungsmengenbedingte Abweichung (ΔL, die hier eine „sales-volume variance" darstellt) entsteht ausschließlich dadurch, dass sich die Istbezugsgröße der gefertigten und verkauften Produkteinheiten von der Planbezugsgröße unterscheidet (Kaplan/Cooper, 1998; Martin, 2000).

$$\Delta L = (\text{Wert im flexiblen Budget}) - (\text{Wert im statischen Budget})$$

Im Beispiel beläuft sich die leistungsmengenbedingte Abweichung für das Betriebsergebnis auf 9,600 Mio. € G (152,000 Mio. € - 142,400 Mio. €).

Ist es möglich, dass Fixkosten eine leistungsmengenbedingte Abweichung verursachen? Wenn sowohl die geplante Produktionsmenge (im statischen Budget) als auch die Istproduktionsmenge (im flexiblen Budget) innerhalb der Kapazitätsgrenzen der Anlage liegen, sind die geplanten Fixkosten für beide Ausbringungsmengen gleich hoch. Eine leistungsmengenbedingte Abweichung für die Fixkosten kann also nur dann auftreten, wenn die tatsächliche Produktion so weit über oder unterhalb der Kapazitätsgrenzen liegt, dass Kosten für die Ausweitung bzw. die Verringerung der Kapazität anfielen.

Wer ist für die leistungsmengenbedingte Abweichung verantwortlich? Schwankungen von Absatzzahlen lassen sich auf viele Faktoren zurückführen, im Regelfall ist jedoch das Vertriebsteam mit seinen unmittelbaren Kundenkontakten am besten in der Lage, sie zu erläutern. In Kapitel 2 von *Leistungssteuerung kompakt* wird die leistungsmengenbedingte Abweichung im Vertriebsbereich näher erläutert und auf Abweichungen aufgrund des Absatzmixes („sales mix"), des Absatzvolumens (sales quantity"), des Marktanteils („market share"), und der Marktgröße („market size") zurückgeführt.

2.5.7   Zusätzliche Informationen

Die Analyse auf der dritten Berichtsebene liefert Informationen über die Gesamtabweichung vom statischen Budget in Höhe von 40,414 Mio. € G, die man weder aus Analysen auf der ersten noch auf der zweiten Berichtsebene gewinnen kann. Das Management der Goslarer Glas AG hat im Jahr 20XX in zweifacher Hinsicht gute Leistungen erbracht. Es fertigte und verkaufte 60.000 Windschutzscheiben mehr als geplant. Dies allein hätte das Betriebsergebnis 20XX um 9,600 Mio. € gesteigert. Darüber hinaus realisierte das Unternehmen einen höheren Verkaufspreis je Stück (630 € anstatt geplanter 600 €), der die Umsatzerlöse um 31,800 Mio. € zusätzlich erhöhte. Dagegen fielen die variablen Stückkosten höher (466,824 Mio. €) als geplant (440,000 Mio. €) aus. Gleichwohl übertrafen die fixen Istkosten von 18,162 Mio. € den geplanten Wert von 17,600 Mio. €. Die höheren variablen Stückkosten und fixen Istkosten senkten das Istbetriebsergebnis um 0,986 Mio. € (0,424 Mio. € + 0,562 Mio. €) unter dem, das man hätte erreichen sollen. Das Nettoergebnis der Unterschiede in Verkaufspreisen, variablen Stückkosten und Fixkosten bewirkt also eine Erhöhung des Betriebsergebnisses um 30,814 Mio. € gegenüber dem flexiblen Budget bei einer Bezugsgröße von 1.060.000 Produkteinheiten.

Mit ihren Detailinformationen relativiert die Abweichungsanalyse auf der dritten Berichtsebene die Aussagen vorangegangener Abweichungsbetrachtungen und liefert damit ein besseres Bild der tatsächlichen wirtschaftlichen Verhältnisse des Unternehmens. Ein weiterer Punkt ist hier auch erwähnenswert. Die Analyse auf der zweiten Berichtsebene impliziert, dass die variablen Kosten um 6,1 % (26,824 Mio. € (U)) zu hoch sind. Die Analyse auf der dritten Berichtsebene zeigt, dass die variablen Kosten nur relativ wenig höher (424.000 € (U)) sind, als für diese Produktionsmenge erwartet. Die verbleibende Differenz betrifft die leistungsmengenbedingte Abweichung der variablen Kosten vom statischen Budget (26,400 Mio. € (U)). Jene Abweichung entsteht, weil die Goslarer Glas AG mehr Windschutzscheiben fertigt und verkauft als geplant. Da der Vertrieb zugleich einen höheren Preis am Markt durchsetzt, wirkt sich der zusätzliche Absatz positiv auf die Unternehmenszahlen aus, verursacht jedoch auch zusätzliche variable Kosten.

2.5.8 Erforderliche Basisdaten für die Analyse auf der dritten Berichtsebene

Die Analyse auf der dritten Berichtsebene basiert auf Daten zu geplantem und Istabsatz, dem Verkaufspreis je Stück, variablen Stückkosten und Fixkosten. In einigen Unternehmen werden diese Daten für mehrere Bereiche in der Wertschöpfungskette erhoben. In solchen Fällen kann man eine Analyse auf der dritten Berichtsebene für die verschiedenen Unternehmensbereiche einzeln durchführen.

Beim Beispiel der Goslarer Glas AG waren Produktionsmengen und Absatzzahlen die Basis der Berechnungen und es wurde angenommen, dass zusätzliche Informationen über geplante oder Istpreise bzw. -einsatzmengen nicht zur Verfügung stehen. Demgegenüber nutzt die Hamburger Handtaschen GmbH beim folgenden Beispiel Informationen über den Faktorpreis und die Faktoreinsatzmenge, um ihr flexibles Budget zu erstellen. Die Erhebung dieser zusätzlichen Basisdaten ermöglicht dem Unternehmen umfangreichere Abweichungsanalysen als der Goslarer Glas AG.

2.6 Flexible Budgets auf Basis von Standardkosten

Die Hamburger Handtaschen GmbH fertigt und verkauft ein einziges Produkt, eine unverwechselbare Handtasche für Damen, deren Herstellung viele Materialien und Abläufe voraussetzt. Die Hamburger Handtaschen GmbH vertreibt ihr Produkt über unabhängige Boutiquen und ausgewählte Kettenläden. Das Unternehmen berechnet geplante Umsatzerlöse (geplanter Verkaufspreis * geplante Zahl verkaufter Produkteinheiten) basierend auf Einschätzungen des Vertriebs und der Analyse allgemeiner und branchenspezifischer wirtschaftlicher Bedingungen.

Das Kostenrechnungssystem der Hamburger Handtaschen GmbH berücksichtigt sowohl Fertigungs- als auch Vertriebskosten. Wie aus Tab. 2.7 ersichtlich, unterscheidet man in jeder Kategorie zwischen Einzel- und Gemeinkosten.

Tab. 2.7   *Einzel- und Gemeinkosten der Hamburger Handtaschen GmbH*

	Einzelkosten	Gemeinkosten
Fertigung:		
	Fertigungsmaterial	Variable Fertigungsgemeinkosten
	Fertigungsarbeit	Fixe Fertigungsgemeinkosten
Vertrieb:		
	Vertriebsarbeit	Variable Vertriebsgemeinkosten
		Fixe Vertriebsgemeinkosten

Die Fertigungskosten des Unternehmens umfassen Fertigungsmaterial, -lohn und -gemeinkosten (variabel und fix). Die Vertriebskosten (Kosten für Werbung, Vertriebsarbeit und Kundendienst) umfassen die Vertriebsgehälter (d. h. Vertriebseinzelarbeitskosten) und Vertriebsgemeinkosten (variabel und fix). Die Anzahl der Produkteinheiten ist maßgeblich als der Kostentreiber für alle Einzelkosten und die variablen Gemeinkosten. Die fixkostenrelevante Beschäftigung („relevant range") für den Preis von 840 € je Handtasche und für die Fertigungs- und Vertriebskostentreiber bezieht sich auf 12.000 bis 21.000 produzierte Handtaschen.

Die Hamburger Handtaschen GmbH übernimmt die geplanten Stückkosten aus ihrem Standardkostenrechnungssystem. Dieser Einsatz von Standardkosten ermöglicht es dem Unternehmen, Preis- und Verbrauchsabweichungen zu berechnen (Galway, 1985). Dabei werden Standards als „gegenwärtig erreichbare Leistungsniveaus" definiert.

2.6.1   Statisches Budget: Abweichungsanalysen auf der ersten und zweiten Berichtsebene

Tab. 2.8 präsentiert die Abweichungsanalysen auf der ersten und zweiten Berichtsebene. Die Berechnungen auf der ersten Berichtsebene weisen zwar einen Gewinn aus, zeigen aber auch für das Betriebsergebnis eine Abweichung vom statischen Budget in Höhe von 1.562.000 € (U). Anders als bei der Goslarer Glas AG sieht es für das Unternehmen also auf den ersten Blick nicht gut aus. Nun soll ermittelt werden, welche Entwicklungen zu dieser ausgewiesenen Gesamtabweichung geführt haben.

Zusätzliche Informationen auf der zweiten Berichtsebene betreffen die tatsächlichen Absatzzahlen, Umsatzerlöse, variable Kosten und fixe Kosten. Es zeigt sich, dass nur 16.000 anstelle der geplanten 18.000 Handtaschen verkauft wurden. Die ungünstige Differenz erhöhte sich noch mehr, da die variablen Kosten nicht im gleichen Verhältnis sanken, sondern sich im Gegenteil erhöhten. Bei einem Anstieg um 916.000 € beliefen sie sich auf 64,4 % der Istumsatzerlöse (9.268.000 €/14.400.000 €) anstatt geplanter 55,2 % (8.352.000 €/ 15.120.000 €). Demzufolge erreichte der Deckungsbeitrag anstatt des geplanten Anteils von 44,8 % nur 35,6 % der Umsatzerlöse.

Tab. 2.8 *Analyse des statischen Budgets (Tsd. €) der Hamburger Handtaschen GmbH für 20XX*

Analyse auf der 1. Berichtsebene

Istbetriebsergebnis (€)	506
Geplantes Betriebsergebnis (€)	2.068
Gesamtabweichung des Betriebsergebnisses (€)	1.562 (U)

Analyse auf der 2. Berichtsebene

	Istergebnisse (1)	Gesamtabweichung† (2) = (1) − (3)	Statisches Budget (3)
Absatz (Stück)	16.000	2.000	18.000
Umsatzerlöse (€)	14.400	720 (U)	15.120
Variable Kosten (€)	9.268	916 (U)	8.352
Deckungsbeitrag (€)	5.132	1.636 (U)	6.768
Fixe Kosten (€)	4.626	74 G	4.700
Betriebsergebnis (€)	506	1.562	2.068

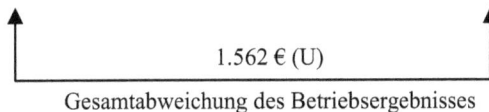

1.562 € (U)

Gesamtabweichung des Betriebsergebnisses

†G = günstige Auswirkung auf das Betriebsergebnis, (U) = ungünstige Auswirkung auf das Betriebsergebnis

2.6.2 Flexibles Budget: Analyse auf der dritten Berichtsebene

Basierend auf ihrem Standardkostenrechnungssystem berechnet die Hamburger Handtaschen GmbH die geplanten variablen Kosten je Handtasche für jede ihrer fünf variablen Kostenkomponenten, indem sie die jeweilige erlaubte Standardfaktoreinsatzmenge je Handtasche mit den jeweiligen Standardkosten je Inputeinheit multipliziert. Tab. 2.9 stellt die variablen Kostenarten, Standardinputmengen, Standardkosten je Inputeinheit und Standardkosten je Handtasche dar.

Tab. 2.9 *Standardkostenkalkulation der Hamburger Handtaschen GmbH*

Variable Kostenart	Standardinputmenge je Handtasche	Standardkosten je Inputeinheit	Standardkosten je Handtasche
Fertigungsmaterial	1,2 m² Leder	90 € je m²	108 €
Fertigungsarbeit	4,2 h	60 € je h	252 €
Vertriebsgehälter	0,5 h Vertriebsarbeit	72 € je h	36 €
Variable Fertigungs-gemeinkosten	1,2 Mh	40 € je Mh	48 €
Variable Vertriebs-gemeinkosten	0,25 h Vertriebsarbeit	80 € je h Vertriebsarbeit	20 €
Summe			464 €

Die Vorgehensweise bei der Erstellung eines flexiblen Budgets auf der Basis von Standard-kosten ist mit dem bisher erläuterten Konzept vergleichbar. Ein flexibles Budget erfordert auch hier Daten zu geplanten variablen Kosten je Produkteinheit und zu geplanten fixen Kosten. Zusätzlich benötigt es Informationen zu geplanten Preisen und Mengen der Inputs.

Die Verwendung von Standards für die Plandaten erhöht die Komplexität der Budgetberech-nungen (Chandler, 1986). Die Arbeitsschritte bei der Erstellung des flexiblen Budgets für die Hamburger Handtaschen GmbH gestalten sich folgendermaßen:

Schritt 1: Ermittlung des geplanten Verkaufspreises, der geplanten variablen Kosten je Handtasche und der geplanten Fixkosten. Die Spalte 2 in Tab. 2.10 zeigt den geplanten Verkaufspreis von 840 € und die geplanten variablen Kosten von 464 € je Handtasche. Die geplanten Fixkosten belaufen sich auf 4.700.000 €. Die geplante Zahl der Produkt-einheiten beträgt 18.000 Handtaschen im statischen Budget (Planrechnung).

Schritt 2: Feststellung der Istzahl der Produkteinheiten. In März 20XX hat das Unter-nehmen 16.000 Handtaschen gefertigt und verkauft.

Schritt 3: Erstellung des flexiblen Budgets (Sollrechnung) auf Basis der tatsächlichen Absatzzahlen. Die Spalten 3 bis 5 in Tab. 2.10 fassen das flexible Budget jeweils für ei-nen Absatz von 16.000, 18.000 und 20.000 Handtaschen zusammen. Tab. 2.11 zeigt die Berechnungen für einige Posten im flexiblen Budget der Hamburger Handtaschen GmbH mit einem Istabsatz von 16.000 Produkteinheiten als Bezugsgröße.

Tab. 2.10 Daten möglicher flexibler Budgets (Tsd. €) der Hamburger Handtaschen GmbH für März 20XX

Budgetposten	Standardwert	Daten möglicher flexibler Budgets für alternative Bezugsgrößen			Istergebnis für 16.000 Stück
		16.000 Stück	18.000 Stück	20.000 Stück	
(1)	(2)	(3)	(4)	(5)	(6)
	(€ je Stück)	(Tsd. €)	(Tsd. €)	(Tsd. €)	(Tsd. €)
Umsatzerlöse	840	13.440	15.120	16.800	14.400
Variable Kosten:					
Fertigungsmaterial	108	1.728	1.944	2.160	2.198
Fertigungsarbeit	252	4.032	4.536	5.040	5.390
Vertriebsarbeit	36	576	648	720	553
Variable Fertigungs-gemeinkosten	48	768	864	960	835
Variable Vertriebsgemeinkosten	20	320	360	400	292
Variable Kosten gesamt	464	7.424	8.352	9.280	9.268
Deckungsbeitrag	376	6.016	6.768	7.520	5.132
Fixkosten:					
Fertigungsgemeinkosten		1.200	1.200	1.200	1.239
Vertriebsgemeinkosten		3.500	3.500	3.500	3.387
Fixkosten gesamt		4.700	4.700	4.700	4.626
Betriebsergebnis		1.316	2.068	2.820	506

Das flexible Budget als Sollrechnung ist das Budget, das das Management erstellt hätte, hätte es die Istzahl der verkauften Handtaschen (16.000 Produkteinheiten) richtig prognostiziert. Spalte 6 in Tab. 2.10 zeigt die Istergebnisse für die im März 20XX verkauften 16.000 Produkteinheiten.

Tab. 2.11　Berechnungen für einige Posten im flexiblen Budget der Hamburger Handtaschen GmbH mit 16.000 Produkteinheiten als Bezugsgröße

Budgetposten	Berechnung	Ergebnis
Umsatzerlöse	= 840 € * 16.000	= 13,440 Mio. €
variable Kosten	= 464 € * 16.000	= 7,424 Mio. €
Fixkosten		= 4,700 Mio. €

Tab. 2.12 präsentiert die Abweichungsanalyse auf der dritten Berichtsebene für die Hamburger Handtaschen GmbH. Wie in Abb. 2.3 dargestellt, unterteilt man jetzt die ungünstige Gesamtabweichung des Betriebsergebnisses in Höhe von 1.562.000 € in die Abweichung vom flexiblen Budget und die leistungsmengenbedingte Abweichung.

Tab. 2.12　Abweichungsanalyse (Tsd. €) auf der 3. Berichtsebene der Hamburger Handtaschen AG im März 20XX

Variable	Ist-ergebnisse (1)	Abweichungen vom flexiblen Budget (2) = (1) – (3)	Flexibles Budget (3)	Leistungsmengen-bedingte Abweichung (4) = (3) – (5)	Statisches Budget (5)
Absatz (Stück)	16.000	0	16.000	2.000 (U)	18.000
Umsatzerlöse (€)	14.400	960 G	13.440	1.680 (U)	15.120
Variable Kosten (€)	9.268	1.844 (U)	7.424	928 G	8.352
Deckungsbeitrag (€)	5.132	884 (U)	6.016	752 (U)	6.768
Fixkosten (€)	4.626	74 G	4.700	0	4.700
Betriebsergebnis (€)	506	810	1.316	752	2.068

810 € (U)　　　　　　　752 € (U)

Abweichung vom flexiblen Budget　　leistungsmengenbedingte Abweichung

1.562 € (U)

Gesamtabweichung des Betriebsergebnisses

Die leistungsmengenbedingte Abweichung von 752.000 € (U) ist lediglich auf den Minderabsatz von 2.000 Handtaschen im März 20XX zurückzuführen. Im Gegensatz dazu entsteht die Abweichung vom flexiblen Budget in Höhe von 810.000 € (U), weil der Istverkaufspreis, die variablen Iststückkosten und die fixen Istkosten sich von den Standardwerten unterscheiden. Die günstige Abweichung der Umsatzerlöse vom flexiblen Budget über 960.000 € steht im Zusammenhang mit der Preispolitik des Vertriebsbereiches. Hier hatte das Management nach Fertigstellung des statischen Budgets Preiserhöhungen von durchschnittlich 60 € je Handtasche durchgesetzt (Preiserhöhung von 840 € auf 900 €; d. h. 14.400.000 €/16.000 PE = 900 €/PE). Die günstige Abweichung vom flexiblen Budget der Fixkosten in Höhe von 74.000 € ist auf Kosteneinsparungen zurückzuführen.

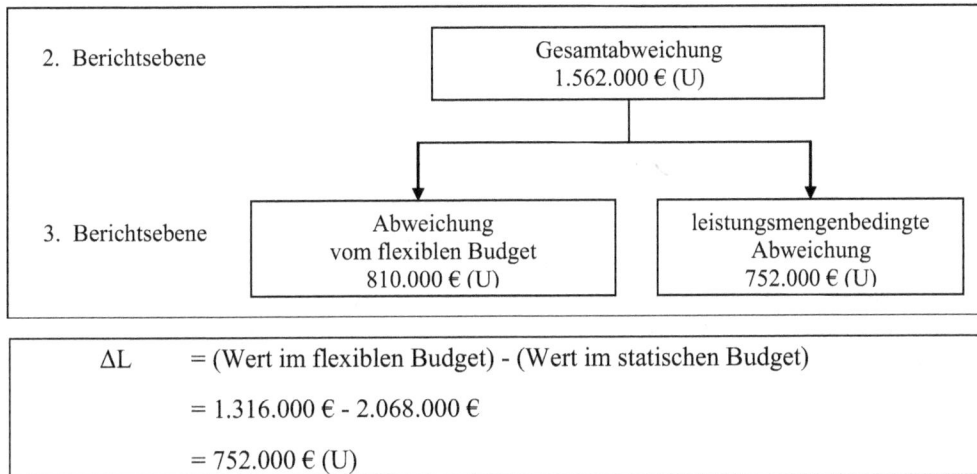

```
┌──────────────────────────────────────────────────────────────────────┐
│                                  ┌───────────────────────┐             │
│  2. Berichtsebene                │  Gesamtabweichung      │             │
│                                  │  1.562.000 € (U)       │             │
│                                  └───────────────────────┘             │
│                                                                        │
│                        ┌──────────────────┐  ┌──────────────────────┐  │
│  3. Berichtsebene      │   Abweichung     │  │ leistungsmengen-     │  │
│                        │ vom flexiblen    │  │ bedingte             │  │
│                        │ Budget           │  │ Abweichung           │  │
│                        │ 810.000 € (U)    │  │ 752.000 € (U)        │  │
│                        └──────────────────┘  └──────────────────────┘  │
└──────────────────────────────────────────────────────────────────────┘
```

$$\Delta L = (\text{Wert im flexiblen Budget}) - (\text{Wert im statischen Budget})$$

$$= 1.316.000\ € - 2.068.000\ €$$

$$= 752.000\ € \text{ (U)}$$

Abb. 2.3   Abweichungen der Hamburger Handtaschen GmbH auf der 2. und 3. Berichtsebene

2.6.3   Effektivität und Effizienz

Die hier vorgestellten Abweichungsanalysen dienen in der Praxis der zweidimensionalen Leistungsbeurteilung. Sie messen:

1. Die Wirksamkeit oder Effektivität („effectiveness"), d. h. den Erfüllungsgrad eines im Voraus festgesetzten Zieles

2. Die Wirtschaftlichkeit oder Effizienz („efficiency"), d. h. die erforderliche Faktoreinsatzmenge, um ein bestimmtes Leistungsniveau zu erreichen

Im obigen Fall setzte sich die Hamburger Handtaschen GmbH im statischen Budget (d. h. in der Planrechnung) ein Produktions- und Absatzziel von 18.000 Produkteinheiten. Tatsächlich wurden jedoch nur 16.000 Handtaschen produziert und verkauft. Die Absatzleistung war also nicht so effektiv wie geplant.

Ob die Absatzleistung effizient war, ist eine andere Frage. Im Beispiel war die Leistung ineffizient im Vertriebsbereich und insbesondere im Produktionsbereich. Das Unternehmen verbrauchte höhere Faktoreinsatzmengen, als man bei einem budgetierten Absatz von 16.000 Stück erwartet hätte.

Die leistungsmengenbedingte Abweichung für das Betriebsergebnis ist also ein Effektivi-
tätsmaßstab, während die Abweichung vom flexiblen Budget für das Betriebsergebnis häufig
als grober Effizienzmaßstab dient, wenngleich sich in letzterer auch Änderungen in Verkaufspreisen und Stückkosten niederschlagen. Selbstverständlich hängt die Aussagekraft
aller Abweichungen und damit der Schlussfolgerungen zu Effektivität oder Effizienz von der
Sorgfalt ab, mit der man die geplanten Werte geschätzt hat.

2.7   Preis- und Verbrauchsabweichungen

In einer Analyse auf der dritten Berichtsebene berechnet man die Höhe der variablen Kosten
im flexiblen Budget (Tab. 2.12) durch die Multiplikation der geplanten variablen Kosten je
Produkteinheit mit der Istzahl der Produkteinheiten. Im Gegensatz dazu erfordert die weiter-
führende Abweichungsanalyse auf der vierten Berichtsebene (Abb. 2.4) auch Informationen
zu geplanten Faktorpreisen und -einsatzmengen sowie zu Istfaktorpreisen und
-einsatzmengen. Auf dieser Berichtsebene können damit über Preis- und Verbrauchsabweichungen Detailanalysen zur Zusammensetzung der Abweichung vom flexiblen Budget
durchgeführt werden.

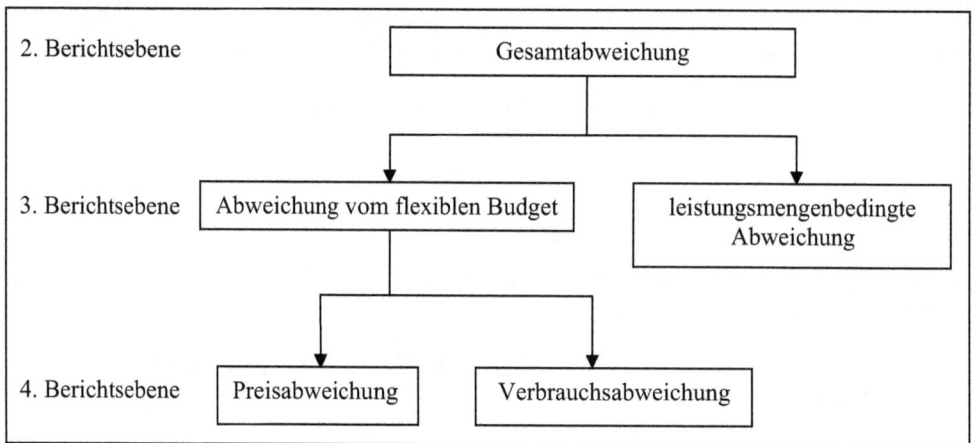

Abb. 2.4 *Beziehungen zwischen den Abweichungen auf der 2., 3. und 4. Berichtsebene*

2.7.1   Definitionen

Die beiden Komponenten der Abweichungsanalyse auf der vierten Berichtsebene lassen sich
wie folgt definieren:

• Die Preisabweichung (ΔP) der Kosten ist der Unterschied zwischen dem Istpreis je Inputeinheit (IP_{IE}) und dem geplanten Preis je Inputeinheit (PP_{IE}) multipliziert mit der Istmen-

ge (IM) des in Frage kommenden Inputfaktors (z. B. Fertigungsmaterial, das man beschafft, IM_B, oder verbraucht, IM_V). Man nennt Preisabweichungen („price variances")
auch Ratenabweichungen bzw. Lohnsatzabweichungen („rate variances"), insbesondere
bei Abweichungen der Fertigungsarbeitskosten.

$$\Delta P = (IP_{IE} - PP_{IE}) * IM_V$$

- Die Verbrauchsabweichung (ΔV) der Kosten ist der Unterschied zwischen der Istmenge
  (IM_V) des verbrauchten Inputs (z. B. m^2 Leder) und der Sollmenge (SM_V), die man hätte
  verbrauchen sollen, multipliziert mit dem geplanten Preis je Inputeinheit (PP_{IE}).

$$\Delta P = (IM_V - SM_V) * PP_{IE}$$

Die Zerlegung der Abweichung vom flexiblen Budget in seine Preis- und Verbrauchskom-
ponenten liefert dem Manager eines Verantwortungsbereiches wichtige Informationen. So
mag ein Beschaffungsmanager beispielsweise die Verantwortung für Preisabweichungen
tragen. Dagegen kann die Verantwortung für Verbrauchsabweichungen an anderer Stelle,
nämlich beim Produktionsmanager liegen. Die getrennte Berechnung von Preisabweichungen ermöglicht die Kalkulation von Verbrauchsabweichungen auf der Grundlage geplanter
Inputpreise. Eine Beurteilung der Effizienz (des Faktoreinsatzes, um eine bestimmte Anzahl
von Produkteinheiten zu fertigen) wird nicht dadurch beeinflusst, dass die Istfaktorpreise von
den geplanten Faktorpreisen abweichen. Gleichwohl können die Ursachen von Preis- und
Verbrauchsabweichungen miteinander verwandt sein.

Im Allgemeinen haben die Entscheidungsträger eines Unternehmens mehr Einfluss auf
Verbrauchs- als auf Preisabweichungen. Der Grund liegt darin, dass hauptsächlich Variable
innerhalb des Unternehmens die verbrauchte Inputmenge beeinflussen, während überwiegend externe Einflussfaktoren zu Preisveränderungen führen.

2.7.2   Beispiel zu Preis- und Verbrauchsabweichungen

Die Hamburger Handtaschen GmbH unterscheidet zwischen drei Arten von Einzelkosten:
Fertigungsmaterial, Fertigungsarbeit und direkte Vertriebsarbeit. Tab. 2.13 zeigt die Berechnung der Standardkosten für jede der drei Kostenarten, wobei StM_{PE} als die erlaubte
„Standardmenge eines Inputs je Produkteinheit", StK_{IE} als die „Standardkosten je Inputeinheit" und StK_{PE} als die „Standardkosten je Produkteinheit" verstanden werden.

Da diese Standardkosten und -mengen einer guten bzw. bestmöglichen Leistung entsprechen,
ist dabei zu beachten, dass sie mit den jeweiligen Sollkosten und -mengen identisch sind.
Viele Unternehmen setzen Standardkosten und -mengen sogar in ihre Planrechnungen ein.
In solchen Fällen sind sie dann ebenfalls mit den jeweiligen Plankosten und -mengen identisch.

In Tab. 2.14 wurden die Istkosten und -leistungsdaten des Unternehmens für den Monat März 20XX zusammengetragen. Die Istergebnisse und die Angaben im flexiblen Budget für jede Einzelkostenart bei 16.000 Istprodukteinheiten stehen in den jeweiligen Spalten von Tab. 2.15. Zur Verfeinerung der bisherigen Abweichungsanalysen sollen nachfolgend die berechneten Preis- und Verbrauchsabweichungen erläutert werden.

Tab. 2.13   *Standardkosten für die Einzelkostenarten der Hamburger Handtaschen GmbH im März 20XX*

Einzelkostenart	(StM$_{PE}$	* StK$_{IE}$)	= StK$_{PE}$
Fertigungsmaterial	1,20 m^2	* 90 €	= 108 €
Fertigungsarbeit	4,20 h	* 60 €	= 252 €
Direkte Vertriebsarbeit	0,50 h	* 72 €	= 36 €

Tab. 2.14   *Istkosten und -leistungsdaten der Hamburger Handtaschen GmbH im März 20XX*

Istausbringungsmenge	16.000 PE
Fertigungsmaterial (eingekauft und verbraucht):	
Fertigungsmaterialkosten	2.198.000 €
m^2 Leder eingekauft und verbraucht	23.200
Istfaktorpreis je m^2	94,74 €[†]
Fertigungsarbeit:	
Fertigungsarbeitskosten	5.390.000 €
Fertigungsarbeitsstunden	81.667[†]
Istfaktorpreis je Stunde	66,00 €
Vertriebsarbeit:	
Direkte Vertriebsarbeit	553.000 €
Vertriebsarbeitstunden	7.200
Istfaktorpreis je Stunde	76,81 €[†]

[†]gerundete Zahl

Tab. 2.15 *Abweichungen vom flexiblen Budget der Einzelkostenarten der Hamburger Handtaschen GmbH im März 20XX*

	Istergebnis	Flexibles Budget	Abweichung vom flexiblen Budget
Fertigungsmaterial	2.198.000 €	1.728.000 €	470.000 € (U)
Fertigungsarbeit	5.390.000 €	4.032.000 €	1.358.000 € (U)
Direkte Vertriebsarbeit	553.000 €	576.000 €	23.000 € G
Summe	8.141.000 €	6.336.000 €	1.805.000 € (U)

Generell berechnet man die Sollkosten eines Inputs (SK$_I$) im flexiblen Budget, indem zuerst die Istzahl der Produkteinheiten (IPE) mit der Sollmenge des Inputs je Produkteinheit (SM$_{PE}$) multipliziert wird. Das ergibt die Sollmenge des Inputs insgesamt (SM) als Zwischenergebnis. Dann wird dieses Zwischenergebnis mit dem Planpreis je Inputeinheit (PP$_{IE}$) multipliziert.

$$SK_I = (IPE * SM_{PE}) * PP_{IE} = SM * PP_{IE}$$

Da die Hamburger Handtaschen GmbH über ein Standardkostenrechnungssystem verfügt, erstellt sie ihre statischen und flexiblen Budgets aufgrund von Standardkosten und -mengen. Wie oben erklärt lassen sich so die Sollkosten eines Inputs (SK$_I$) im flexiblen Budget auch wie folgt berechnen, wobei StM$_{PE}$ die erlaubte Standardmenge eines Inputs je Produkteinheit, StK$_{IE}$ die Standardkosten je Inputeinheit und StM die Standardmenge des Inputs insgesamt darstellen. Diese Sollkosten wiederum sind identisch mit den Standardkosten des Inputs (StK$_I$).

$$SK_I = StK_I = (IPE * StM_{PE}) * StK_{IE} = StM * StK_{IE}$$

Die Abweichungen vom flexiblen Budget in Tab. 2.15 ergeben sich schließlich als die Differenz zwischen dem Istergebnis und dem Wert im flexiblen Budget für die jeweilige Einzelkostenart. Zur Verfeinerung der bisherigen Diskussion sollen nachfolgend die aus den Abweichungen vom flexiblen Budget berechneten Preis- und Verbrauchsabweichungen erläutert werden.

2.7.3 Preisabweichungen

Tab. 2.16 zeigt, wie die Preisabweichungen für jede der drei Einzelkostenkategorien der Hamburger Handtaschen GmbH berechnet wurden. Alle drei Preisabweichungen sind ungünstig (d. h. sie mindern das Betriebsergebnis, weil der Istpreis, IP$_{IE}$, jeder Einzelkostenart über dem geplanten Preis, StK$_{IE}$, liegt). Das Unternehmen hat seine Inputfaktoren also teurer bezahlt als geplant.

Tab. 2.16   *Preisabweichungen in den Einzelkostenarten der Hamburger Handtaschen GmbH vom März 20XX*

Einzelkostenart	$(IP_{IE} - StK_{IE})$	* IM	$= \Delta P$
Fertigungsmaterial	$(94{,}74\ €^{†}/m^2 - 90{,}00\ €/m^2)$	* 23.200 m^2	110.000 € (U)
Fertigungsarbeit	$(66{,}00\ €/h - 60{,}00\ €/h)$	* 81.667 $h^{†}$	490.000 € (U)
Direkte Vertriebsarbeit	$(76{,}81\ €^{†}/h - 72{,}00\ €/h)$	* 7.200 h	34.600 € (U)

†gerundete Zahl

Die möglichen Ursachen für die identifizierten Preisabweichungen sind breit gefächert:

- Der Beschaffungsmanager hat weniger geschickt verhandelt als bei Aufstellung des Budgets erwartet.

- Das Unternehmen hat in kleineren Mengen eingekauft als in der Planrechnung angenommen und deshalb höhere Stückpreise bezahlt.

- Die Fertigungsmaterialpreise werden aufgrund unerwartet eingetretener Witterungsbedingungen oder aufgrund von Streiks erhöht.

- Man hat Beschaffungspreise in die Planrechnung übernommen, ohne zuerst den Markt für das Fertigungsmaterial Leder gründlich zu analysieren.

Bei der Interpretation von Preisabweichungen sollten mögliche Veränderungen des Verhältnisses von Unternehmen und Lieferanten berücksichtigt werden. Die Hamburger Handtaschen GmbH könnte beispielsweise für mehrere Monate einen Exklusivlieferungsvertrag mit einem einzigen Lieferanten abschließen. Während des vereinbarten Zeitraumes gilt dann ein fester Bezugspreis für die gesamte Menge des gelieferten Leders, sodass eine Preisabweichung vermieden wird.

In aller Regel ist der Beschaffungsmanager für die Preisabweichung des gesamten bezogenen Fertigungsmaterials verantwortlich. In vielen Unternehmen spielen aber auch andere Kostenfaktoren eine Rolle. Wenn der Stammlieferant beispielsweise unerwartet ausfällt, mag ein Mehraufwand für die Beschaffung wichtiger Inputs zugunsten der Aufrechterhaltung der Produktion im Schichtbetrieb billigend in Kauf genommen werden, denn ein Stillstand der Produktion könnte aufgrund von Imageverlusten, Konventionalstrafen, Leerzeiten usw. zu weitaus höheren Kosten führen.

2.7.4   Verbrauchsabweichungen

Gemäß der Formel zur Berechnung von Verbrauchsabweichungen ist ein Unternehmen ineffizient (oder effizient), wenn es eine höhere (geringere) Faktoreinsatzmenge als SM verbraucht, um die Istzahl der Produkteinheiten zu fertigen. SM_V wiederum ergibt sich aus der

Multiplikation der Istzahl an Produkteinheiten (IPE) mit der erlaubten „Standardinputmenge je Produkteinheit" (StM$_{PE}$).

$$SM_V = IPE * StM_{PE}$$

Tab. 2.17 zeigt die Verbrauchsabweichungen für jede Einzelkostenart bei der Hamburger Handtaschen GmbH. Die zwei Verbrauchsabweichungen für Fertigungsmaterial und Fertigungsarbeit sind ungünstig, weil man höhere Faktoreinsatzmengen benötigte als geplant. Das senkt das Betriebsergebnis. Die Verbrauchsabweichung der Vertriebsarbeit jedoch ist günstig, weil man eine geringere Faktoreinsatzmenge dieses Inputs als geplant benötigte. Das wiederum steigert das Betriebsergebnis.

Tab. 2.17 *Verbrauchsabweichungen in den Einzelkostenarten der Hamburger Handtaschen GmbH im März 20XX*

Einzelkostenart	(IM$_V$ - SM$_V$)	* StK$_{IE}$	= ΔV
Fertigungsmaterial	[23.200 m^2 - (16.000 Stück * 1,20 m^2/Stück)] [23.200 m^2 – 19.200 m^2]	* (90 € je m^2)	=360.000 € (U)
Fertigungsarbeit	[81.667 h† – (16.000 Stück * 4,20 h/Stück)] [81.667 h† – 67.200 h]	* (60 € je h)	=868.000 € (U)
Direkte Vertriebsarbeit	[7.200 h – (16.000 Stück * 0,50 h/Stück)] [7.200 h – 8.000 h]	* (72 € je h)	= 57.600 € G

†gerundete Zahl

Die ungünstige Verbrauchsabweichung der Fertigungsarbeit könnte eine oder mehrere Ursachen haben:

• Der Personalleiter hat unterqualifizierte Arbeitskräfte eingestellt.

• Der Produktionsplaner hat die Arbeitsabläufe ineffizient geplant. Daraus resultiert eine längere Fertigungsarbeitszeit je Handtasche.

• Die Maschinen wurden nicht ausreichend gewartet. Eine verlängerte Fertigungsarbeitszeit je Handtasche ist die Folge.

• Man setzte Zeitstandards fest, ohne vorher eine gründliche Analyse der operativen Bedingungen und der Fähigkeiten der Mitarbeiter[.] vorzunehmen (Barnes, 1983; Calvasina/Calvasina, 1984).

2.7.5   Präsentation von Preis- und Verbrauchsabweichungen

Tab. 2.18 veranschaulicht noch einmal, dass die Summe der Preisabweichung und der Verbrauchsabweichung die Abweichung vom flexiblen Budget ergibt. Eine mehrspaltige Tabelle zeigt die Abweichungen der Fertigungsmaterialkosten auf der dritten und vierten Berichtsebenen (Tab. 2.19). Abb. 2.5 zeigt das Format der Tabelle, das im weiteren Verlauf beibehalten werden soll. In diesem Schema ergibt sich der Wert einer Einzelkostenart im flexiblen Budget aus:

$$SK_I = StK_I = StK_{IE} * (IPE * StM_{PE}) = StM * StK_{IE}$$

Mit anderen Worten, wenn ein Unternehmen über ein Standardkostenrechnungssystem verfügt, gleichen die Sollkosten eines Inputs insgesamt (SK_I) seinen Standardkosten (StK_I) für die Istzahl der Produkteinheiten.

Tab. 2.18   *Preis- + Verbrauchsabweichung = Abweichung vom flexiblen Budget*

	Preisabweichung	Verbrauchs-abweichung	Abweichung vom flexiblen Budget
Fertigungsmaterial	110.000 € (U)	360.000 € (U)	470.000 € (U)
Fertigungsarbeit	490.000 € (U)	868.000 € (U)	1.358.000 € (U)
Direkte Vertriebsarbeit	34.600 € (U)	57.600 € G	23.000 € G

Tab. 2.19   *Präsentation der Abweichungsanalyse des Fertigungsmaterials der Hamburger Handtaschen GmbH auf der 3. und 4. Berichtsebene im Spaltenformat*

Istkosten zu Istpreisen ($IP_{IE} * IM$)	Istkosten zu Planpreisen $StK_{IE} * IM$	Flexibles Budget (Sollkosten) $SK_I = StK_I = StK_{IE} * (IPE * StM_{PE})$
		90 €/m² * (16.000 PE * 1,20 m²/PE)
94,74 €[†]/m² * 23.200 m²	90 €/m² * 23.200 m²	90 €/m² * 19.200 m²
2.198.000 €	2.088.000 €	1.728.000 €

$$\uparrow \quad 110.000\ €\ (U) \quad \uparrow \quad 360.000\ €\ (U) \quad \uparrow$$

Preisabweichung   Verbrauchsabweichung

$$\uparrow \quad 470.000\ €\ (U) \quad \uparrow$$

Abweichung vom flexiblen Budget

[†]gerundete Zahl.

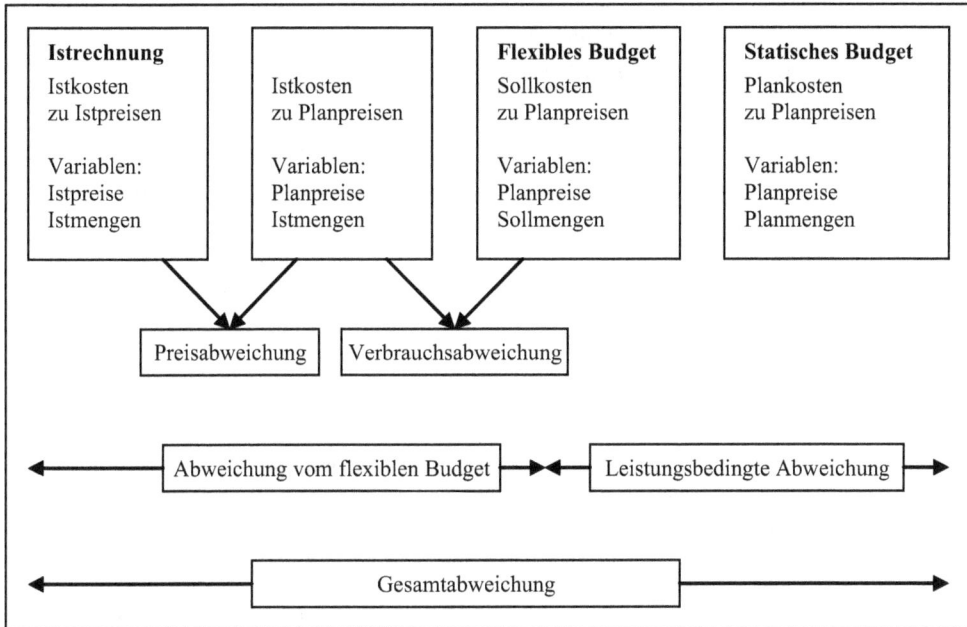

Istrechnung		Flexibles Budget	Statisches Budget
Istkosten zu Istpreisen	Istkosten zu Planpreisen	Sollkosten zu Planpreisen	Plankosten zu Planpreisen
Variablen: Istpreise Istmengen	Variablen: Planpreise Istmengen	Variablen: Planpreise Sollmengen	Variablen: Planpreise Planmengen

Preisabweichung   Verbrauchsabweichung

Abweichung vom flexiblen Budget   Leistungsbedingte Abweichung

Gesamtabweichung

Abb. 2.5 *Präsentation der Abweichungsanalyse im Spaltenformat*

2.7.6 Verfeinerung der Preisabweichung

Bisher wurde angenommen, dass der Preisabweichung die Istfaktoreinsatzmengen anstatt der erlaubten geplanten (d. h. Standard-) Faktoreinsatzmengen für die Istzahl der Produkteinheiten zugrunde liegen. Daraus resultiert, dass Ineffizienzen im Verbrauch die Berechnung der Preisabweichung beeinflussen. Einige Unternehmen verfeinern die Preisabweichung weiter in die Preisabweichung 1. Grades (reine Komponente für die Preisabweichung = ΔP_r) und in die Preisabweichung 2. Grades (gemischte Komponente für die Preis-Verbrauchsabweichung „joint price-efficiency variance" = ΔP_g).

$$\Delta P = (\Delta P_r) + (\Delta P_g)$$

Die reine Preisabweichung ermöglicht eine Analyse der Auswirkung von Preisveränderungen, ohne Fragen der Effizienz einbeziehen zu müssen (Kilger/Pampel/Vikas, 2005). Diese Methodik wird wieder am Beispiel des Fertigungsmaterials der Hamburger Handtaschen GmbH dargestellt.

$$\Delta P_r = (IK_{IE} - StK_{IE}) * (IPE * StM_{PE})$$
$$= (94{,}74\ \text{€}/\ m^2 - 90{,}00\ \text{€}/\ m^2) * (16.000\ PE * 1{,}2\ m^2/PE)$$
$$= 91.000\ \text{€ (U)}$$

$$\Delta P_g = (IK_{IE} - StK_{IE}) * [IM_V - (IPE * StM_{PE})]$$
$$= (94{,}74\ \text{€}/\ m^2 - 90{,}00\ \text{€}/\ m^2) * [23.200\ m^2 - (16.000\ PE * 1{,}2\ m^2/PE)]$$
$$= (4{,}74\ \text{€}/\ m^2) * [4.000\ m^2]$$
$$= 19.000\ \text{€ (U)}$$

Abb. 2.6 und Abb. 2.7 stellen die Abweichungen auf der vierten Berichtsebene für Fertigungsmaterial und Fertigungsarbeit grafisch dar. Die Interpretation dieser Darstellung fällt leicht, wenn (1) der Istpreis den geplanten Preis übersteigt, und (2) die Istfaktoreinsatzmenge größer als die geplante Faktoreinsatzmenge ist. Das bedeutet, dass es nur ungünstige Abweichungen gibt.

Wenn Bedingungen (1) und (2) gelten, kann man vier einander nicht überschneidende Flächen unterscheiden, wie die beiden Abbildungen am Beispiel des Fertigungsmaterials bzw. der Fertigungsarbeit zeigen. Wenn sie nicht gelten, wird die Darstellung unübersichtlich, da die vier Flächen einander überschneiden können.

Die Preisabweichung 2. Grades entsteht in diesem Fall nur deshalb, weil Preisabweichung und Verbrauchsabweichung in die gleiche Richtung gehen. Abb. 2.6 zeigt ebenfalls, dass es keine Preisabweichung 2. Grades (und auch keine Verbrauchsabweichung) gegeben hätte, wäre IM_V so groß gewesen, wie sie hätte sein sollen ($IM_V = SM_V = StM = 19.200\ m^2$). Analog dazu könnte man keine Preisabweichung 1. oder 2. Grades beobachten, wenn $IP_{IE} = PP_{IE} = SK_{IE} = StK_{IE} = 90{,}00\ \text{€}/m^2$ gleichen würde.

In der Praxis wird die Preisabweichung 2. Grades meist der Preisabweichung 1. Grades zugeteilt. Diese Vorgehensweise mag auf den ersten Blick willkürlich, ungenau oder gar naiv erscheinen. Willkürlich ist sie jedoch nicht, weil ein Einkaufsleiter normalerweise für die Beschaffung der gesamten Inputmenge verantwortlich ist, unabhängig davon, wie effizient man den Input einsetzt. Je nach Größe der Preisabweichung 2. Grades im Verhältnis zur Preisabweichung 1. Grades kann eine Analyse mehr oder weniger grob und daher auch wenigstens potentiell irreführend sein. Wenn ein Unternehmen aufgrund nüchterner Abwägung der Kosten verfeinerter Untersuchungen gegenüber dem Nutzen, den sie für seine Entscheidungsfindung anbieten, grobe Analysen als „Faustregel" für ausreichend hält, muss das keineswegs ein naiver Entschluss sein.

Allerdings ist es richtig, dass in der kumulativen Analyse der Gesamtabweichung der Kosten die Preis-, Verbrauchs- und die in Kapitel 3 präsentierten Beschäftigungsabweichungen (ΔB) nicht nur „reine" Differenzen, sondern auch willkürlich zugeordnete Abweichungen höherer Ordnung enthalten können. Will man erreichen, dass keinem Kostenverantwortlichen Istergebnisse fremder Kostenstellen zugewiesen wird, ist dann eine differenziert-kumulative

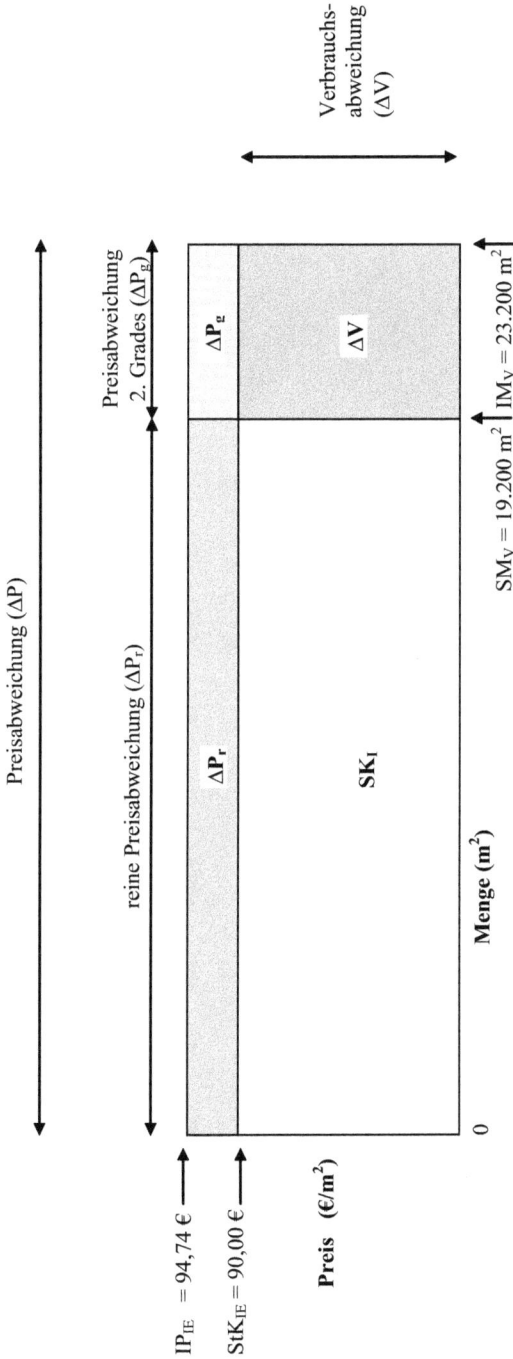

Verbrauchsabweichung (ΔV)

Preisabweichung 2. Grades (ΔP$_g$)

Preisabweichung (ΔP)

reine Preisabweichung (ΔP$_r$)

ΔP$_g$

ΔV

ΔP$_r$

SK$_I$

SM$_V$ = 19.200 m² | IM$_V$ = 23.200 m²

Menge (m²)

0

Preis (€/m²)

IP$_{IE}$ = 94,74 €

StK$_{IE}$ = 90,00 €

Erläuterung

$SK_I = StK_{IE} * SM_V = 90{,}00 \text{ €/m}^2 * (19.200 \text{ m}^2) = 1.728.000 \text{ €}$

$\Delta V = StK_{IE} * (IM_V - SM_V) = 90{,}00 \text{ €/m}^2 * (23.200 \text{ m}^2 - 19.200 \text{ m}^2) = 360.000 \text{ € (U)}$

$\Delta P_r = (IP_{IE} - StK_{IE}) * SM_V = (94{,}74 \text{ €/m}^2 - 90{,}00 \text{ €/m}^2) * 19.200 \text{ m}^2 = 91.000 \text{ € (U)}$

$\Delta P_g = (IP_{IE} - StK_{IE}) * (IM_V - SM_V) = (94{,}74 \text{ €/m}^2 - 90{,}00 \text{ €/m}^2) * (23.200 \text{ m}^2 - 19.200 \text{ m}^2) = 19.000 \text{ € (U)}$

Abb. 2.6 *Abweichungsanalyse des Fertigungsmaterials auf der 4. Berichtsebene der Hamburger Handtaschen GmbH im März 20XX*

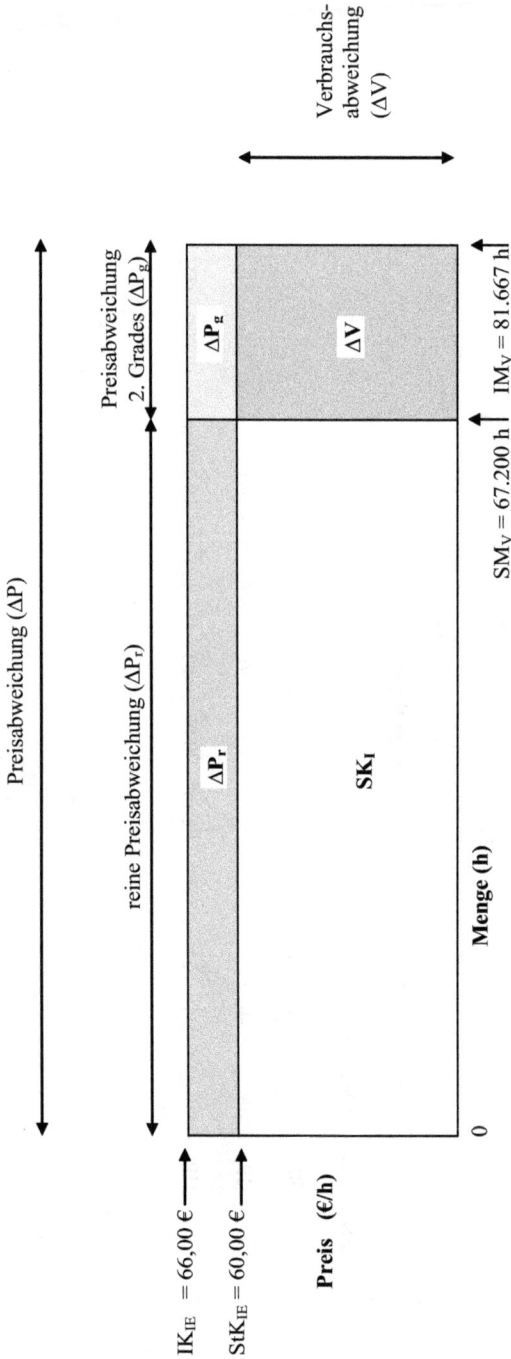

Verbrauchs-abweichung (ΔV)

Preisabweichung (ΔP)

Preisabweichung 2. Grades (ΔP$_g$)

reine Preisabweichung (ΔP$_r$)

ΔP$_g$

ΔV

ΔP$_r$

SK$_I$

IM$_V$ = 81.667 h

SM$_V$ = 67.200 h

Menge (h)

0

IK$_{IE}$ = 66,00 €

StK$_{IE}$ = 60,00 €

Preis (€/h)

Erläuterung

SK$_I$ = StK$_{IE}$ * SM$_V$ = 60,00 €/h * (67.200 h) = 4.032.000 €

ΔV = StK$_{IE}$ * (IM$_V$ – SM$_V$) = 60,00 €/h * (81.667 h – 67.200 h) = 868.000 € (U)

ΔP$_r$ = (IP$_{IE}$ – StK$_{IE}$) * SM = (66,00 €/h – 60,00 €/h) * 67.200 h = 403.200 € (U)

ΔP$_g$ = (IP$_{IE}$ – StK$_{IE}$) * (IM$_V$ – SM$_V$) = (66,00 €/h – 60,00 €/h) * (81.667 h – 67.200 h) = 86.800 € (U)

Abb. 2.7 *Abweichungsanalyse der Fertigungsarbeit auf der 4. Berichtsebene der Hamburger Handtaschen GmbH im März 20XX*

Analyse erforderlich (Groll, 1986; Kloock/Sieben/Schildbach, 1993; Rollwage, 1993; Serfling, 1993). Das setzt die Erweiterung der Abweichungsanalyse von

$$\Delta G = \Delta P + \Delta V + \Delta B$$

auf

$$\Delta G = \Delta P + \Delta V + \Delta B + \text{Abweichung(en) höherer Ordnung}$$

voraus, wobei die Abweichungen höherer Ordnung individuell berechnet und interpretiert werden. Betriebswirtschaftlich ist die differenziert-kumulative Analyse auch das transparentere Konzept.

2.7.7 Erforderliche Informationen für die Analyse auf der vierten Berichtsebene

Die Preis- und Mengenabweichungsanalysen für die Hamburger Handtaschen GmbH auf der vierten Berichtsebene (Tab. 2.19) erfordern Informationen über die geplante und die Istzahl der Produkteinheiten, über Faktorpreise und Faktoreinsatzmengen für die variablen Kostenarten und über die Fixkosten. Diese Daten stehen zumeist in den Produktions- und Vertriebsbereichen eines Unternehmens zur Verfügung, weshalb sich Analysen der Preis- und Verbrauchsabweichungen besonders für diese Bereiche der Wertschöpfungskette eignen (Barnes/Targett, 1984; Marcinko/Petri, 1984).

Obwohl die Hamburger Handtaschen GmbH ein Standardkostenrechnungssystem benutzt, sind damit noch nicht alle Voraussetzungen für die Berechnung von Preis- und Verbrauchsabweichungen gegeben. Kritisch ist vor allem die Bedingung, dass geplante und Istdaten zu den Faktorpreisen und Faktoreinsatzmengen für einzelne Kostenarten vorhanden sind. Neben den Standardkosten und Standardmengen als Quellen solcher Budgetgrößen können die erforderlichen Daten auch anderweitig erhoben werden. Beispielsweise könnten die budgetierten Größen für April 20XX auch auf den Istfaktorpreisen und -faktoreinsatzmengen vom März 20XX basieren.

2.7.8 Weitere Beispiele

Tab. 2.20 zeigt zwei weitere Analysemöglichkeiten für den Detaillierungsgrad der vierten Berichtsebene auf. Zum einen handelt es sich hierbei um die Aufteilung der gesamten Verkaufspreisabweichung auf einzelne Kundenarten. Auch die Herkunft der leistungsmengenbedingten Abweichung kann noch genauer hinterfragt werden.

Tab. 2.20 *Weitere Abweichungsanalysen auf der 4. Berichtsebene*

Detaillierte Verkaufspreisabweichungen nach Kundenarten		Detaillierte Kostenabweichungen			Detaillierte leistungsmengen-bedingte Abweichungen
			Preis-abweichung	**Verbrauchs-abweichung**	Absatzvolumen-abweichungen
Kettenläden	0 €				
Einzelhändler	960.000 €	Fertigungsmaterial	110.000 € (U)	360.000 € (U)	Absatzmix-abweichungen
Verkaufspreis-abweichungen gesamt	960.000 €	Fertigungsarbeit	490.000 € (U)	868.000 € (U)	
		Direkte Vertriebsarbeit	34.600 € (U)	57.600 € G	

Bei der detaillierten Verkaufspreisabweichung nach Kundenart nehmen wir für die Hamburger Handtaschen GmbH an, dass es zwei gleich starke Vertriebswege gibt. Jeweils die Hälfte der verkauften Produkteinheiten wurde also an Kettenläden und an Einzelhändler geliefert. Die durchschnittliche Erhöhung des Verkaufspreises um 60 € über den budgetierten Preis von 840 € könnte sich zusammensetzen aus einer 0 €-Erhöhung für die Kettenläden (aufgrund der größeren Marktmacht) und eine 120 €-Erhöhung für Einzelhändler.

Wie in Tab. 2.20 angesprochen könnte das Unternehmen im Rahmen einer Analyse auf der vierten Berichtsebene die Unterschiede zwischen Ist- und budgetierten Zahlen verkaufter Produkteinheiten nach geografischer Region, Jahreszeit, Kunden, Vertriebsweg usw. untersuchen. (Kapitel 2 von *Leistungssteuerung kompakt* wird sich tiefgehender mit diesen Betrachtungen beschäftigen.)

2.7.9   Bedeutung der Ebenenbezeichnung

Man sollte der numerischen Bezeichnung spezifischer Berichtsebenen in der Abweichungsanalyse keine übergroße Bedeutung beimessen. Beispielsweise gilt die vierte Berichtsebene keineswegs als „besser" als die erste Berichtsebene. Vielmehr weist die Bezeichnung auf den zunehmenden Detaillierungsgrad einer Analyse hin. Ein Manager kann je nach Informationsbedürfnis mal die eine, mal die andere Berichtsebene für seine Planung, Steuerung und Kontrolle heranziehen.

2.8 Leistungsbeurteilung auf der Grundlage von Standards

Für viele produzierende Unternehmen sind Preis- und Verbrauchsabweichungen wichtige Leistungsindikatoren. So machen zum Beispiel die Fertigungsmaterialkosten über 50 % der Gesamtkosten von Computerherstellern aus. In diesen Unternehmen liefern Fertigungsmaterialpreisabweichungen ein wichtiges Feedback zum Stand der Managementleistung. Um jedoch pauschale Beurteilungen zu vermeiden, ist ein gutes Verständnis der Hintergründe einer beobachteten Abweichung vonnöten.

Eine günstige Preisabweichung beim Fertigungsmaterial könnte beispielsweise auf einen oder alle folgenden Umstände zurückzuführen sein: Der Einkaufsleiter hat erfolgreich mit dem Lieferanten verhandelt. Dabei hat er möglicherweise ein Material niedrigerer Qualität akzeptiert, was in der Folge aber zu ungünstigen Verbrauchsabweichungen bei Fertigungsmaterial und Fertigungsarbeit führt. Weiterhin hat der Einkaufsleiter möglicherweise einen Rabatt erzielt, weil er eine größere Menge bestellte, die aber den kurzfristigen Bedarf übertrifft und deswegen überhöhte Lagerbestände verursacht. Würde man diesen Manager ausschließlich aufgrund der günstigen Preisabweichung beurteilen, würde die Beurteilung positiv ausfallen, obwohl die vordergründig günstige Preisabweichung zusätzliche Kosten für das Unternehmen verursachen wird, z. B. höhere Materialabfall- und Lagerhaltungskosten.

Statt dieser eindimensionalen Betrachtungsweise steht zunehmend die Senkung der Gesamtkosten eines Unternehmens im Mittelpunkt der Leistungsbeurteilung. Dabei ist es durchaus denkbar, dass höhere Herstellkosten bewusst in Kauf genommen werden (z. B. für besseres Fertigungsmaterial oder längere Fertigungszeiten), um eine bessere Produktqualität zu realisieren. Die Kosten der besseren Produktqualität wiederum können durch einen überproportionalen Rückgang der Kundendienstkosten mehr als ausgeglichen werden.

2.8.1 Standardkosten und kontinuierliche Verbesserung

Die geplante Senkung von Standardkosten in Zusammenhang mit Verbesserungen als Folge der Lernkurvenwirkung ist ein älterer Ansatz (Schneider, 1965; Gillespie, 1981; Jahnke, 2002). Ein verwandter, modernerer Ansatz zur Umsetzung der Gesamtkostenbetrachtung ist die Einführung von „Standardkosten für kontinuierliche Verbesserung" („continuous improvement standard costs") in ein Kostenrechnungssystem. Diese Standardkosten werden in nachfolgenden Perioden stetig reduziert und werden deshalb auch als „gleitende Standards der Kostenreduktion" („moving cost reduction standard costs") bezeichnet.

In unserem Beispiel liegen die Standardkosten des Fertigungsmaterials für jede Handtasche, die die Hamburger Handtaschen GmbH im März 20XX produzierte, bei 108 € je Produkteinheit. Die Standardkosten, die man in der Abweichungsanalyse der nachfolgenden Perioden zugrundelegt, könnten auf einer Zielreduktion von 1 % je Periode (Tab. 2.21) basieren.

Tab. 2.21 *Beispiel der Standardkosten für kontinuierliche Verbesserung*

Monat	Standard im vorhergehenden Monat	Standardkostenreduktion	Revidierte Standardkosten
März	-	-	108,00 €
April	108,00 €	1,08 € = (0,01 * 108,00 €)	106,92 €
Mai	106,92 €	1,07 €[†] = (0,01 * 106,92 €)	105,85 €
Juni	105,85 €	1,06 €[†] = (0,01 * 105,85 €)	104,79 €

[†]gerundete Zahl

Wahrscheinlich geht die tatsächlich erreichte Reduktion der Standardkosten auf eine wirtschaftlichere Gestaltung der Produktionsabläufe und weniger auf Preissenkungen zurück. Gleichzeitig wird die Verbesserungsrate mit der Zeit sinken, da zu Beginn die „offensichtlichen" bzw. einfachen Verbesserungen umgesetzt und später tendenziell geringfügige Änderungen vorgenommen werden. Insgesamt signalisiert ein Unternehmen durch die Nutzung von Standardkosten für kontinuierliche Verbesserung die Bedeutung, die es der ständigen Suche nach Möglichkeiten zur Gesamtkostensenkung beimisst.

Das Interesse an kontinuierlicher Verbesserung und an Perfektionsstandards belegt die steigenden Ansprüche an die Effizienz in der Fertigung. Dennoch ist hier Vorsicht angebracht, weil ein Zielkonflikt („trade-off") besteht zwischen der Betonung kontinuierlicher Verbesserungssysteme und der Mitarbeitermotivation: Zu hoch angesetzte Leistungsmaßstäbe können demotivierend auf einen Mitarbeiter wirken, wenn sie als unerreichbar empfunden werden.

2.8.2   Verantwortung und Abweichungen

Unternehmen, die die gesamte Wertkette bei der Abweichungsanalyse berücksichtigen, erkennen die Vielfalt der möglichen Abweichungsquellen an. Beispielsweise kann eine ungünstige Materialverbrauchsabweichung im Produktionsbereich folgende Ursachen haben:

- unpassendes Design der Produkte oder der Arbeitsabläufe

- mangelnde Qualität oder Verfügbarkeit des Fertigungsmaterials beim Lieferanten

- mangelnde Qualifizierung der Arbeitskräfte

- falscher Einsatz von Arbeitskräften oder Maschinen für spezifische Aufgaben

- Planungsprobleme wegen einer von der Vertriebsabteilung geforderten großen Zahl von Eilbestellungen

Die exemplarisch aufgeführten Problemquellen zeigen, dass auch Bereiche außerhalb der Produktion ungünstige Verbrauchsabweichungen in der Produktion verursachen können.

Die wichtigste Aufgabe der Abweichungsanalyse ist es deshalb, zu verstehen, warum und wo genau Abweichungen auftreten, um diese Erkenntnisse zur Förderung von Lernprozessen und ständiger Verbesserung innerhalb des Unternehmens zu nutzen. In obigem Beispiel würde das Unternehmen Verbesserungen im Produktdesign, in der Pünktlichkeit der Lieferungen durch die Lieferanten und in der Qualifizierung seiner Mitarbeiter anstreben.

2.8.3 Beispiel zur kontinuierlichen Verbesserung auf der Grundlage von Standards

Standardkosten und Abweichungen können auch außerhalb des Unternehmens zur kontinuierlichen Leistungsverbesserung genutzt werden, z. B. bei der Beurteilung von Lieferanten („supplier performance evaluation") (Carr/Ittner, 1992; Youssef/Zairi/Manty, 1996; Narasimhan/Talluri/Mendez, 2001; Muraledharan/Anantharaman/Deshmukh, 2002; Petroni/ Braglia, 2002; Simpson/Siguaw/White, 2002; Chan/Yang, 2003; Jain/Tuwari/Chan, 2004; Pi/ Low, 2005). Diese Entwicklung hat ihre Wurzeln im Fernen Osten bei der Toyota Motor Corporation. Toyota forderte von seinen Lieferanten, die Preise für Autoteile zu reduzieren. Als Gegenleistung stellte Toyota seinen Lieferanten Wirtschaftsingenieure und andere Experten zur Verfügung, um sie bei der Vorbereitung und Durchführung von Kostensenkungsmaßnahmen zu unterstützen.

Wie viele Unternehmen der Fahrzeugbauindustrie und der Luft- und Raumfahrtindustrie steht Toyota unter großem Kostensenkungsdruck. Da die Materialkosten einen wesentlichen Anteil an den Gesamtkosten eines Autos oder Flugzeugs ausmachen, lohnt sich insbesondere die Optimierung von Materialqualität und Verfügbarkeit benötigter Ressourcen. Toyota evaluiert seine Lieferanten heute auf der Grundlage des folgenden Lieferantenleistungsindexes („supplier performance index" oder „SPI"):

$$SPI = \frac{(Fehlerkosten + Anschaffungskosten)}{Anschaffungskosten}$$

Die Anschaffungskosten sind die gesamten in Rechnung gestellten Kosten der Güter, die während der untersuchten Periode von einem Lieferanten bezogen werden. Die Fehlerkosten basieren auf der Zahl der in sieben Arten kategorisierten Fehler, multipliziert mit den Standardkosten, die anfallen, um die daraus resultierenden Probleme zu korrigieren. (Die Standardkosten werden nach einer gründlichen Untersuchung von Abweichungen und entsprechenden Korrekturmaßnahmen festgesetzt.) Tab. 2.22 präsentiert die sieben Fehlerkategorien (hier mit fiktiven Zahlen für die Standardzeit- und -kostenangaben).

Tab. 2.22   SPI-Grunddaten

Fehlerart	Standardzeit (h) um Fehler zu korrigieren	Standardkosten in ¥ (Zeit * 5.000 ¥/h)
Dokumentationsproblem	5	25.000
Erforderliche Zeit der Qualitätskontrolle des Materials	14	70.000
Rückgabe von Material an den Lieferanten	8	40.000
Erforderliche Nacharbeit	13	65.000
Zu wenig Material geliefert	6	30.000
Zu viel Material geliefert	4	20.000
Verspätete Lieferung	12	60.000

Tab. 2.23 zeigt die Berechnung der Anschaffungs- und Fehlerkosten für den hypothetischen Lieferanten.

Tab. 2.23   Beispiel der Berechnung der Anschaffungs- und Fehlerkosten für einen Lieferanten

Anschaffungskosten für den Monat		35.000.000 ¥
Fehlerkosten:		
Rückgabe von Material (2 Einheiten zurückgegeben à 40.000 ¥/Einheit)	80.000 ¥	
Zuwenig Material geliefert (5 Lieferungen à 30.000 ¥/Lieferungen)	150.000 ¥	
Verspätete Lieferungen (3 Lieferungen à 60.000 ¥/Lieferung)	180.000 ¥	
Gesamte Fehlerkosten		410.000 ¥

Dann addiert man die Anschaffungs- und Fehlerkosten und dividiert deren Summe durch die Anschaffungskosten. Das Ergebnis ist der SPI-Wert.

$$\text{SPI} = (35.000.000\ ¥ + 410.000\ ¥)/35.000.000\ ¥ = 1.0117$$

Je niedriger der SPI-Wert, desto höher schätzt das Unternehmen den Lieferanten. Toyota hat den SPI auch benutzt, um einige Lieferanten auf die Notwendigkeit einer Leistungsverbesserung hinzuweisen.

2.8.4 Wann soll man Abweichungen untersuchen?

In der Praxis greifen Manager zur Beantwortung dieser Frage in der Regel auf subjektive Einschätzungen oder Faustregeln zurück. Es ist schwierig zu entscheiden, ob eine (ungünstige bzw. günstige) Abweichung groß genug ist, um Aufmerksamkeit zu verdienen. Für kritische Posten sollte bereits eine geringe Abweichung zu Nachforschungen führen. Für andere Posten kann eine €-Summe oder ein Prozentsatz, die/der einen bestimmten Grenzwert überschreitet, die Untersuchung einer Abweichung vom Budget veranlassen. Eine 1 %-ige Abweichung bei Fertigungskosten von einer 1 Mio. € wird normalerweise mehr Beachtung finden als eine 20 %-ige Abweichung der Kosten von 10.000 € für eine Instandhaltungsmaßnahme. Deshalb gibt es häufig Regeln, wie beispielsweise „alle Abweichungen größer als 5.000 € oder 25 % der budgetierten Kosten sollen untersucht werden."

Die Untersuchung von Abweichungen erfordert diverse Aktivitäten, angefangen bei einem einfachen Telefonanruf bis hin zu aufwändigen und teuren Studien von Abläufen durch Wirtschaftsingenieure. Eine Untersuchung von Abweichungen ist nur dann zu rechtfertigen, wenn der zu erwartende Nutzen (in Form von Kostenersparnissen oder besseren Entscheidungen aufgrund genauerer Daten) größer ist als die zu erwartenden Kosten der Untersuchung.

Am wenigsten verbreitet ist die Untersuchung sämtlicher Abweichungen, weil dies am kosten- und zeitaufwändigsten ist. Dennoch mag die Kosten-Nutzen-Analyse sie unter entsprechenden Umständen rechtfertigen. In der Raumfahrt- oder der Atomenergieindustrie können die Folgen eines Prozesses, der außer Kontrolle gerät, so weitreichend sein, dass die Untersuchung jeder einzelnen Abweichung zwingend erscheint.

Die Abweichungsanalyse unterliegt also den gleichen Überlegungen von Kosten und Nutzen wie andere Elemente des Managementsteuerungssystems. Der Nachteil von Faustregeln ist ihr häufig zu subjektiver Charakter. Obwohl relativ selten eingesetzt bietet die Statistik jedoch Werkzeuge, die Managern helfen können, gute (und weniger subjektive) Entscheidungen hinsichtlich der Abweichungsanalyse zu treffen. Mit statistischen Hilfsmitteln kann bestimmt werden, ob der Nutzen einer Analyse ihre Kosten übersteigt, indem durch Zufall entstandene Abweichungen von kontrollierbaren Abweichungen unterschieden werden.

In der Praxis stellt ein Standard eine Spanne (z. B. ± 3 %) möglicher Ergebnisse dar, die Controller akzeptabel finden, weil solche Abweichungen fast immer durch Zufall und nicht aufgrund von Managemententscheidungen oder Planungsfehlern entstehen. Sie erfordern deshalb keine Gegensteuerung.

2.8.5   Ein Entscheidungsbeispiel

Das folgende Beispiel erläutert die Entscheidungsfindung über die Durchführung einer Abweichungsanalyse mit statistischer Hilfe. Auf einer Fertigungsstraße werden Glasbehälter mit Joghurt gefüllt. Vereinfachend werden je zwei mögliche Handlungen und Ereignisse angenommen.

Handlungen: h_1 = Untersuchung des Prozesses

h_2 = Der Prozess wird nicht untersucht.

Ereignisse: x_1 = Behälter-Füllungsprozess läuft richtig ab.

x_2 = Behälter-Füllungsprozess ist außer Kontrolle (z. B. werden

die Behälter nicht gleichmäßig gefüllt).

Tab. 2.24 enthält alle für die Entscheidung relevanten Daten. Folgende Kostenarten stehen im Zusammenhang mit der Entscheidung über die Durchführung einer Abweichungsanalyse:

Tab. 2.24   Entscheidungsdaten zur Untersuchung einer Abweichung

Handlungen	Wahrscheinlichkeit des Ereignisses	
	E_1 = Prozess unter Kontrolle $P(x_1) = 0{,}90$	E_2 = Prozess außer Kontrolle $P(x_2) = 0{,}10$
h_1 = Untersuchung des Prozesses	$K_1 = 4.000$ €	$K_1 + L + M = 13.000$ €
h_2 = Der Prozess wird nicht untersucht.	$K_2 = 0$ €	$N = 59.000$ €

K = Kosten der Untersuchung = 4.000 €

L = Kosten je Periode, in der der Prozess außer Kontrolle läuft = 6.000 €

M = Kosten der Korrektur nach Entdeckung, dass der Prozess außer Kontrolle läuft = 3.000 €

N = Kosten, die entstehen, wenn der Prozess in der jetzigen Periode außer Kontrolle ist, und während der Periode nicht korrigiert wird. Diese Kosten umfassen auch eine Schätzung der Zahl der zukünftigen Perioden, in denen der Prozess weiter außer Kontrolle laufen wird, und die Kosten der Korrektur, wenn schließlich entschieden wird, den Prozess wieder unter Kontrolle zu bringen = 59.000 €

Es gelten ferner die folgenden Annahmen:

1. Es dauert eine Periode, bis festgestellt werden kann, ob ein Prozess außer Kontrolle ist, um daraufhin eine Korrektur zu veranlassen.

2. Ein Prozess, der außer Kontrolle gerät, bleibt während der gesamten Planungsperiode außer Kontrolle.

3. Wenn eine Korrektur durchgeführt wird, bleibt der Prozess bis zum Ende der Planungs-periode unter Kontrolle.

4. Die Dauer jeder Periode in Tab. 2.24 beträgt einen Tag. (Die hier beschriebene Vorge-hensweise ist allgemein anwendbar, auch für längere Zeitabschnitte.)

Die Wahrscheinlichkeit, dass der Prozess unter Kontrolle ist, ist 0,90. Die Wahrscheinlich-keit, dass sie außer Kontrolle gerät, liegt bei 0,10:

$$P(x_1) = 0,90 \text{ und } P(x_2) = 0,10$$

In der Praxis dienen die bisherigen Erfahrungen mit dem Prozess, insbesondere die Größe der bisher beobachteten Abweichungen als Grundlage für die Schätzung der Wahrschein-lichkeit, dass der Prozess unter bzw. außer Kontrolle ist. Die Größe der Abweichung kann auch ein Indikator dafür sein, wie wahrscheinlich es ist, dass der Prozess außer Kontrolle ist. Die Abweichung umfasst jedoch nicht unbedingt alle Kosten, die mit einem fehlerhaften Prozess einhergehen. Beispielsweise können sich im Ernstfall nicht nur die Input- sondern auch die Kundendienstkosten erhöhen.

Die erwarteten Kosten der jeweiligen Handlungen h_1 = Untersuchung des Prozesses und h_2 = Prozess wird nicht untersucht, berechnen sich wie folgt:

$$
\begin{aligned}
E(h_1) &= [P(x_1) * K_1] + [P(x_2) * (K_1 + L + M)] \\
&= [0,90 * 4.000\ \text{€}] + [0,10 * (4.000\ \text{€} + 6.000\ \text{€} + 3.000\ \text{€})] \\
&= 3.600\ \text{€} + 1.300\ \text{€} = 4.900\ \text{€}
\end{aligned}
$$

$$
\begin{aligned}
E(h_2) &= [P(x_1) * K_2] + [(P(x_2) * (N)] \\
&= [0,90 * 0\ \text{€}] + [0,10 * 59.000\ \text{€}] \\
&= 5.900\ \text{€}
\end{aligned}
$$

Ergebnis: In diesem Beispiel ist die optimale Handlung eine Prozessuntersuchung, weil die Kosten einer solchen Untersuchung um 1.000 € geringer sind als die der alternativen Hand-lung.

2.8.6   Die Rolle von Wahrscheinlichkeiten

Das obige Beispiel zeigt, welch kritische Rolle Wahrscheinlichkeiten in der Entscheidung eines Managers spielen, ob ein Prozess untersucht werden soll. Eine niedrigere Wahrscheinlichkeit, dass der Prozess außer Kontrolle ist, z. B. $P(x_2) = 0{,}05$, erhöht den Schwellenwert, bei dem eine Untersuchung angestoßen wird:

$$E(h_1) = [P(x_1) * K_1] + [P(x_2) * (K + L + M)]$$
$$= [0{,}95 * 4.000 \ €] + [0{,}05 * (4.000 \ € + 6.000 \ € + 3.000 \ €)]$$
$$= 3.800 \ € + 650 \ € = 4.450 \ €$$

$$E(h_2) = [P(x_1) * K_2] + [P(x_2) * (N)]$$
$$= [0{,}95 * 0 \ €] + [0{,}05 * 59.000 \ €]$$
$$= 2.950 \ €$$

In diesem Fall würde man den Prozess also nicht untersuchen, da die erwarteten Kosten ohne Untersuchung geringer sind.

Bei der folgenden Fehlerwahrscheinlichkeit würde ein Entscheidungsträger indifferent gegenüber der Durchführung oder der Unterlassung einer Untersuchung sein:

$$P(x_2) = K_1/[N - (L + M)]$$
$$= 4.000 \ €/[59.000 \ € - (6.000 \ € + 3.000 \ €)]$$
$$= 4.000 \ €/50.000 \ €$$
$$= 0{,}08$$

Die erwarteten Kosten von h_1 und h_2 sind identisch. Sie liegen bei 4.720 €.

$$E(h_1) = (0{,}92 * 4.000 \ €) + [0{,}08 * (4.000 \ € + 6.000 \ € + 3.000 \ €)]$$
$$= 3.680 \ € + 1.040 \ €$$
$$= 4.720 \ €$$

$$E(h_2) = (0{,}92 * 0 \ €) + (0{,}08 * 59.000 \ €)$$
$$= 4.720 \ €$$

Folglich ist in diesem Beispiel eine Untersuchung nur dann wünschenswert, wenn die Wahrscheinlichkeit, dass der Prozess außer Kontrolle ist, bei mehr als 8 % liegt.

2.8.7   Die Schätzung von Kosten und Nutzen

Der wirtschaftliche Nutzen, die Kosten und den Nutzen einer Untersuchung zu kalkulieren, hängt von der Genauigkeit der Schätzungen von $P(x_1)$ und $P(x_2)$ sowie von K, L, M und N ab. Grobe Schätzungen können die Ergebnisse stark verzerren und den Nutzen einer solchen Entscheidungsfindung in Frage stellen.

Im vorliegenden Beispiel könnten die Kosten einer möglichen Untersuchung das Ergebnis mehrerer Schritte sein. Erste Anzeichen, dass ein Prozess vielleicht außer Kontrolle geraten ist, sind oftmals schon vor der turnusmäßigen Erstellung einer Abweichungsanalyse zu beobachten. In diesem Fall mag das Bedienungspersonal der Füllstraßen die schlechte Qualität der Glasbehälter anmerken, da die Ausschussquote ungewöhnlich hoch ist. Der Produktionsmanager würde schnellstens ein anderes Los Glasbehälter an den Füllstraßen einsetzen. Gleichzeitig würde er eine vorläufige Untersuchung des ersten Loses anstoßen. Bis der Produktionsleiter den üblichen Bericht über die Materialausbeute erhält, ist die vorläufige Untersuchung vielleicht schon abgeschlossen. Die bis dahin angefallenen Untersuchungskosten sollten nicht in die Entscheidung einbezogen werden, da sie bereits angefallen sind und deshalb „sunk costs" (versunkene Kosten) darstellen. Lediglich zusätzlich notwendige Detailanalysen sollten Eingang in die Kostenbetrachtung finden.

Das Beispiel zeigt, wie die Aktualität von Kostenrechnungsdaten die Werte der Parameter beeinflusst, die man in Modellen benutzt, um Entscheidungen über die Untersuchung von Kostenabweichungen zu treffen. Einige Unternehmensbereiche liefern ihren Leitern daher tägliche oder sogar stündliche Abweichungsberichte, um deren Entscheidungswert zu steigern.

Hinsichtlich der Erhebungshäufigkeit der Kennzahlen hat eine empirische Studie ergeben, dass 42 % der Supply Chain Champions relevante Kennzahlen durchgängig wöchentlich erheben, wogegen ihre Konkurrenten dies nur in 18 % der Fälle tun (Thonemann/Behrenbeck/Diederichs, 2003). Dies ist ein deutlicher Indikator dafür, dass die wesentlichen Kenngrößen zeitnah und in entsprechender Häufigkeit zu ermitteln und auszuwerten sind. In diesem Zusammenhang ist zu erwähnen, dass dabei die Aktualität der Daten oft wichtiger ist als ihre Quantität.

2.9   Die Auswirkung von Lagerbeständen

Die Abweichungsanalysen bei der Goslarer Glas AG und der Hamburger Handtaschen GmbH setzten folgende Annahmen voraus:

- Alle Produkteinheiten werden in der gleichen Rechnungsperiode gefertigt und verkauft. Es gibt weder am Anfang noch am Ende der Periode Lagerbestände halbfertiger oder fertiger Waren.

- Das gesamte Fertigungsmaterial wird in der gleichen Rechnungsperiode gekauft und verbraucht. Es gibt weder am Anfang noch am Ende der Rechnungsperiode Bestände an Fertigungsmaterial.

Wenn jedoch, wie in der Praxis üblich, Anfangs- oder Endbestände existieren, sind Veränderungen in der Berechnung oder Interpretation der Abweichungen erforderlich. Die Beschaffung von Fertigungsmaterial beispielsweise erfolgt mit einem gewissen zeitlichen Vorlauf. Fertigungsmaterialbestände sind also am Anfang und am Ende einer Rechnungsperiode vorhanden. Bisher wurden Fertigungsmaterialabweichungen erst zum Zeitpunkt des Verbrauchs ermittelt. Für einen Entscheidungsträger ist es aber wichtig, Abweichungen früh zu erkennen, damit dieses Wissen nachgelagerte Entscheidungen beeinflussen kann. Bei Fertigungsmaterialabweichungen wird deshalb das Beschaffungsdatum der relevante Zeitpunkt für eine Abweichungsanalyse sein. Viele Unternehmen berechnen daher die Abweichungen der Fertigungsmaterialpreise auf der Basis der Menge, die in einer Rechnungsperiode beschafft wird. Dem Beispiel im Abschnitt 2.10 liegt diese Methode zugrunde.

2.10   Journaleinträge mit Standardkosten

Bei der Hamburger Handtaschen GmbH erfolgt die Buchung der Fertigungsaufwendungen (-material und -lohn) im Buchungsjournal der Finanzbuchhaltung (Tab. 2.25-Tab. 2.27) im Verlauf der Produktion auf der Basis von Standardkosten. Um zum Monatsende die tatsächlichen Istkosten zu bilanzieren, werden die gebuchten Standardkosten um die beobachteten Abweichungen bereinigt. Dabei werden die ungünstigen Abweichungen immer im Soll, die günstigen immer im Haben gebucht. Also belasten ungünstige Abweichungen das Betriebsergebnis wie Aufwendungen, während günstige Abweichungen – wie Erträge – das Betriebsergebnis erhöhen.

Folgende Informationen stehen für März 20XX zur Verfügung:

- Beschaffte Ledermenge: 25.000 m^2

- Istverbrauch Leder: 23.200 m^2

- Standardinputmenge (Sollverbrauch) für die Istzahl der Produkteinheiten: 19.200 m^2

- Istfaktorpreis: $94,74 \text{ € je m}^2$

- Planfaktorpreis: $90,00 \text{ € je m}^2$

Eintragung 1a: Man isoliert die Preisabweichung des Fertigungsmaterials zum Zeitpunkt der Beschaffung, indem man den Wareneingang bzw. die Materialkontrolle zu Standardkosten im Soll bucht. In der Standardkostenrechnung werden die Kosten der Halbfertigwaren zum Standard bewertet, so dass die Kosten für jedes Produktlos gleich sind. Wenn Fertigungsmaterial beschafft wird, muss jedoch der Istpreis * die Istmenge bezahlt werden, d. h. die Verbindlichkeiten erhöhen sich bzw. es erfolgt ein Abfluss liquider Mittel. Wie beschrieben ergibt der Unterschied zwischen dem Planpreis und dem Istpreis für die beschaffte Istfaktoreinsatzmenge (IM_B) die Preisabweichung, d. h.

$$\Delta P = (IP_{IE} - PP_{IE}) * IM_B$$

Tab. 2.25 *Buchung des Wareneingangs*

	Soll	Haben
Wareneingang (90,00 € * 25.000 m²)	2.250.000 €	
Preisabweichung des Fertigungsmaterials (4,74 €† * 25.000 m²)	118.500 €	
Lieferantenverbindlichkeit (94,74 €† * 25.000 m²)		2.368.500 €

†gerundete Zahl

Eintragung 1b: Man isoliert die Verbrauchsabweichung des Fertigungsmaterials zum Zeitpunkt des Verbrauchs, indem man die Materialentnahme auf dem Bestandskonto halbfertiger Erzeugnisse zu erlaubten Standardmengen für die Istzahl der Produkteinheiten zu Standardpreisen im Soll bucht. Zum Zeitpunkt der Fertigung kennt man die verbrauchte Istfaktorinputmenge. Wie schon erwähnt ergibt der Unterschied zwischen Ist- und Sollverbrauch, bewertet zu Planpreisen, die Verbrauchsabweichung,

$$\Delta V = PP_{IE} * (IM_V - SM_V)$$

oder

$$\Delta V = StK_{IE} * (IM_V - StM_V)$$

d. h. Halbfertigwaren, Fertigwaren und die Kosten der abgesetzten Leistungen werden jeweils zu Standardkosten bewertet.

Tab. 2.26   *Buchung des Fertigungsmaterialverbrauchs*

	Soll	Haben
Bestand halbfertiger Erzeugnisse (90,00 € *19.200 m²)	1.728.000 €	
Verbrauchsabweichung des Fertigungsmaterials (90,00 € * 4.000 m²)	360.000 €	
Wareneingang (90,00 € * 23.200 m²)		2.088.000 €

Eintragung 2: Man isoliert die Preis- und Verbrauchsabweichungen der Fertigungsarbeit zum Zeitpunkt des Verbrauchs, indem man das Bestandskonto der halbfertigen Erzeugnisse zu erlaubten Standardmengen für die Istzahl der Produkteinheiten zu Standardkostensätzen im Soll bucht. Fertigungslohnverbindlichkeiten werden stets zu Istlohnsätzen verbucht, weil diese den tatsächlichen Lohnverbindlichkeiten entsprechen.

Im Gegensatz zum Fertigungsmaterial ist die Fertigungsarbeit für den zukünftigen Bedarf nicht lagerfähig. Deshalb erfolgt nur eine Eintragung für Beschaffung und Verbrauch. Um das Halbfertigwarenkonto im Standard zu halten, schreibt man ihm den geplanten Preis * die geplante Faktoreinsatzmenge für die begonnene Stückzahl gut. Die jeweils isolierten Differenzen zwischen Ist- und Sollwerten bei Arbeitsstunden und Lohnkosten ergeben die Verbrauchs- und Preisabweichung der Fertigungsarbeitskosten.

Der große Vorteil dieses Standardkostenrechnungssystems liegt in der Kontrolle der Standardkosten. Man isoliert alle Abweichungen zum frühestmöglichen Zeitpunkt, um diese Erkenntnisse unverzüglich in die Entscheidungsfindung einfließen zu lassen.

Tab. 2.27   *Buchung von Verbindlichkeiten für Fertigungslohnkosten*

	Soll	Haben
Bestand halbfertiger Erzeugnisse (60 € * 67.200 h)	4.032.000 €	
Preisabweichung der Fertigungsarbeit (6 € * 81.667 h[†])	490.000 €	
Verbrauchsabweichung der Fertigungsarbeit (60 € * 14.467 h[†])	868.000 €	
Fertigungslohnverbindlichkeiten (66 € * 81.667 h[†])		5.390.000 €

[†]gerundete Zahl

In Zusammenhang mit den Fertigungsgemeinkosten diskutiert Kapitel 3 zwei Verfahren, die man anwenden kann, um die Ergebnisse der Fertigungsgemeinkosten am Ende einer Rechnungsperiode hinsichtlich der Über- bzw. Unterdeckung zu bereinigen.

- Anwendung eines berichtigten Verrechnungssatzes am Ende der Rechnungsperiode, um jeden Loskostenbeleg anhand des Istkostensatzes der Fertigungsgemeinkosten zu korrigieren.

- Anpassungen in einem oder mehreren der folgenden Schlussbilanzkonten: Halbfertigwaren, Fertigwaren und Umsatzkosten.

Beide Verfahren können jedoch auch analog zur Bereinigung von Bilanzkonten um die Preis- und Verbrauchsabweichungen verwendet werden.

2.11 Beispiel zu Journaleinträgen bei Lagerbeständen

In Japan fertigt die Toyo Motor Parts Company Keramikprodukte für Benzin- und Dieselmotoren. Der Controller des Unternehmens nutzt zur Entwicklung der Werte im flexiblen Budget ein Standardkostenrechnungssystem. Im Juni 20XX produzierte das Unternehmen 30.000 Produkteinheiten. Dafür fielen Herstellungseinzelkosten zweier Kostenarten an, nämlich Fertigungsmaterial und Fertigungslohn.

Es wurden 66.000 kg Fertigungsmaterial verbraucht. Die Standardfaktoreinsatzmenge an Fertigungsmaterial je Produkteinheit betrug 2 kg zu 6.000 ¥ je kg. Beschafft wurden 90.000 kg zu einem Preis von 6.600 ¥ je kg. Für das Fertigungsmaterial fielen also Gesamtkosten von 594.000.000 ¥ an.

Die Fertigungsarbeitszeit betrug 48.750 h. Die Lohnkosten beliefen sich auf 278.850.000 ¥. Die Standardarbeitszeit betrug 1,5 h je Produkteinheit, und die Standardfertigungslohnkosten lagen bei 4.800 ¥ je h.

Zunächst sollen die jeweiligen Preis- und Verbrauchsabweichungen des Fertigungsmaterials und des Fertigungslohns berechnet werden. Dabei ist zu beachten, dass, obwohl die Preisabweichung des Fertigungsmaterials auf Basis eines flexiblen Budgets für die beschaffte Istmenge (IM_B) berechnet wird, die Verbrauchsabweichung jedoch auf Basis eines flexiblen Budgets für die verbrauchte Istmenge (IM_V) kalkuliert wird.

Tab. 2.28 präsentiert die Abweichungen auf der vierten Berichtsebene für die Toyo Motor Parts Company sowie die Auswirkung von Lagerbeständen auf die Preisabweichung des Fertigungsmaterials. Abb. 2.8 veranschaulicht den Einfluss der Lagerbestände grafisch. Im Schaubild wird deutlich, dass sich die ungünstige Preisabweichung in Höhe von 6.000 ¥ je kg auf drei Bereiche verteilt: (1) auf 60.000 kg, die die Rechnungsperiode als halbfertige Erzeugnisse begannen und sie als Fertigerzeugnisse und Umsatzkosten beendeten, (2) auf 6.000 kg, die laut der Verbrauchsabweichung verschwendet wurden und (3) auf 24.000 kg in den Fertigungsmaterialendbeständen. Die entsprechenden Einträge im Buchungsjournal der Finanzbuchhaltung (Tab. 2.29 bis 2.31) lauten wie folgt:

Tab. 2.28 *Berechnung der Abweichungen auf der 4. Berichtsebene für die Toyo Motor Parts Company und die Auswirkung von Lagerbeständen auf die Preisabweichung des Fertigungsmaterials*

	Istkosten zu Istpreisen $(IP_{IE} * IM_B)$	Istkosten zu Planpreisen $(StK_{IE} * IM_B)$	$(StK_{IE} * IM_V)$	Flexibles Budget $(StK_{IE} * StM_V)$
Fertigungsmaterial	(6.600 ¥/kg * 90.000 kg) 594.000.000 ¥	(6.000 ¥/kg * 90.000 kg) 540.000.000 ¥	(6.000 ¥/kg * 66.000 kg) 396.000.000 ¥	(6.000 ¥/kg * 60.000 kg) 360.000.000 ¥
	▲ 54.000.000 ¥ (U) ▲ Preisabweichung		▲ 36.000.000 ¥ (U) ▲ Verbrauchsabweichung	

	Istkosten zu Istpreisen $(IP_{IE} * IM_V)$	Istkosten zu Planpreisen $(StK_{IE} * IM_V)$	Flexibles Budget $(StK_{IE} * StM_V)$
Fertigungsarbeit	(5.720 ¥/h * 48.750 h) 278.850.000 ¥	(4.800 ¥/h * 48.750 h) 234.000.000 ¥	(4.800 ¥/h * 45.000 h) 216.000.000 ¥
	▲ 44.850.000 ¥ (U) ▲ Preisabweichung	18.000.000 ¥ (U) ▲ Verbrauchsabweichung	

Tab. 2.29   Buchung des Wareneingangs

	Soll	Haben
Wareneingang (6.000 ¥/kg * 90.000 kg)	540.000.000 ¥	
Preisabweichung des Fertigungsmaterials (600 ¥/kg * 90.000 kg)	54.000.000 ¥	
Lieferantenverbindlichkeiten (6.600 ¥/kg * 90.000 kg)		594.000.000 ¥

Tab. 2.30   Buchung des Fertigungsmaterialverbrauchs

	Soll	Haben
Bestand halbfertiger Erzeugnisse (6.000 ¥/kg * 60.000 kg)	360.000.000 ¥	
Verbrauchsabweichung des Fertigungsmaterials (6.000 ¥/kg * 6.000 kg)	36.000.000 ¥	
Wareneingang (6.000 ¥/kg * 66.000 kg)		396.000.000 ¥

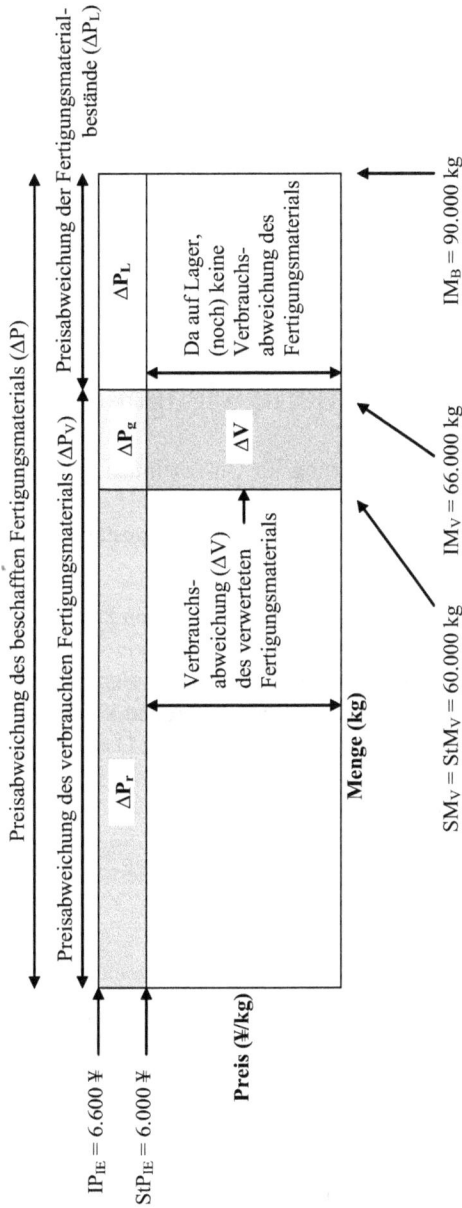

Abb. 2.8 Auswirkung von Lagerbeständen auf die Preisabweichung des Fertigungsmaterials

Tab. 2.31 *Buchung der Verbindlichkeiten für Fertigungslohnkosten*

	Soll	Haben
Bestand halbfertiger Erzeugnisse (4.800 ¥/h * 45.000 h)	216.000.000 ¥	
Preisabweichung der Fertigungsarbeit (920 ¥/h * 48.750 h)	44.850.000 ¥	
Verbrauchsabweichung der Fertigungsarbeit (4.800 ¥/h * 3.750 h)	18.000.000 ¥	
Fertigungslohnverbindlichkeiten (5.720 ¥/h * 48.750 h)		278.850.000 ¥

2.12   Benchmarks und budgetierte Mengen

Die Fokussierung auf die kontinuierliche Verbesserung im Unternehmen zeigt das ständige Streben nach besseren Leistungen. Setzt man die Messlatte für die Leistungsbeurteilung kontinuierlich höher, so kann anhand von Abweichungsanalysen festgestellt werden, ob die angestrebte fortlaufende Verbesserung tatsächlich stattfindet.

Zur Ermittlung sinnvoller Benchmarks ist es wichtig, dass Manager sich laufend über Veränderungen im eigenen Unternehmen wie in der Umwelt (Kunden, Konkurrenten, Lieferanten) informieren. Je nach Erfordernis kann durch die Wahl verschiedener Benchmarks entweder die interne oder externe Perspektive betont werden. Folgende Größen können der Bestimmung von Benchmarks beispielsweise zugrunde liegen (Banker/Chang/Das, 1998):

- intern ermittelte Istkosten der neuesten Rechnungsperiode

- intern ermittelte Istkosten der neuesten Rechnungsperiode, korrigiert um erwartete Verbesserungen

- intern kalkulierte Standardkosten auf der Grundlage von Perfektionsstandards

- intern kalkulierte Standardkosten basierend auf gegenwärtig erreichbaren Standards

- intern ermittelte Kosten anderer Fabriken oder Divisionen eines Unternehmens, die man als „am effizientesten" bezeichnet; z. B. vergleicht ein japanisches Unternehmen die Istkosten seiner amerikanischen und britischen Niederlassungen mit denen seiner Fabrik in Osaka, die ähnliche Erzeugnisse produziert

- externe Zielkostendaten („target cost data"), die man auf der Basis einer Analyse der Kostenstruktur eines führenden Konkurrenzunternehmens in einer bestimmten Branche ermittelt hat

Je nach Zielsetzung wird sich ein Unternehmen eines oder mehrerer dieser Maßstäbe bedienen, um den Prozess der kontinuierlichen Verbesserung voranzutreiben. So verwendet beispielsweise ein Krankenhausverband als Benchmark für eine Reihe von Behandlungen das beste Leistungsniveau, das er aus einer Analyse aller 20 Mitgliedskrankenhäuser ermittelt hat. Alle sechs Monate erstellt der Verband für jede der Behandlungen eine Rangliste nach Istkosten. Die durchschnittlichen Istkosten der beiden effizientesten Krankenhäuser bilden dann die (gegenwärtig erreichbaren) Benchmarks, die bei Entscheidungen über Kostensenkungsmaßnahmen in jedem der 20 Krankenhäuser genutzt werden. Dieser kontinuierliche Vergleich mit den Produkten, Dienstleistungen und Aktivitäten des höchsten Leistungsniveaus, das man innerhalb oder außerhalb der eigenen Organisation finden kann, wird allgemein als Benchmarking bezeichnet.

2.12.1   Monetäre und nicht monetäre Benchmarks

Die meisten Firmen nutzen eine Kombination von monetären und nicht monetären Benchmarks (Ross/Bullock, 1980; Kaplan, 3/1990; Johnson, 1990; Fisher, 1992; Westra/Srikanth/ Kane, 1996), und verlassen sich nicht ausschließlich auf einen Typ. Wenn beispielsweise eine Fertigungsstraße außer Kontrolle gerät, kann der Produktionsleiter nicht auf den Controllerbericht mit einer finanziellen Abweichungsanalyse warten. Vielmehr steuert der Produktionsleiter den Fertigungsprozess durch direkte Beobachtung und rechtzeitige Messungen. Obwohl Messwerte für die stündliche bzw. tägliche Steuerung auf der Ebene des Produktionsleiters genügen, benötigen Führungskräfte auf der ersten und zweiten Managementebene Informationen über Abweichungen, die an einem gemeinsamen Maßstab gemessen werden (z. B. in €), um die Ergebnisse verschiedener Abteilungen für die Leistungsbeurteilung und die strategische Planung zu analysieren und miteinander vergleichen zu können.

Die Hamburger Handtaschen GmbH legt zum Beispiel in ihrer Schneiderei Leder aus, das man in Teile schneidet, die dann zusammengelegt und genäht werden. Auf dieser Ebene erfolgt die Steuerung meist über nicht finanzielle Benchmarks wie z. B. die Quadratmeterzahl des verbrauchten Leders, um 1.000 Handtaschen zu produzieren, oder der Prozentsatz der begonnenen und fertig gestellten Handtaschen, die keine Nacharbeit erforderten.

Die Produktionsleiter bei der Hamburger Handtaschen GmbH würden daneben wahrscheinlich auch monetäre Benchmarks nutzen, um die Kosteneffizienz der Abläufe zu kontrollieren. Sie dienen als Entscheidungshilfe bei geplanten Veränderungen in der Kombination von Inputs für die Produktion der Handtaschen. Meist spielen monetäre Benchmarks eine Schlüsselrolle in einem Unternehmen, weil sie die betriebswirtschaftlichen Auswirkungen diverser Aktivitäten auf eine Weise zusammenfassen, die jeder Manager ohne weiteres verstehen kann.

2.12.2 Wie ein osteuropäisches Unternehmen Benchmarking nutzt, um Kosten- und Leistungsziele der Weltklasse zu entwickeln

Unternehmen entwickeln monetäre und nicht monetäre Standards, anhand derer sie Abweichungen für kritische Erfolgsgrößen ihres Geschäfts ermitteln. Fast-Food-Restaurants berechnen beispielsweise nicht monetäre Standards und Abweichungen für die durchschnittliche Bestellzeit, die Fensterzeit und die Schlangenzeit für ihre „Drive-Thru"-Fenster. Darüber hinaus kalkulieren sie auch monetäre Standards für stündliche Umsatz- und Arbeitsabweichungen. Ferner berechnen sie den Materialinput und den Fertigwarenausschuss je Schicht.

Der folgende Erfahrungsbericht beschreibt, wie ein Unternehmen Benchmarks entwickelt und einsetzt, um seine Leistungen zu erhöhen und seine Kosten zu senken. Ein osteuropäischer Aluminiumschmelzer war stolz darauf, seit der Wende am Anfang der 1990er Jahre umfangreiche Kostensenkungen und Produktivitätssteigerungen erreicht zu haben. Trotzdem wusste das Management, dass es noch viel Raum für kontinuierliche Verbesserungen gab. Deshalb erhielt ein Team westlicher Experten (unter ihnen der Autor) den Auftrag für eine Benchmarking-Studie. Das Team sollte kritische Variablen in den wirtschaftlichen Abläufen des Unternehmens identifizieren und die Lücken zwischen seinen Leistungen und denen der weltbesten Wettbewerber feststellen.

Die Benchmarking-Studie verlief in sechs Schritten. Zuerst entwickelte das Team ein ökonomisches Modell für den Schmelzer. Dann identifizierte man kritische Variablen und Prozesse. Danach wählten die Experten Benchmark-Unternehmen im Ausland aus und viertens formulierten Fragen zum ausländischen Benchmarking. Im fünften Schritt sammelte das Team Informationen über die Benchmark-Unternehmen. Im letzten Schritt werteten die Experten die gesammelten Informationen aus, interpretierten sie bezüglich der herausgearbeiteten Performance Gaps und gaben dem osteuropäischen Management ihr Feedback.

Die kritischen Prozesse, die man im zweiten Arbeitsschritt identifizierte, umfassten die Materialbeschaffung, die Kapazitätsauslastung, die Arbeitsproduktivität und die Kontrolle der Gemeinkosten. Die Benchmark-Unternehmen, die man im fünften Arbeitsschritt besuchte, befinden sich in Australien, Deutschland, Frankreich, Island, Japan und den Vereinigten Staaten. Im Mittelpunkt standen spezifische Abläufe, die man direkt beobachten konnte. Nicht alle ausländischen Schmelzer boten ihre Hilfe an, jedoch beteiligte sich eine ausreichend große Zahl, um die erforderlichen Informationen zur Ermittlung von Benchmarks zusammentragen zu können.

Die Studie dauerte vier Monate. Am Ende stand die Erkenntnis, dass das osteuropäische Unternehmen Leistungslücken in kritischen Bereichen wie dem Verbrauch von Arbeit und Energie sowie bei den Gemeinkosten hatte. Diese Leistungslücken weisen alle Manager und Mitarbeiter auf die Notwendigkeit hin, bestehende Abläufe zu verbessern, um den Anschluss an die Weltspitze zu erreichen.

2.12.3   Anpassung der Standardkostenrechnung an veränderte Bedingungen

Die Verwendung von Standardkosten und Abweichungsanalysen zur Erstellung von Budgets und zur Kontrolle ihrer Umsetzung haben eine lange Tradition (Gibson, 1927; Harris, 1931; Dohr, 1932; Heckert, 1933; Blocker, 1936; McFarland, 1939; Rucker, 1939; Oakes/Miranti, 1996; Cooper, 2000). Jedoch ist sie in den letzten beiden Jahrzehnten kritisiert worden (Foster/Scott, 2/1984; Kaplan, 1990; Primrose, 1992; Dhavale, 1996; Baggaley/Maskell, 2/2003, 3/2003;). Die Kritiker argumentieren, dass Vergleiche von Istkosten mit im Voraus festgelegten Standards eine statische Einstellung hervorrufen, die in der heutigen dynamischen, globalen JIT-Umgebung nicht mehr funktioniert. Trotzdem nutzen die überwiegende Mehrheit der Unternehmen im produzierenden Gewerbe sowie ein beachtlicher Anteil der nicht produzierenden Unternehmen weiterhin Standards zur Bemessung der eigenen Leistungen. Laut einer Umfrage waren das jeweils 78 % und 34 % der untersuchten Unternehmen (Krumwiede, 1999/2000). Offensichtlich ist es diesen Unternehmen gelungen, die Methodik der Standardkostenrechnung ihren veränderten Umgebungen anzupassen (Caricofe, 1982; Foster/Scott, 4/1984; Campbell/Janson/Bush, 1991; Cheatham/Cheatham, 1993, 1996; Johnsen/Sopariwala, 2000; Roehm/Weinstein/Castellano, 2000; Holmes/Hurley, 2003; Maskell, 2006).

Wie können Standards und Abweichungsanalysen in einer dynamischen Umgebung sinnvoll angewendet werden? Standards sollten regelmäßig überprüft und gegebenenfalls an bessere Maßstäbe angepasst werden. Standards und Abweichungen sollten kritische strategische Variable messen. Das Konzept, eine Benchmark zu etablieren, Istergebnisse mit ihr zu vergleichen und die Gründe für eventuelle Unterschiede aufzuzeigen, ist universal. Man kann es für viele Arten von Indikatoren anwenden, z. B. für die Fertigungsmenge oder -qualität sowie für die Kosten.

So misst beispielsweise die Standardlosgrößenabweichung den Unterschied zwischen der Ist- und der optimalen Losgröße für einen Fertigungsauftrag. Die Fertigungsmaterialersatzabweichung vergleicht die Kosten des eingesetzten Fertigungsmaterials mit denen möglicher Ersatzmaterialien. Die Methodenabweichung untersucht die Kosten des bestehenden Maschinenparks im Vergleich mit denen alternativer Maschinen. Alle drei speziellen Abweichungen beruhen auf einem entwickelten Standard und auf dem Vergleich von Istergebnissen mit diesem Wert. Dennoch verwenden sie nicht die herkömmliche Formel zur Berechnung der Abweichungen von Standardkosten.

Das Konzept der Standardkosten lebt also in vielen Unternehmen weiter. Es gibt jedoch immer weniger Umgebungen, in denen die herkömmliche Abweichungsanalyse sinnvoll ist (Bonsack, 1991; Arya/Glover/Mittendorf/Ye, 2005). Das herkömmliche Konzept der Standardkostenrechnung muss deshalb den neuen, spezifischen Bedürfnissen vieler Unternehmen anpasst werden.

2.13   Zusammenfassung

Informationen über die Ursachen von Performance Gaps ermöglichen dem Manager eine bessere Planung und Kostenkontrolle. Eine Abweichung ist eine besondere Art des Performance Gap, bei der der entsprechende Maßstab eine monetäre Größe ist, die man in einem Buchführungssystem festhält und berichtet.

Ein statisches Budget (d. h. eine herkömmliche Planrechnung) wird auf der Basis einer festen Anzahl an Produkteinheiten abgestimmt und nach Beginn der Berichtsperiode nicht der Istausbringungsmenge angepasst oder geändert. Ein flexibles Budget (d. h. die Sollrechnung) ist zwar ein Budget, das auf der Grundlage von geplanten Umsatzerlösen oder Vorgabekosten entwickelt wird. Es wird jedoch an die Istzahl der Produkteinheiten der Rechnungsperiode angepasst. Flexible Budgets unterstützen das Management bei der Suche nach Ursachen von Abweichungen besser als statische Budgets.

Man kann ein flexibles Budget entwickeln, indem man Umsatzerlöse und variable Kosten zuerst auf einer Planbasis je Produkteinheit berechnet und diese Angaben mit der tatsächlichen Anzahl der Produkteinheiten multipliziert. Alternativ kann man das flexible Budget erstellen, indem man zunächst Standardkosten für seine Faktoren berechnet, diese Angaben dann addiert, um die Standardkosten je Produkteinheit zu ermitteln, und diese Standardkosten je Stück mit der Istzahl der Produkteinheiten multipliziert.

Die Abweichung von einem statischen Budget kann zwei Ursachen haben: die Abweichung vom flexiblen Budget (d. h. der Unterschied zwischen dem Istergebnis und der Angabe im flexiblen Budget oder Sollrechnung); und die leistungsmengenbedingte Abweichung. Letztere entsteht ausschließlich, weil die Istzahl sich von der geplanten Anzahl der abgesetzten bzw. hergestellten Produkteinheiten unterscheidet.

Standards stellen gute oder beste Leistungsniveaus dar. Man entwickelt sie auf der Basis gründlicher Untersuchungen von Betriebsabläufen. Alternative Definitionen von Standards, die bei der Berechnung von Standardkosten gegebenenfalls zum Einsatz kommen, sind sogenannte Perfektionsstandards oder gegenwärtig erreichbare Standards.

Die Berechnung von Preis- und Verbrauchsabweichungen verhilft Managern zu Einsichten in zwei verschiedene (aber nicht voneinander unabhängige) Aspekte der Leistung. Bei den Preisabweichungen steht der Unterschied zwischen Ist- und geplanten Faktorpreisen im Mittelpunkt. Bei der Analyse der Verbrauchsabweichungen wird der Unterschied zwischen der Istfaktoreinsatzmenge und der geplanten Faktoreinsatzmenge für die Istzahl der Produkteinheiten (d. h. der Sollfaktoreinsatzmenge) näher betrachtet.

Preisabweichungen weisen auf nur einen einzigen Leistungsaspekt im Einkaufsbereich hin. Andere mögliche Aspekte sind die Qualität der bezogenen Waren und Dienstleistungen sowie die termingerechte Lieferung von Bestellungen.

Ein Unternehmen kann Standardkosten in sein Buchführungssystem integrieren, um für alle Mitarbeiter zu unterstreichen, wie wichtig die kontinuierliche Suche nach Möglichkeiten der Kostenreduzierung bzw. der Leistungssteigerung ist. Erhöhte Konkurrenz veranlasst Manager dazu, sowohl externe als auch interne Maßstäbe zu berücksichtigen. Beispielsweise kann man die eigene (Ziel-) Kostenstruktur an die Kostenstruktur eines führenden Konkurrenten oder die des effizientesten Unternehmens für einen spezifischen funktionalen Bereich oder einen bestimmten Prozess anlehnen.

Tab. 2.32 gibt einen Überblick über die in diesem Kapitel beschriebenen Abweichungen und die für ihre Berechnung erforderlichen Daten.

Tab. 2.32 *Überblick*

Berichtsebene	Istkosten zu Istpreisen (Istrechnung) ($IP_{IE} * IM$)	Istkosten zu Planpreisen ($PP_{IE} * IM$)	Flexibles Budget (Sollrechnung) ($PP_{IE} * SM$)	Statisches Budget (Planrechnung) ($PP_{IE} * PM$)
1	Gesamtabweichung vom statischen Budget, ohne Details (ΔG)			
2	Gesamtabweichung vom statischen Budget, mit Details (ΔG)			
3	Abweichung vom flexiblen Budget (ΔS)		leistungsmengenbedingte Abweichung (ΔL)	
4	Preisabweichung (ΔP)	Verbrauchsabweichung (ΔV)		

2.14   Englische und deutsche Fachterminologie

activity-level variance	Beschäftigungsabweichung
benchmark	Bezugspunkt, Eckwert, Ausgangszahl, Vergleichszahl, Bezugsbasis
best practice benchmark	bestmögliches Leistungsniveau unter den bestmöglichen Bedingungen
continuous improvement standard cost	Standardkosten für kontinuierliche Verbesserung
currently attainable standard	gegenwärtig erreichbarer Standard
drilling down	hinunter bohren
effectiveness	Wirksamkeit, Effektivität
efficiency	Wirtschaftlichkeit, Effizienz
efficiency variance	Verbrauchsabweichung
feedback	Rückmeldung
flexible budget	flexible Planrechnung, Sollrechnung, flexibles Budget
flexible-budget variance	Abweichung vom flexiblen Budget
ideal standard	Perfektionsstandard
joint price-efficiency variance	gemischte Preis-Verbrauchsabweichung
market share	Marktanteil
market size	Marktgröße
materials standard	Vorgabe für den Materialverbrauch
moving cost reduction standard cost	gleitender Standard der Kostenreduktion
practical standard	gegenwärtig erreichbarer Standard
perfection standard	Perfektionsstandard
performance gap	Leistungslücke
price variance	Preisabweichung
production-volume variance	spezielle, leistungsmengenbedingte Abweichung, die Produktion betreffend

rate variance	Ratenabweichung, Lohnsatzabweichung, Preisabweichung
relevant range	fixkostenrelevante Beschäftigung
sales mix	Absatzmix
sales quantity	Absatz, Absatzmenge
sales volume	Umsatz
sales-volume variance	spezielle, leistungsmengenbedingte Abweichung, den Umsatz betreffend
standard cost	Standardkosten, Sollkosten
standard input	Standardfaktoreinsatzmenge
static budget	Planrechnung, starres Budget, statisches Budget
static budget variance	Gesamtabweichung (vom statischen Budget)
sunk costs	versunkene Kosten
supplier performance evaluation	Lieferantenbeurteilung
supplier performance index	Lieferantenleistungsindex
target cost	Zielkosten, Vorgabekosten
trade-off	Tradeoff, Austauschbeziehung, Zielkonflikt
usage variance	Verbrauchsabweichung
variance	Abweichung
variance analysis	Abweichungsanalyse

2.15   Übungen

2.15.1   Richtig oder falsch?

1. Eine Abweichung vom flexiblen Budget ist der Unterschied zwischen einem Istwert und einem geplanten Wert im statischen Budget.

2. Ein Standard ist ein vorsichtig im Voraus festgelegter Wert (bezogen auf Preise, Kosten oder Mengen), dessen Ermittlung das Ergebnis einer gründlichen Untersuchung von Betriebsabläufen ist.

3. Eine Isteinsatzfaktormenge ist eine im Voraus genau definierte Inputmenge, die erforderlich ist, um eine Outputeinheit zu produzieren.

4. Eine leistungsmengenbedingte Abweichung ist der Unterschied zwischen der verbrauchten Istmenge und der Sollmenge eines Inputs, multipliziert mit dem geplanten Preis.

5. Obwohl getrennt berechnet, sollte man Preis- und Verbrauchsabweichungen nicht voneinander getrennt betrachten.

6. Wenn ein Unternehmen eine günstige Verbrauchsabweichung beobachtet, verbraucht sie geringere Inputmengen für die Istausbringungsmenge als geplant.

7. Manager benutzen sowohl Verbrauchs- als auch Preisabweichungen, um Leistungen zu beurteilen.

8. Die wichtigsten Überlegungen bei der Abweichungsanalyse bestehen darin, die Natur der Abweichungen zu kennen und ihre Ursachen zu erforschen. Die gewonnenen Erkenntnisse fließen in Entscheidungen ein, die kontinuierliche Verbesserungen im Unternehmen fördern.

9. Man kann eine Abweichungsanalyse nutzen, um die Störfaktoren im Fertigungsbereich festzustellen, auch wenn einige Ursachen aus Bereichen außerhalb der Produktion stammen.

10. „Benchmarking" ist der kontinuierliche Prozess der Messung von Produkten, Dienstleistungen und Aktivitäten am Maßstab des bestmöglichen Leistungsniveaus entweder innerhalb oder außerhalb eines Unternehmens.

2.15.2   Multiple Choice

1. Jeder der folgenden Schritte dient der Vorbereitung eines flexiblen Budgets außer der:

    a. Feststellung der geplanten variablen Kosten je Produkteinheit
    b. Feststellung der Istmenge der Produkteinheiten
    c. Feststellung des Istverkaufspreises für eine Produkteinheit
    d. Feststellung der geplanten fixen Kosten

Die Firma Aachener Autozubehör GmbH stellt Reifen für die Fahrzeugindustrie her. Durch einen Computerabsturz sind einige Angaben aus dem Controllingbericht verloren gegangen. Nutzen Sie die verbliebenen Daten, um die fehlenden Angaben neu zu berechnen.

Budget-posten	Istergebnis	Abweichungen vom flexiblen Budget	Flexibles Budget	Leistungs-mengen-bedingte Abweichun-gen	Statisches Budget
Absatz (PE)	450.000		450.000		512.500
Umsatz	168.320 €	4.000 € G	(A)	5.600 € (U)	(B)
Variable Kosten	(C)	800 € (U)	63.440 €	9.360 € G	72.800 €
Fixkosten	33.120 €	3.440 € G	36.560 €		36.560 €
Betriebs-ergebnis	70.960 €	(D)	64.320 €	(E)	60.560 €

2. Wie hoch ist der jeweilige Umsatz im flexiblen Budget (A) und im statischen Budget (B)?

    a. 164.320 €; 158.720 €
    b. 164.320 €; 169.920 €
    c. 169.920 €; 177.920 €
    d. 169.920 €; 166.720 €

3. Wie hoch sind die variablen Istkosten (C)?

    a. 72.800 €
    b. 64.240 €
    c. 62.640 €
    d. 54.080 €

4. Auf welchen Betrag beläuft sich die Abweichung des Betriebsergebnisses vom flexiblen Budget (D)?

    a. 240 € (U)
    b. 0 €
    c. 1.360 € G
    d. 6.640 € G

5. Wie hoch ist die leistungsmengenbedingte Abweichung des Betriebsergebnisses (E)?

    a. 14.960 € (U)
    b. 5.600 € (U)
    c. 3.760 € G
    d. 14.960 € G

6. Wie hoch ist die Gesamtabweichung des Betriebsergebnisses vom statischen Budget ?

    a. 10.400 € G
    b. 6.640 € G
    c. 3.760 € (U)
    d. 3.760 € G

7. Die Abweichung vom flexiblen Budget misst

    a. wie hoch die Kosten und der Umsatz bei der geplanten Ausbringungsmenge hätten sein sollen.
    b. den Unterschied zwischen den Plan- und den Istkosten für die geplante Ausbringungsmenge.
    c. den Unterschied zwischen den variablen Plan- und den variablen Istkosten.
    d. den Unterschied zwischen den Plankosten für die Istausbringungsmenge und den Istkosten für die Istausbringungsmenge.

8. Man kann die Standardkosten eines Inputs für eine Produkteinheit wie folgt kalkulieren:

    a. Geplante Anzahl der Produkteinheiten für einen Input multipliziert mit dem geplanten Preis einer Produkteinheit
    b. Geplanter Preis je Inputeinheit multipliziert mit der geplanten Inputmenge für eine Produkteinheit
    c. Variabler Preis je Inputeinheit dividiert durch die geplante Inputmenge für eine Produkteinheit
    d. Geplante Ausbringungsmenge für eine Inputeinheit dividiert durch den geplanten Preis je Produkteinheit.

9. Die Differenz aus Istpreis und geplantem Preis einer Inputeinheit multipliziert mit der Istfaktoreinsatzmenge ergibt welche Abweichung?

   a. Budgetabweichung
   b. Kostenabweichung
   c. Lohnsatzabweichung
   d. Verbrauchsabweichung

10. Welche der folgenden Abweichungen berechnet sich *nicht* aus der Formel:

   $(PP_{IE}) * (IM_V - SM_V)$?

   a. Effizienzabweichung
   b. Preisabweichung
   c. Mengenabweichung
   d. Verbrauchsabweichung

2.15.3   Kurze Fragen

1. Wie lautet die kritische Frage bei einer Entscheidung darüber, welche Abweichungen man berechnet und analysiert?

2. Warum mögen Manager eine Analyse des flexiblen Budgets auf der dritten Berichtsebene aufschlussreicher finden, als eine Analyse des statischen Budgets auf der zweiten Berichtsebene?

3. Nennen Sie vier Funktionen von Standardkosten.

4. Erklären Sie, warum die Preis- und Verbrauchsabweichung des Fertigungsmaterials zu unterschiedlichen Zeitpunkten berechnet werden.

5. Nennen Sie zwei verschiedene Arten der Standardkosten und beschreiben Sie sie kurz.

2.15.4   Aufgaben

1. Flexible und statische Budgets im Dienstleistungssektor

Die Manager des Fuhrparks des Spediteurs Twistringen Transport GmbH haben Schwierig-keiten, die operativen Leistungen der vergangenen Jahre zu interpretieren. Der Betrieb hat ein Quartalsbudget auf der Basis detaillierter Annahmen erstellt. Der zusammenfassende Bericht einer Zweigstelle im letzten Quartal sieht wie folgt aus:

	Istergebnisse (€)	Planergebnisse (€)	Gesamtabweichung (€)
Umsatzerlöse	20.500.000	22.000.000	1.500.000 (U)
Variable Kosten:			
Treibstoff	2.158.000	2.200.000	42.000 G
Reparaturen	212.000	220.000	8.000 G
Vorräte	420.000	440.000	20.000 G
Variabler Lohn	12.070.000	12.540.000	470.000 G
Variable Kosten gesamt	14.860.000	15.400.000	540.000 G
Fixkosten:			
Aufsicht	450.000	450.000	0
Miete	350.000	350.000	0
Abschreibungen	3.400.000	3.400.000	0
Andere Fixkosten	400.000	400.000	0
Fixkosten gesamt	4.600.000	4.600.000	0
Gesamtkosten	19.460.000	20.000.000	540.000 G
Betriebsergebnis	1.040.000	2.000.000	960.000 (U)

Obwohl der Leiter der Zweigstelle sich über die ungünstige Abweichung der Umsatzerlöse ärgert, freut er sich, dass seine Leistung hinsichtlich der Kosten günstig ausfällt, denn ande-renfalls wäre sein Betriebsergebnis noch niedriger gewesen.

Sein vorgesetzter Operationsmanager, ist insgesamt unzufrieden und bemerkt: „Ich kann verstehen, warum man die Ist- mit der geplanten Leistung vergleicht, weil wir sehen können, ob die Istumsätze unsere beste Einschätzung für Planungszwecke erreicht haben. Aber ich kann nicht begreifen, wie dieser Bericht uns dabei hilft, die Leistung des Zweigstellenleiters bezüglich der Kostenkontrolle zu beurteilen."

i. Erstellen Sie für den Fuhrpark ein flexibles Budget im Spaltenformat bei Umsatzerlösen von 20 Mio. €, 22 Mio. € und 24 Mio. €. Nehmen Sie an, dass die Preise und das Produktsortiment mit den geplanten Preisen und dem geplanten Sortiment identisch sind.

ii. Drücken Sie das flexible Kostenbudget als Formel aus.

iii. Welchen Nutzen hat diese Formel?

iv. Bereiten Sie einen zusammengefassten GuV-Bericht im Deckungsbeitragsformat vor, der die Gesamtabweichung vom statischen Budget, die leistungsmengenbedingte Abweichung und die Abweichung vom flexiblen Budget zeigt.

v. Interpretieren Sie die Ergebnisse der Abweichungsanalyse für den Leiter der Zweigstelle und den Operationsmanager.

2. Flexibles Budget, Effektivität und Effizienz der Fertigungsarbeit

Die Potsdamer Privatbank KG hilft potentiellen Hauskäufern dabei, günstige Finanzierungen zu finden. Da diese Privatbank ausschließlich für wohlhabende Kunden tätig wird, nimmt sie an, dass sie in jedem Fall eine Hypothek eintragen lassen kann. Für ihre Arbeit verlangt die Bank von ihren Kunden 0,5 % der Kreditsumme. Im Jahr 20XX betrug der durchschnittliche Kredit 498.000 €, eine Summe, die sich im Jahr 20X1 auf 520.260 € erhöhte. In ihrem flexiblen Budgetierungssystem nimmt die Potsdamer Privatbank KG an, dass die durchschnittliche Kreditsumme im Jahr 20X2 540.000 € betragen wird. Die geplanten Kostendaten je Kreditantrag für 20X2 lauten:

- Professionelle Arbeit: 5 geplante Stunden zu 50 € je h
- Bearbeitungsgebühr: geplant zu 300 €
- Überprüfung der Bonität: geplant zu 360 €
- Kurierdienst: geplant zu 40 €

Man plant die Bürokosten (für Miete, Schreibkräfte usw.) zu 42.000 € je Monat. Die Potsdamer Privatbank KG betrachtet diese Summe als einen fixen Kostenposten.

i. Erstellen Sie ein statisches Budget für November 20X2 unter der Annahme, dass 80 Kreditanträge eingehen und bearbeitet werden.

Die Istzahl der Anträge für November 20X2 betrug 110. Weitere Istdaten je Kreditantrag für den Monat lauten wie folgt:

- Professionelle Arbeit: 6,2 h zu 52 € je h
- Bearbeitungsgebühr: 300 €
- Überprüfung der Bonität: 375 €
- Kurierdienst: 44 €

Die Istkosten des Büros für November 20X2 betrugen 47.000 €. Die durchschnittliche Kreditsumme für November 20X2 lag bei 548.000 €. Die Bank erhielt Entgelte von 0,5 % auf alle Hypotheken.

ii. Bereiten Sie auf der dritten Berichtsebene für November 20X2 eine Abweichungsanalyse für die Potsdamer Privatbank KG vor.

iii. Die Potsdamer Privatbank KG untersucht die Effektivität und die Effizienz ihres professionellen Mitarbeiterstabes. Berechnen Sie die Preis- und Verbrauchsabweichungen der professionellen Arbeit für November 20X2. (Berechnen Sie den Arbeitspreis auf der Basis eines Stundenlohns.)

iv. Welche Faktoren würden Sie bei der Beurteilung der Effektivität der professionellen Mitarbeiter in November 20X2 berücksichtigen?

3. Ermittlung des Istpreises und des Standards für Fertigungsarbeitsstunden

Die Zittauer Zufahrt-Spedition AG hat ihre eigene LKW-Reparatur-Werkstatt. In den vergangenen Jahren hat man verschiedene Standards entwickelt, um die Arbeitsleistung in der Werkstatt beurteilen zu können. Während eines Streiks in November verschwanden einige Arbeitsunterlagen. Einige wichtige Fakten sind jedoch bekannt: Die Istzahl der Fertigungsarbeitsstunden (d. h. der Arbeitsinput) war 2.000 Stunden. Die Abweichung vom flexiblen Budget für die Fertigungsarbeit war 3.400 € G. Der Standardlohn für eine Fertigungsarbeitsstunde war 28 € je Stunde. Aufgrund eines Engpasses in der Fertigungsarbeit mussten für einige Aufträge teurere Zeitarbeiter eingesetzt werden. Das bewirkte für die Fertigungsarbeit im November eine Preisabweichung von 800 € (U).

i. Berechnen Sie die Istkosten je Fertigungsarbeitsstunde.

ii. Wie viele Fertigungsarbeitsstunden waren bei Erstellung des flexiblen Budgets als Standard für den Output, der erreicht wurde, angesetzt? Interpretieren Sie dieses Ergebnis.

4. Fertigungsmaterial- und -arbeitsabweichungen, Auswirkungen von Lagerbeständen und Standardkosten

Die folgenden Daten betreffen Standardinputs für die Fertigung von Holztischen durch die Tiroler Tischlerei GmbH:

	Standardinput je Tisch
Fertigungsmaterial	6 m^2 Holz zu 30 €/m^2
Fertigungsarbeit	20 Minuten zu 45 €/h

Folgende Daten beschreiben die Istleistung des Unternehmens:

Istausbringungsmenge	30.000 Tische
Beschafftes und verbrauchtes Fertigungsmaterial	197.000 m^2
Fertigungsmaterialkosten je m^2	31,20 €
Inputstunden der Fertigungsarbeit	7.500 h
Fertigungsarbeitskosten	42 €/h

i. Berechnen Sie die Preis- und Verbrauchsabweichungen für das Fertigungsmaterial und die Fertigungsarbeit. Geben Sie mögliche Ursachen für die Abweichungen an.

ii. Nehmen Sie an, dass man 220.000 m^2 Fertigungsmaterial zum Preis von 31,20 € je m^2 beschaffte, von denen nur 197.000 m^2 verbraucht wurden. Nehmen Sie ferner an, dass man die Abweichungen zum jeweils nächstmöglichen Kontrollpunkt erkennt. Damit isoliert man die Preisabweichungen des Fertigungsmaterials und führt sie auf die Beschaffungs- statt auf die Produktionsabteilung zurück. Berechnen Sie die Preis- und Verbrauchsabweichungen nach dieser Vorgehensweise. Interpretieren Sie die Abweichungen.

5. Preis- und Verbrauchsabweichungen, Probleme bei der Erstellung von Standards

Die Karlsruher Kleidung KG stellt Hemden für Warenhausketten her. Georg Apfelbaum, der Controller, ist zunehmend unzufrieden mit dem sechs Monate alten Standardkostenrechnungssystem seines Unternehmens. Die Plandaten für das Fertigungsmaterial und für die Fertigungsarbeit entstammen eben diesem System. Die Plan- und die Istdaten für August 20X1 lauten:

	Plan	Ist
Hergestellte Hemden	5.000	5.588
Fertigungsmaterialkosten	25.000 €	25.296 €
Fertigungsmaterialeinheiten (Anzahl der Stoffrollen)	500	518
Fertigungsarbeitskosten	22.500 €	26.062 €
Fertigungsarbeitstunden	1.250	1.224

Es gab weder Anfangs- noch Endbestände an Fertigungsmaterial.

Apfelbaum beobachtet, dass während der letzten sechs Monate selten eine größere ungünstige Abweichung aufgetreten ist. Das Standardkostenrechnungssystem basiert auf einer von einem unabhängigen Berater durchgeführten Untersuchung der Unternehmensabläufe. Bei der unauffälligen Beobachtung der Mitarbeiter bemerkt Apfelbaum, dass die Mitarbeiter bei

ihrem jetzigen Ausbringungsvolumen noch genügend Zeit haben, um über Fußball, Fernseh-
sendungen und Kneipen zu diskutieren.

Auf einer Industriekonferenz spricht Apfelbaum daraufhin mit Frau Marie Klapproth, der
Controllerin bei der Stuttgarter Stoffe OHG. Klapproth erzählt ihm, dass das Unternehmen
den gleichen unabhängigen Berater beschäftigte, um ein Standardkostenrechnungssystem zu
entwickeln. Nach nur eine Woche jedoch trennte sich das Unternehmen von ihm. Die Mitarbeiter bei der Stuttgarter Stoffe OHG hatten rasch bemerkt, dass der Berater sie bei ihrer
Arbeit beobachtete. Sofort begannen sie so zu arbeiten, dass sie mehr Zeit und mehr Stoff je
Hemd benötigten. Klapproth entschied deshalb, die Istpreise und -mengen der Inputs im
Vormonat als Benchmarks zu benutzen, um Schlussfolgerungen über die Effizienz im laufenden Monat zu ziehen.

i.   Berechnen Sie die Preis- und Verbrauchsabweichungen für Fertigungsmaterial und
     -arbeit bei der Karlsruher Kleidung KG im August 20X1.

ii. Beschreiben Sie die verschiedenen Maßnahmen, die die Mitarbeiter bei Stuttgarter
     Stoffe unternommen haben könnten, um die durch den unabhängigen Berater erstell-
     ten Standards zu manipulieren. Warum verhalten die Mitarbeiter sich so? Ist dieses
     Verhalten ethisch korrekt?

iii. Wie könnte Apfelbaum feststellen, ob die gegenwärtigen Standards bei der Karlsruher
     Kleidung KG die Mitarbeiter ausreichend fordern?

iv. Warum benutzen so viele Unternehmen Standardkosten, wenn die Möglichkeit be-
     steht, dass die Mitarbeiter ihre Zuverlässigkeit untergraben könnten?

6. Kosten-Nutzen-Analyse als Kriterium für die Entscheidung, beobachtete Abwei- chungen zu untersuchen

Sie sind Leiter eines Produktionsbereichs. Der Controller hat für die vorige Woche eine
Fertigungsmaterialverbrauchsabweichung in Höhe von 15.000 € (U) errechnet. Sie müssen
entscheiden, ob Sie diese Abweichung untersuchen sollen. Sie glauben, dass, wenn Sie den
Prozess nicht untersuchen und er außer Kontrolle geraten ist, die Kosten über dem Planungs-
horizont (N) 4.200 € betragen. Die Kosten einer Untersuchung (K) belaufen sich auf 750 €.
Die Fehlerkosten eines außer Kontrolle geratenen Prozesses (L) liegen bei 1.100 € je Periode. Wenn ein Prozess, der außer Kontrolle ist, entdeckt wird, betragen die Kosten einer
Korrektur (M) 450 €. Sie schätzen die Wahrscheinlichkeit, dass der Prozess außer Kontrolle
ist, auf 0,40.

i.   Sollten Sie den Prozess untersuchen? Welche Gesamtkosten erwarteten Sie, wenn Sie
     sich entscheiden, eine Untersuchung durchzuführen? Welche Kosten entstehen, wenn
     Sie die Untersuchung ablehnen?

ii. Wie hoch müsste die Wahrscheinlichkeit sein, dass der Prozess außer Kontrolle ist,
     damit die erwarteten Kosten bei der Durchführung einer Untersuchung bzw. ihrer Un-
     terlassung gleich hoch sind?

iii. Warum liegt N bei nur 4.200 €, wenn die Fertigungsmaterialverbrauchsabweichung 15.000 € beträgt?

2.15.5   Kritisches Denken:

Der Geschäftsführer der Stralsunder Städtischen Sparkasse ist besorgt, da sich sein Ergebnis trotz Einführung zusätzlicher Dienstleistungen während der letzten Quartale kontinuierlich verschlechtert hat. Er hat entschieden, dass die Sparkasse ein Kostenrechnungssystem einsetzen muss, um die Effizienz des Managements bei der Kostenkontrolle verschiedener Kundendienstleistungen zu evaluieren.

i. Nennen Sie mindestens vier typische Dienstleistungen, die eine Sparkasse ihren Kunden anbietet, für die sich die Anwendung eines Standardkostenrechnungsystems eignen würde.

ii. Welche Haupthindernisse wird die Sparkasse überwinden müssen, um Standardkosten für ihre Dienstleistungen entwickeln zu können und sie bei der Leistungsbeurteilung und der Abweichungsanalyse anzuwenden?

2.16   Lösungen

2.16.1   Richtig oder falsch?

1. Falsch. Eine Gesamtabweichung vom statischen Budget ist der Unterschied zwischen einem Istwert und einem geplanten Wert im statischen Budget.

2. Richtig.

3. Falsch. Eine Standardeinsatzfaktormenge ist eine im Voraus genau definierte Inputmenge, die erforderlich ist, um eine Outputeinheit zu produzieren.

4. Falsch. Eine Verbrauchsabweichung ist der Unterschied zwischen der verbrauchten Istmenge und der Sollmenge eines Inputs, multipliziert mit dem geplanten Preis je Inputeinheit.

5. Richtig.

6. Richtig.

7. Richtig.

8. Richtig.

9. Richtig.

10. Richtig.

2.16.2   Multiple Choice:

1. c

2. b
   168.320 € - 4.000 € = 164.320 €
   164.320 € + 5.600 € = 169.920 €

3. b
   63.440 € + 800 € = 64.240 €

4. d
   70.960 € - 64.320 € = 6.640 € G

5. c
   9.360 € G + 5.600 € (U) = 3.760 € G

6. a
   70.960 € - 60.560 € = 10.400 € G

7. d

8. b

9. c

10. b

2.16.3   Kurze Antworten

1. Ob Abweichungen berechnet und analysiert werden, wird durch den Nutzen bestimmt, den die Information über eine Abweichung bietet. Wenn substantielle Einsichten darüber gewonnen werden können, warum sich Istergebnisse von Plandaten unterscheiden, kann das den Prozess der kontinuierlichen Verbesserung im Unternehmen vorantreiben.

2. Eine Analyse des flexiblen Budgets auf der dritten Berichtsebene erlaubt es einem Manager, zu unterscheiden, welcher Anteil der Differenz zwischen einem Istergebnis und einem Plandatum (a) den Unterschieden zwischen Ist- und geplanten Leistungsmengen und (b) welcher Anteil den Unterschieden zwischen Ist- und geplanten Preisen, variablen und fixen Kosten zuzurechnen ist.

3. Vier Funktionen von Standardkosten sind: (i.) Kostenkontrolle, (ii.) Preisfindung und Preispolitik, (iii.) Budgetplanung und Budgetkontrolle sowie (iv.) Vorbereitung des Jahresabschlusses.

4. Man berechnet die Preisabweichung für das Fertigungsmaterial in der Regel zum Zeitpunkt seiner Beschaffung, während die Fertigungsmaterialverbrauchsabweichung zum Zeitpunkt des Verbrauchs kalkuliert wird. Normalerweise sind Beschaffungsmanager für die Preisabweichung und Produktionsmanager für die Verbrauchsabweichung verantwortlich.

5. Zwei Arten von Standardkosten sind: (i.) Perfektionsstandards, die dem besten Leistungsniveau unter den bestmöglichen Bedingungen (ohne Ausschuss, Nacharbeit, Verderb usw.) entsprechen; und (ii.) gegenwärtig erreichbare Standards, die auf einem guten Leistungsniveau beruhen trotz gewisser Mengen an Ausschuss, Nacharbeit, Verderb usw.

2.16.4   Aufgabenlösungen

1.

	Planwert je 1,00 € Ertrag	Daten im flexiblen Budget (€)		
Umsatzerlöse		20.000.000	22.000.000	24.000.000
Variable Kosten:				
Treibstoff	0,10 €	2.000.000	2.200.000	2.400.000
Reparaturen	0,01 €	200.000	220.000	240.000
Vorräte	0,02 €	400.000	440.000	480.000
Variabler Lohn	0,57 €	11.400.000	12.540.000	13.680.000
Variable Kosten gesamt	0,70 €	14.000.000	15.400.000	16.800.000
Fixkosten:				
Aufsicht		450.000	450.000	450.000
Miete		350.000	350.000	350.000
Abschreibungen		3.400.000	3.400.000	3.400.000
Andere Fixkosten		400.000	400.000	400.000
Fixkosten gesamt		4.600.000	4.600.000	4.600.000
Gesamtkosten		18.600.000	20.000.000	21.400.000
Betriebsergebnis		1.400.000	2.000.000	2.600.000

ii. Gesamtkosten je Quartal = 4.600.000 € + (0,70 € * Umsatz)

iii. Diese Formel kann bei der Erstellung von Grobforecasts und -budgets in rollierenden Verfahren nützlich sein.

iv.

	Istergebnisse	Abweichung vom flexiblen Budget	Flexibles Budget	Leistungsmengen-bedingte Abweichung	Statisches Budget
	(1)	(2) = (1) – (3)	(3)	(4) = (3) – (5)	(5)
Umsatzerlöse (€)	20.500.000	0	20.500.000	1.500.000 (U)	22.000.000
Variable Kosten (€)	14.860.000	510.000 (U)	14.350.000	1.050.000 G	15.400.000
Deckungsbeitrag (€)	5.640.000	510.000 (U)	6.150.000	450.000 (U)	6.600.000
Fixkosten (€)	4.600.000	0	4.600.000	0	4.600.000
Betriebsergebnis (€)	1.040.000	510.000 (U)	1.550.000	450.000 (U)	2.000.000

510.000 € (U)

gesamte Abweichung vom flexiblen Budget

450.000 € (U)

gesamte leistungsmengenbedingte Abweichung

960.000 € (U)

Gesamtabweichung vom statischen Budget

v. Zwar zeigen die Ergebnisse der Abweichungsanalyse, dass die variablen Istkosten unter den variablen Plankosten blieben. Da die Zweigstelle weniger als geplant geleistet hat, ist dieses Ergebnis nicht verwunderlich. Dass die variablen Istkosten für die erreichte Leistung jedoch höher als im flexiblen Budget errechnet ausfielen, deutet auf Mängel bei den operativen Abläufen.

2.

i. • Geplanter Verkaufspreis (Umsatzerlös je beantragter Hypothek)
   0,5 % * geplante durchschnittliche Kreditsumme = 0,5 % * 540.000 = 2.700 €.

• Geplante variable Kosten je Outputeinheit betragen:

Fertigungsarbeit (5 h * 50 €/h)	250 €
Bearbeitungsgebühr	300 €
Überprüfung der Bonität	360 €
Kurierdienst	40 €
Geplante variable Kosten gesamt	950 €

•Geplante Fixkosten = 42.000 € je Monat

Statisches Budget für 80 Kreditanträge (sowie flexibles Budget für 110 Kreditanträge im Teil ii. dieser Aufgabe):

	80 Anträge	110 Anträge
Umsatz (80, 110 * 2.700 €)	216.000 €	297.000 €
Variable Kosten (80, 110 * 950 €)	76.000 €	104.500 €
Deckungsbeitrag	140.000 €	192.500 €
Fixkosten	42.000 €	42.000 €
Betriebsergebnis	98.000 €	150.500 €

Die Istergebnisse lauten:

Umsatz (548.000 € * 110 * 0,5 %)		301.400 €
Variable Kosten:		
Fertigungsarbeit (52 €/h * 110 * 6,2 h)	35.464 €	
Bearbeitungsgebühr (300 € * 110)	33.000 €	
Überprüfung der Bonität (375 € * 110)	41.250 €	
Kurierdienst (44 € * 110)	4.840 €	114.554 €
Deckungsbeitrag		186.846 €
Fixkosten		47.000 €
Betriebsergebnis		139.846 €

ii. Die Abweichungsanalyse dieser Istergebnisse auf der zweiten und dritten Berichtsebene erscheint auf der nächsten Seite. Beachten Sie, dass die günstige Gesamtabweichung vom statischen Budget in Höhe von 41.846 € hauptsächlich das Resultat einer Zunahme der Kreditanträge von 80 auf 110 ist. Die durchschnittliche Kreditsumme ist von geplanten 540.000 € auf tatsächliche 548.000 € gestiegen. Dies erklärt die Abweichung vom flexiblen Budget in Höhe von 4.400 € G für die Umsatzerlöse (0,5 % * 8.000 € * 110 = 4.400 €). Eine mögliche Ursache hierfür könnte in der Senkung der Leitzinsen durch die Europäische Zentralbank liegen, was sich positiv auf die Nachfrage nach Krediten ausgewirkt hat.

Abweichungsanalyse

	Istergebnisse	Abweichung vom flexiblen Budget	Flexibles Budget	Leistungsmengen-bedingte Abweichung	Statisches Budget
	(1)	(2) = (1) – (3)	(3)	(4) = (3) – (5)	(5)
Absatz (PE)	110	0	110	30 G	80
Umsatzerlöse (€)	301.400	4.400 G	297.000	81.000 G	216.000
Variable Kosten (€)	114.554	10.054 (U)	104.500	28.500 (U)	76.000
Deckungsbeitrag (€)	186.846	5.654 (U)	192.500	52.500 G	140.000
Fixe Kosten (€)	47.000	5.000 (U)	42.000	0	42.000
Betriebsergebnis (€)	139.846	10.654 (U)	150.500	52.500 G	98.000

10.654 € (U)

gesamte Abweichung vom flexiblen Budget

52.500 € G

gesamte leistungsmengen-bedingte Abweichung

41.846 € (U)

Gesamtabweichung vom statischen Budget

iii. Sowohl die Fertigungsarbeitspreis- als auch die -verbrauchsabweichung ist ungünstig.

Istkosten zu Istpreisen $(IP_{IE} * IM_V)$ $IP_{IE} * (IPE * IM_{PE})$	Istkosten zu Planpreisen $PP_{IE} * IM_V$ $PP_{IE} * (IPE * IM_{PE})$	Flexibles Budget $(PP_{IE} * SM_V)$ $PP_{IE} * (IPE * StM_{IE})$
52 €/h * (110 PE * 6,2 h/PE) 35.464 €	50 €/h * (110 PE * 6,2 h/PE) 34.100 €	50 €/h * (110 PE * 5,0 h/PE) 27.500 €

1.364 € (U)

Preisabweichung

6.600 € (U)

Verbrauchsabweichung

7.964 € (U)

Abweichung vom flexiblen Budget

iv. Effektivität beschreibt den Grad, bis zu dem ein im Voraus gesetztes Ziel erreicht wurde. Ein Ziel der Fertigungsarbeit der Potsdamer Privatbank ist, die Umsatzerlöse (0,5 % * Kreditsumme * Anzahl der Hypotheken) zu maximieren. Die Mitarbeiter haben die Anzahl der bearbeiteten Kreditanträge von 80 auf 110 gesteigert, eine beachtliche Zunahme. Darüber hinaus ist die Kreditsumme von den geplanten 540.000 € auf 548.000 € gestiegen. Das Ergebnis ist ein Zuwachs der Erträge von den geplanten 2.700 € auf 2.740 € je

Antrag. Aufgrund der höheren Anzahl bearbeiteter Kreditanträge und der höheren Kreditsumme kann schlussgefolgert werden, dass die Effektivität der Fertigungsarbeit im Monat November 20X2 zugenommen hat.

Dagegen ist die Effizienz der Bearbeitung zurückgegangen. Da die MitarbeiterInnen 37,5 % mehr (30 zusätzliche Anträge/80 Plananträge) geleistet haben, treten Ermüdungserscheinungen auf, und sie brauchen durchschnittlich eine längere Zeit, um die Anträge zu bearbeiten. Da sie offensichtlich Überstunden machten, ist der durchschnittliche Preis einer Arbeitsstunde teurer als geplant ausgefallen. Würden sich solche ungünstigen Preis- und Verbrauchsabweichungen öfter ergeben, müsste die Geschäftsführung die Anstellung zusätzlicher Arbeitskräfte in Erwägung ziehen.

3.

i. Fertigungsarbeitspreisabweichung $= \Delta P$

Iststunden der Fertigungsarbeit $= IM_V$

Fertigungsarbeitspreisabweichung je h $= \Delta P/IM_V = 800 \text{ €} \text{ (U)}/2.000 \text{ h} = 0,40 \text{ €} \text{ (U)}$

Istkosten der Fertigungsarbeit je h $= 28,00 \text{ €} + 0,40 \text{ €} = 28,40 \text{ €}$

ii. Abweichung vom flexiblen Budget $\qquad = \Delta P + \Delta V$

$$3.400 \text{ €} = -800 \text{ €} + \Delta V$$

$$\Delta S = 4.200 \text{ €} \text{ G}$$

$$\Delta V = \text{Planpreis} * \text{Differenz in Stunden}$$

$$4.200 \text{ €} = 28,00 \text{ €} * \text{Differenz in Stunden}$$

$$\text{Differenz in Stunden} = 4.200 \text{ €}/28,00 \text{ €}$$

$$= 150 \text{ h}$$

Da die Abweichung günstig ist, müssen die Standardstunden, die angesetzt wurden, wie folgt berechnet werden

$$(StM_V) = 2.000 \text{ h} + 150 \text{ h}$$

$$= 2.150 \text{ h}$$

Die Istmenge des Inputs von 2.000 h ist damit 7,5 % (150 h/2.000 h) besser als der Standard. Das impliziert eine hervorragende Leistung. Sie wäre aber auch ein Grund, zu überprüfen, ob man den Standard nicht zu niedrig angesetzt hat.

Im 3-Spalten-Format sieht die Lösung aus wie folgt:

Istkosten zu Istpreisen ($IP_{IE} * IM_V$)	Istkosten zu Planpreisen ($PP_{IE} * IM_V$)	Flexibles Budget ($PP_{IE} * SM_V$) ($PP_{IE} * StM_V$)
(28,40 €/h * 2.000 h)	(28,00 €/h * 2.000 h)	(28,00 €/h * 2.150 h)
56.800 €	56.000 €	60.200 €

    ↑   800 € (U)   ↑ ↑   4.200 € G   ↑

    Preisabweichung   Verbrauchsabweichung

    ↑   3.400 € G   ↑

    Abweichung vom flexiblen Budget

4.

i. Fertigungsmaterial

Istkosten zu Istpreisen ($IP_{IE} * IM_V$)	Istkosten zu Planpreisen ($PP_{IE} * IM_V$)	Flexibles Budget ($PP_{IE} * SM_V$) $PP_{IE} * (IPE * StM_{IE})$
(31,20 €/m² * 197.000 m²)	(30 €/m² * 197.000 m2)	(30 €/m² * 30.000 * 6 m²)
6.146.400 €	5.910.000 €	5.400.000 €

    ↑   236.400 € (U)   ↑ ↑   510.000 € (U)   ↑

    Preisabweichung   Verbrauchsabweichung

    ↑   746.400 € (U)   ↑

    Abweichung vom flexiblen Budget

Die ungünstige Fertigungsmaterialpreisabweichung kann von der Fertigungsmaterial-verbrauchsabweichung durchaus unabhängig sein. Z. B. (1) mag der Beschaffungsleiter weniger geschickt verhandelt haben, als man bei Erstellung der Planrechnung angenommen hatte, oder (2) es gab eine unerwartete Preissteigerung je m² des Fertigungsmaterials.

Analog ist es möglich, dass die ungünstige Fertigungsmaterialverbrauchsabweichung von der Fertigungsmaterialpreisabweichung unabhängig ist. Z. B. (1) mag der Produktionsleiter weniger gut ausgebildete Arbeitskräfte eingesetzt haben, oder (2) man stellte zu straffe Zeitstandards auf.

Es besteht jedoch die Möglichkeit, dass beide Abweichungen zusammenhängen. Z. B. haben die Mitarbeiter die Standards nicht einhalten können, da (1) aufgrund geringerer

Konkurrenz unter den Lieferanten das Fertigungsmaterial teurer bezahlt und (2) dieses auch noch später geliefert wurde.

Fertigungsarbeit

Istkosten zu Istpreisen $(IP_{IE} * IM_V)$	Istkosten zu Planpreisen $(PP_{IE} * IM_V)$	Flexibles Budget $(PP_{IE} * SM_V)$ $PP_{IE} * (IPE * StM_{IE})$
(42 €/h * 7.500 h)	(45 €/h * 7.500 h)	(45 €/h * 30.000 * 0,33 h)
315.000 €	337.500 €	450.000 €

$$\underbrace{\qquad\qquad 22.500\ €\ G \qquad\qquad}_{\text{Preisabweichung}} \quad \underbrace{\qquad\qquad 112.500\ €\ G \qquad\qquad}_{\text{Verbrauchsabweichung}}$$

$$\underbrace{\qquad\qquad\qquad\qquad 135.000\ €\ G \qquad\qquad\qquad\qquad}_{\text{Abweichung vom flexiblen Budget}}$$

Die günstige Fertigungsarbeitspreisabweichung mag (1) auf eine Senkung des Stundenlohns wegen einer Wirtschaftskrise oder (2) auf die Aufstellung des Standards ohne vorherige detaillierte Untersuchung der Lohnstrukturen zurückzuführen sein. Dagegen mag die günstige Fertigungsarbeitsverbrauchsabweichung (1) der Beschäftigung qualifizierterer Mitarbeiter oder (2) der Neugestaltung der Produktionshalle entstammen, die es den Mitarbeitern erlaubt, effizienter zu arbeiten.

ii. Fertigungsmaterial mit Lagerbeständen

Kontrollpunkt	Istkosten zu Istpreisen $(IP_{IE} * IM_V)$	Istkosten zu Planpreisen $(PP_{IE} * IM_B)$	Flexibles Budget $(PP_{IE} * SM_V)$ $PP_{IE} * (IPE * StM_{IE})$
Beschaffung	$(31{,}20\ €/m^2 * 220.000\ m^2)$ 6.864.000 €	$(30{,}00\ €/m^2 * 220.000\ m^2)$ 6.600.000 €	

$$\uparrow \quad 264.000\ €\ (U) \quad \uparrow$$
$$\text{Preisabweichung}$$

		$(PP_{IE} * IM_V)$	
Fertigung		$(30{,}00\ €/m^2 * 197.000\ m^2)$ 5.910.000 €	$(30{,}00\ €/m^2 * 180.000\ m^2)$ 5.400.000 €

$$\uparrow \quad 510.000\ €\ (U) \quad \uparrow$$
$$\text{Verbrauchsabweichung}$$

Hier ist zu beachten, dass man die Preisabweichung bei der Beschaffung normalerweise auf der Grundlage des gesamten Fertigungsmaterials berechnet. Dagegen berechnet man die Verbrauchsabweichung in der Regel zu einem späteren Zeitpunkt und nur auf Basis der verbrauchten Menge.

5.

i. Geplante Fertigungsmaterialinputmenge je Hemd = 0,10 Stoffrollen

    Geplante Fertigungsarbeitstunden je Hemd = 0,25 h

    Geplante Materialkosten = 50 € je Stoffrolle

    Geplante Fertigungsarbeitskosten = 18 € je h

    Istausbringungsmenge = 5.588 Hemden

	Istkosten zu Istpreisen $(IP_{IE} * IM_V)$	Istkosten zu Planpreisen $(PP_{IE} * IM_V)$	Flexibles Budget $(PP_{IE} * SM_V)$ $PP_{IE} * (IPE * StM_{IE})$
		$(50 € * 518)$	$50 € * (5.588 * 0,10)$
Fertigungsmaterial	25.296 €	25.900 €	27.940 €
	↑ 604 € G ↑ ↑		2.040 € G ↑
	Preisabweichung	Verbrauchsabweichung	
		$(18 € * 1.224)$	$18 € * (5.588 * 0,25)$
Fertigungsarbeit	26.062 €	22.032 €	25.146 €
	↑ 4.030 € (U) ↑ ↑		3.114 € G ↑
	Preisabweichung	Verbrauchsabweichung	

ii. Mögliche Manipulationsmaßnahmen der Mitarbeiter:

   a. Zusätzliche, unnötige Arbeitsschritte bei der Fertigung eines Hemdes

   b. Zusätzliche, unnötige Arbeitszeit je Arbeitsschritt

   c. Schaffung von Problemen, so dass die durchschnittliche Ausfallzeit überschätzt wurde

   d. Erhöhung der Fehlerquote, so dass die durchschnittliche Nacharbeitszeit überschätzt wurde

Die Mitarbeiter könnten sich aus folgenden Gründen so verhalten haben:

   a. Sie werden nach einem Stücklohnsatz (Akkordlohn) mit Anreizen für die Produktion über die geplante Norm bezahlt.

b. Sie möchten eine entspanntere Atmosphäre schaffen, bei der aufgrund niedrigerer Standards weniger Arbeitsstress verursacht wird.

c. Sie betrachten das Verhältnis zum Arbeitgeber nicht als ein partnerschaftliches.

Das beobachtete Verhalten erscheint unethisch, wenn es darauf abzielt, die Glaubwürdigkeit der eingesetzten Standards des Unternehmens zu untergraben.

iii. Die Karlsruher Kleidung KG könnte folgende Maßnahmen einleiten:

a. Unauffällige Beobachtung der Mitarbeiter, um festzustellen, welche Arbeitsschritte eigentlich durchgeführt werden.

b. Mitarbeitervergleiche hinsichtlich der Produktivität, um festzustellen, ob es Personen gibt, die überdurchschnittlich produktiv sind.

c. Durchführung von Produktivitätsvergleichen (Benchmarking) mit anderen Standorten des Unternehmens oder mit Fabriken anderer Produzenten der Branche.

iv. Die Standardkostenrechnung hat ihre Stärken und ihre Grenzen. Wie alle anderen Managementwerkzeuge ist auch sie nicht ohne Probleme. Der kritische Punkt ist, ob der Nutzen ihrer Verwendung die Kosten übersteigt. Viele Unternehmen versuchen, die Erstellung ihrer Standards zu verbessern, um dadurch die Nachteile der Standardkostenrechnung unter Beibehaltung ihrer Vorteile zu reduzieren.

6.

i.

Wahrscheinlichkeit des Ereignisses bzw. Kosten der Handlung

Handlungen	x_1 = Prozess unter Kontrolle $P(x_1) = 0{,}60$	x_2 = Prozess außer Kontrolle $P(x_2) = 0{,}40$
h_1 = Untersuchung des Prozesses	K = 750 €	K + L + M = 2.300 €
h_2 = Der Prozess wird nicht untersucht.	K = 0 €	N = 4.200 €

K = Kosten der Untersuchung = 750 €

L = Kosten pro Periode, wenn der Prozess außer Kontrolle abläuft = 1.100 €

M = Kosten der Korrektur nach Entdeckung, dass der Prozess außer Kontrolle abläuft = 450 €

N = Kosten, die entstehen, wenn der Prozess in der jetzigen Periode außer Kontrolle ist, und während der Periode nicht korrigiert wird = 4.200 €

Untersuchung des Prozesses:

$$E(h_1) = (0{,}60 * 750 \text{ €}) + (0{,}40 * 2.300 \text{ €})$$

$$= 450 \text{ €} + 920 \text{ €}$$

$$= 1.370 \text{ €}$$

Der Prozess wird nicht untersucht:

$$E(h_2) = (0{,}60 * 0 \text{ €}) + (0{,}40 * 4.200 \text{ €})$$

$$= 1.680 \text{ €}$$

Die optimale Entscheidung ist, den Prozess zu untersuchen, da diese Handlung die niedrigeren erwarteten Kosten verursacht.

ii. $\quad P(x_2) = K/[N - (L + M)]$

$$= 750 \text{ €}/[4.200 \text{ €} - (1.100 \text{ €} + 450 \text{ €})]$$

$$= 750 \text{ €}/2.650 \text{ €}$$

$$= 0{,}283$$

iii. Die 15.000 € entsprechen dem absoluten Wert der ungünstigen Fertigungsmaterial-verbrauchsabweichung. Vielleicht hat der Geschäftsführer aufgrund nicht finanzieller Abweichungen bereits Maßnahmen eingeleitet, (z. B. verlangt er von den Lieferanten, dass sie die Qualität ihres Materials gründlicher untersuchen), um eine Wiederholung der ungünstigen Fertigungsmaterialverbrauchsabweichung zu verhindern. Eine solche Maßnahme würde die Größe künftiger finanzieller Abweichungen mindern. Es könnte auch sein, dass die ungünstige Fertigungsmaterialverbrauchsabweichung zum größten Teil oder gänzlich willkürlich entstanden ist. In diesem Fall könnte man nicht erwarten, die volle Kostenersparnis zu realisieren, auch wenn der Prozess in der Tat außer Kontrolle ist.

2.16.5 Kritisches Denken

i. Vermietung von Bankschließfächern

Eröffnung neuer Konten

Kundenkontakte für Ein- und Auszahlungen

Geldautomatentransaktionen

Bearbeitung von persönlichen Kreditanträgen

Beratung beim An- bzw. Verkauf von Bundesschatzbriefen

ii. Die Haupthindernisse bei der Entwicklung eines Standardkostenrechnungssystems für eine Sparkasse liegen in der Wahl von Standards für die jeweilige Dienstleistung und in der Aufstellung des erforderlichen Management-Informationssystems, zur Messung der Istkosten jeder Dienstleistung. Die Neueinführung eines Kostenrechnungssystems für die Leistungsbeurteilung wird anfangs wahrscheinlich negative Reaktionen bei den betroffenen Managern auslösen. Dennoch sollten Manager in Sparkassen und anderen Unternehmen des Dienstleistungssektors die Leistungsbeurteilung auf der Grundlage eines Standardkostenrechnungssystems als ein logisches, faires und angemessenes Mittel akzeptieren.

2.17   Literatur

Arya, A., J. Glover, B. Mittendorf und L. Ye, „On the Use of Customized Versus Standardized Performance Measures", *Journal of Management Accounting Research*, 2005.

Baggaley, B. und B. Maskell, „Value Stream Management for Lean Companies, Part I", *Journal of Cost Management*, 2/2003.

Baggaley, B. und B. Maskell, „Value Stream Management for Lean Companies, Part II", *Journal of Cost Management*, 3/2003.

Banker, R. D., H. Chang und S. Das, „Standard Estimation, Standard Tightness, and Benchmarking: A Method with an Application to Nursing Services", *Journal of Management Accounting Research*, 1998.

Barnes, J. L., „How to Tell If Standard Costs Are Really Standard", *Management Accounting* 12/1983.

Barnes, K. und P. Targett, „Standard Costing in Distribution - A Neglected Technique?", *Management Accounting*, 11/1984.

Blocker, J. G., „Budgeting in Relation to Standard Costs", *The Accounting Review*, 2/1936.

Bonsack, R. A., „Does Activity-Based Costing Replace Standard Costing?", *Journal of Cost Management*, 4/1991.

Calvasina, R. V. und E. J. Calvasina, „Standard Costing Games That Managers Play", *Management Accounting*, 9/1984.

Campbell, R. J., M. Janson und J. Bush, „Developing Strategic Cost Standards in a Machine-Paced Environment", *Journal of Cost Management*, 4/1991.

Caricofe, R. L., „Establishing Standard Costs in the Concrete Pipe Industry", *Management Accounting*, 8/1982.

Carr, L. P. und C. D. Ittner, „Measuring the Cost of Ownership", *Journal of Cost Management*, 3/1992.

Chan, C. C. und C. C. Yang, „Total-Costs-Based Evaluation System of Supplier Quality Performance", *Total Quality Management and Business Excellence*, 3/2003.

Chandler, W. L., „Integrating Standard Cost Information into Operating Budgets", *Healthcare Financial Management*, 9/1986.

Cheatham, C. B. und L. R. Cheatham, *Updating Standard Cost Systems*, Quorum Books, New York, 1993.

Cheatham, C. B. und L. R. Cheatham, „Redesigning Cost Systems: Is Standard Costing Obsolete?", *Accounting Horizons*, 4/1996.

Coenenberg, A. G., T. Fischer und A. Raffel, „Abweichungsanalyse bei Projekten im F&E-Bereich", in: G. Männel (Hrsg.), *Handbuch Kostenrechnung*, Gabler, Wiesbaden, 1992.

Cooper, R., „Cost Management: From Frederick Taylor to the Present", *Journal of Cost Management*, 5/2000.

Dhavale, D. G., „Problems with Existing Manufacturing Performance Measures", *Journal of Cost Management*, 4/1996.

Dohr, J. L., „Budgetary Control and Standard Costs in Industrial Accounting", *The Accounting Review*, 1/1932.

Fisher, J., „Use of Nonfinancial Performance Measures", *Journal of Cost Management* 1/1992.

Foster, J. und A. Scott, „Practical Problems with Standard Labour Costing", *Management Accounting*, (UK), 2/1984.

Foster, J. und A. Scott, „Standard Costing in a Manufacturing Environment", *Management Accounting*, (UK), 4/1984.

Galway, A., „Standard Costing and Control by Variance Analysis", *Management Accounting*, (UK), 6/1985.

Gibson, J. C., „A Standard Cost Problem", *The Accounting Review*, 4/1927.

Gillespie, J. F., „An Application of Learning Curves to Standard Costing", *Management Accounting*, 3/1981.

Glendinning, R., „Standards Are the Nearest to Real Costs", *Management Accounting*, (UK), 2/1986.

Groll, K.-H., *Erfolgssicherung durch Kennzahlensysteme*, Haufe, Freiburg i. Br., 1986.

Hagen, K., „Abweichungsanalyse", in: „Lexikon: Controlling von A-Z", *Der Controlling-Berater*, 7/2002.

Harris, G. L., „An Application of Standard Costs in the Field of Distribution (An Actual Case)", *The Accounting Review*, 2/1931.

Heckert, J. B., „The Accountant's Part in Determining Standards", *The Accounting Review*, 4/1933.

Hoffmann, N., M. Müller und A. Sasse, „Methoden der Projektkostenrechnung zur Bewertung langfristiger Fertigungsprojekte nach IAS 11", *Der Controlling-Berater*, 3/2004.

Holmes, D. S. und R. E. Hurley, „How SPC Enhances Budgeting and Standard Costing – Another Look", *Management Accounting Quarterly*, 1/2003.

Jain, V. M., K. Tuwari und F. T. S. Chan, „Evaluation of Supplier Performance Using an Evolutionary Fuzzy-Based Approach", *Journal of Manufacturing Technology Management*, 8/2004.

Jahnke, H., "Erfahrungskurve", in: H.-U. Küpper und A. Wagenhofer, *Handwörterbuch Unternehmensrechnung und Controlling*, 4. Auflage, Schäffer-Poeschel, Stuttgart, 2002.

Johnsen, D. und P. Sopariwala, "Standard Costing Is Alive and Well at Parker Brass", *Management Accounting Quarterly*, 2/2000.

Johnson, H. T., "Performance Measurement for Competitive Excellence", in: R. S. Kaplan (Hrsg.), *Measures for Manufacturing Excellence*, Harvard Business School Press, Boston, 1990.

Kaplan, R. S, "The Significance and Investigation of Variances: Survey and Extensions", *Journal of Accounting Research*, 2/1975.

Kaplan, R. S., "Limitations of Cost Accounting in Advanced Manufacturing Environments", *Measures for Manufacturing Excellence*, Harvard Business School Press, Boston, 1990.

Kaplan, R. S., "Measures for Manufacturing Excellence: A Summary", *Journal of Cost Management*, 3/1990.

Kaplan, R. S. und R. Cooper, *Cost and Effect: Using Integrated Cost Systems to Drive Profitability and Performance*, Harvard Business School Press, Boston, 1998.

Kilger, W., J. Pampel und K. Vikas, *Flexible Plankostenrechnung*, 12. Auflage, Gabler, Wiesbaden, 2005.

Kloock, J., G. Sieben und T. Schildbach, *Kosten- und Leistungsrechnung*, Werner, Düsseldorf, 1993.

Kraft, K. K., "Measuring Production Efficiency", *Management Accounting*, 12/1983.

Krumwiede, K. R., "Results of 1999 Cost Management Survey: The Use of Standard Costing and Other Costing Practices", *Cost Management Update*, Nr. 103, December 1999/January 2000.

Mak, Y. und M. Roush, "Flexible Budgeting and Variance Analysis in an Activity-Based Costing Environment", *Accounting Horizons*, 2/1994.

Marcinko, D. and E. Petri, "Use of the Production Function in Calculation of Standard Cost Variances – an Extension", *The Accounting Review*, 3/1984.

Martin, J. R., "Integrating the Major Concepts and Techniques of Cost and Management Accounting: A Recommendation", *Issues in Accounting Education*, 2/1987.

Martin, J. R., "The Advantages of Teaching Three Production Volume Variances", *Journal of Accounting Education*, 1/2000.

Maskell, B. H., "Solving the Standard Cost Problem", *Cost Management*, 1/2006.

Matsuda, H., "Introduction of Standard Cost Accounting in Japan", *Management Accounting*, 7/1976.

McFarland, W. B., "The Basic Theory of Standard Costs", *The Accounting Review*, 2/1939.

Monden, Y., *Cost Management in the New Manufacturing Age: Innovations in the Japanese Automotive Industry*, Productivity Press, Cambridge, MA, 1992.

Muraledharan, C., N. Anantharaman, und S. G. Deshmukh, „A Multi-Criteria Group Decisionmaking Model for Supplier Rating", *The Journal of Supply Chain Management*, 4/2002.

Narasimhan, R., S. Talluri, und D. Mendez, „Supplier Evaluation and Rationalization via Data Envelopment Analysis: An Empirical Examination", *The Journal of Supply Chain Management*, 3/2001.

Oakes, L. S. und P. J. Miranti Jr., „Louis D. Brandeis and Standard Cost Accounting: A Study of the Construction of Historical Agency", *Accounting, Organizations and Society*, 6/1996.

Petroni, A. und M. Braglia, „Vendor Selection Using Principal Component Analysis", *The Journal of Supply Chain Management*, 2/2002.

Pi, W. N. und C. Low, „Supplier Evaluation and Selection Using Taguchi Loss Functions", *The International Journal of Advanced Manufacturing Technology*, 1-2/2005.

Primrose, P. L., „Is Anything Really Wrong with Cost Management?", *Journal of Cost Management*, 1/1992.

Roehm, H. A., L. Weinstein, und J. F. Castellano, „Management Control Systems: How SPC Enhances Budgeting and Standard Costing", *Management Accounting Quarterly*, 1/2000.

Rollwage, N., *Kosten- und Leistungsrechnung*, WRW-Verlag Rollwage, Köln, 1993.

Ross, T. L., und R. J. Bullock, „Integrating Measurement of Productivity into a Standard Cost System", *Financial Executive*, 10/1980.

Rucker, R. C., „Cost Analysis by Standards in the Accounts", *The Accounting Review*, 4/1939.

Ruhl, J. M., „Activity-Based Variance Analysis", *Journal of Cost Management*, 4/1995.

Schneider, D., „'Lernkurven' und ihre Bedeutung für Produktionsplanung und Kostentheorie", *Zeitschrift für betriebswirtschaftliche Forschung*, 17. Jg. (1965), S. 501-515.

Serfling, K., *Fälle und Lösungen zur Kostenrechnung*, Neue Wirtschafts-Briefe, Herne/ Berlin, 1993.

Shim, J. K. und J. G. Siegel, *Budgeting Basics and Beyond: A Complete Step-by-Step Guide for Non-Financial Managers*, 2. Ausgabe, Wiley, New York, 2005.

Simons, R. und A. Davila, „How High Is Your Return on Management?", *Harvard Business Review*, 1/1998.

Simpson, P. N., J. A. Siguaw und S. C. White, „Measuring the Performance of Suppliers: An Analysis of Evaluation Processes", *The Journal of Supply Chain Management*, 1/2002.

Stammerjohan, W. W., „Better Information through the Marriage of ABC and Traditional Standard Costing Techniques", *Management Accounting Quarterly*, 1/2001.

Stetenfeld, A., A. Bender und S. Hofmann, „Logistikbranche: Design und Nutzung von Planung und Budgetierung beim DPD", *Der Controlling-Berater*, 1/2007.

Thonemann, U., K. Behrenbeck und R. Diederichs, *Supply Chain Champions: Was sie tun und wie Sie einer werden*, Gabler, Wiesbaden, 2003.

Walker, C. W., „Standard Cost Accounting for Contractors", *Management Accounting*, 1/1972.

Westra, D., M. L. Srikanth und M. Kane, „Measuring Operational Performance in a Throughput World", *Management Accounting*, 10/1996.

Wolf, W. G., „Developing a Cost System for Today's Decision Making", *Management Accounting*, 6/1982.

Youssef, M. A., M. Zairi und B. Manty, „Supplier Selection in an Advanced Manufacturing Technology Environment", *Benchmarking: An International Journal*, 4/1996.

3 Gemeinkostensteuerung

3.1 Einführung

In den meisten Unternehmen stellen die Gemeinkosten einen großen Anteil der Gesamtkosten dar. So ist es keineswegs ungewöhnlich, dass die Gemeinkosten 20 % bis 50 % der Produktkosten betragen. Die zunehmende Automatisierung von Betriebsabläufen, die Komplexität der Fertigungs- und Distributionsprozesse sowie die stetig wachsende Zahl von Produkten führen dazu, dass sich der Anteil der indirekten Kosten an den Gesamtkosten weiter erhöht. Dieses Kapitel behandelt einige weitverbreitete Methoden der Planung und Kontrolle von Gemeinkosten, insbesondere der Zuteilung der indirekten Kosten zu den einzelnen Produkten und die Analyse von Gemeinkostenabweichungen. Hierbei wird die Analyse der Hamburger Handtaschen GmbH aus Kapitel 2 fortgeführt, unter Beibehaltung der Abweichungsanalyse auf der zweiten, dritten und vierten Berichtsebene. Auch in diesem Zusammenhang sei noch einmal betont, dass Abweichungen nur einen Teil der Informationen liefern, die ein Manager benötigt, um Gemeinkosten professionell planen und steuern zu können.

Abb. 3.1 zeigt eine Übersicht des Kostenrechnungssystems der Hamburger Handtaschen GmbH. Während Kapitel 2 flexible Budgets und Abweichungen für die drei Einzelkostenarten (Fertigungsmaterial, Fertigungsarbeit und direkte Vertriebsarbeit) zum Thema hatte, beschäftigt sich Kapitel 3 mit flexiblen Budgets und Abweichungen für die vier Gemeinkostenpools des Unternehmens. Zunächst stehen dabei die variablen und fixen Fertigungsgemeinkosten im Vordergrund. Im Anschluss sollen die vorgestellten Instrumente zur Analyse der variablen und fixen Vertriebsgemeinkosten angewendet werden.

Gemeinkostenpool

| Variable Fertigungs-gemeinkosten | Fixe Fertigungs-gemeinkosten | Variable Vertriebs-gemeinkosten | Fixe Vertriebs-gemeinkosten |

Kostenschlüssel

| Maschinen-stunden | Maschinen-stunden | Direkte Vertriebs-arbeitsstunden | Absatz |

Kostenobjekt:
Handtasche

| Gemeinkosten |
| Einzelkosten |

Einzelkosten

| Fertigungs-material | Fertigungs-arbeit | Direkte Vertriebs-arbeit |

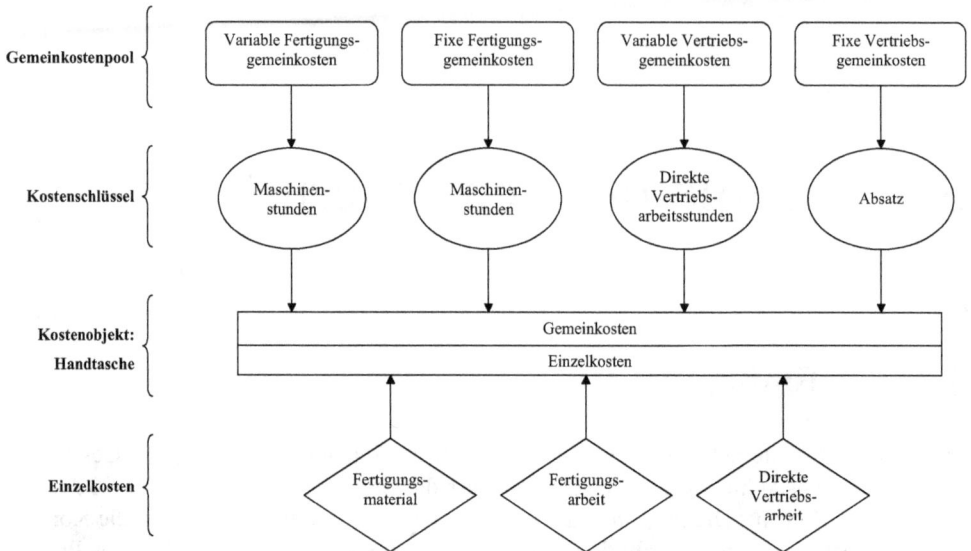

Abb. 3.1   Übersicht über das Kostenrechnungssystems der Hamburger Handtaschen GmbH

Tab. 3.1 erinnert daran, dass die Gesamtabweichung vom statischen Budget aus einer Abweichung vom flexiblen Budget und einer leistungsmengenbedingten Abweichung besteht. Das vorliegende Kapitel widmet sich den Gemeinkostenabweichungen vom flexiblen Budget.

Tab. 3.1   *Übersicht der Abweichungsanalyse auf der 3. Berichtsebene*

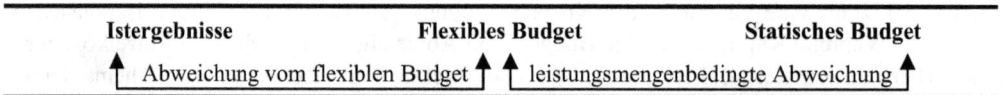

Istergebnisse	Flexibles Budget	Statisches Budget
Abweichung vom flexiblen Budget	leistungsmengenbedingte Abweichung	

Die Ausgangsdaten für das Beispielunternehmen aus Tab. 2.10 in Kapitel 2 setzen sich aus folgenden Komponenten zusammen:

Tab. 3.2 *Gemeinkostendaten der Hamburger Handtaschen GmbH im März 20XX*

Gemeinkostenart	Istergebnis (€)	Wert (€) im flexiblen Budget für 16.000 PE	Wert (€) im statischen Budget für 18.000 PE
Variable Fertigungs-gemeinkosten	835.000	768.000	864.000
Fixe Fertigungs-gemeinkosten	1.239.000	1.200.000	1.200.000
Variable Vertriebs-gemeinkosten	292.000	320.000	360.000
Fixe Vertriebs-gemeinkosten	3.387.000	3.500.000	3.500.000

3.2   Planung variabler und fixer Gemeinkosten

Die Kostenstruktur der Hamburger Handtaschen GmbH in Tab. 3.3 zeigt, warum die Planung und die Kontrolle der Gemeinkosten wichtig sind. Die berechneten Anteile der Gemeinkosten an den geplanten Gesamtkosten beruhen auf dem flexiblen Budget der Hamburger Handtaschen GmbH für März 20XX bei einer Ausbringungsmenge von 16.000 Produkteinheiten (vgl. Tab. 2.10 in Kapitel 2).

Die geplanten Fertigungsgemeinkosten betragen 16,23 % der geplanten Gesamtkosten, die geplanten Vertriebsgemeinkosten haben einen Anteil von 31,51 %. Mit zusammen 47,74 % deuten sie an, dass das Unternehmen seine Profitabilität durch eine effektivere Planung und Kontrolle seiner variablen und fixen Gemeinkosten gegebenenfalls bedeutend verbessern kann. In der Entwicklung von Methoden und Verfahren, um solche Verbesserungen zu planen und zu realisieren, spielen japanische Unternehmen im Allgemeinen und die Toyota Motor Corporation insbesondere eine herausragende Rolle (Sakurai, 1989; Monden/Hamada, 1991; Monden/Lee, 1993; Tanaka, 1993; Lee/Jakob/Ulinski, 1994; Sakurai, 1996; Boyd, 1997; Bethune, 1998; Monden, 1998; Monden/Sakurai, 1998; Kim/Michell, 1999; Willenson, 2000; Johnson, 2006).

Tab. 3.3   *Anteile an den Gesamtkosten der Hamburger Handtaschen GmbH*

	Variable Kosten	Fixe Kosten	Gesamtkosten
Fertigungsgemeinkosten	6,33 %	9,90 %	16,23 %
Vertriebsgemeinkosten	2,64 %	28,87 %	31,51 %

3.2.1   Planung variabler Gemeinkosten

Die variablen Fertigungsgemeinkosten der Hamburger Handtaschen GmbH betreffen Strom-kosten, technische Unterstützung, Fertigungsmaterialgemeinkosten und Fertigungsarbeits-gemeinkosten. Variable Gemeinkosten effektiv zu planen heißt, dass nur solche variablen Gemeinkosten anfallen dürfen, die unmittelbar den Wert des Endprodukts erhöhen, und die die Kostentreiber eines Prozesses am effizientesten nutzen können (Shank/Govindarajan, 1992; Womack/Jones, 5/1996; Womack/Jones, 1996; Ittner/Larcker/Randall, 1997).

Wert steigernde Kosten („value-added costs") tragen laut Kundenmeinung zum Wert eines Produkts oder einer Dienstleistung bei, nicht Wert steigernde Kosten („non-value-added costs") wirken aus Kundensicht nicht Wert erhöhend. Die Kunden der Hamburger Handta-schen GmbH beispielsweise betrachten das Nähen als einen unverzichtbaren Teil der Pro-duktion einer Handtasche. Deshalb klassifiziert man die Kosten, die mit dem Nähen zusam-menhängen (z. B. der variable Teil der Stromkosten) als „Wert steigernd". Im Gegensatz dazu würden Kosten für ein Notfalllager (z. B. für Reserve-Leder-Bestände) als nicht Wert steigernd angesehen, denn ein Kunde unterscheidet normalerweise nicht zwischen einer Handtasche, deren Leder man in einem Notlager vorrätig hielt, und einer, deren Leder der Lieferant direkt in die Fertigungshalle brachte.

In der Praxis befinden sich die Gemeinkostenarten eines Unternehmens nicht selten in der Grauzone zwischen den Wert steigernden und nicht Wert steigernden Kostenpolen. Die Analyse und das Verständnis für Ursachen von Abweichungen helfen dabei, die Aufmerk-samkeit eines Managers auf die Wert steigernden Gemeinkosten zu lenken und die Nutzung von Kostentreibern effizienter zu gestalten. Es gibt zwei Hauptmethoden zur Einsparung variabler Fertigungsgemeinkosten: (1) Die Eliminierung von nicht Wert steigernden Kosten, z. B. durch die Reduzierung des Stromverbrauchs mit Hilfe effizienterer Maschinen, würde bedeuten, dass ein Teil des bisher verbrauchten Stroms für das Nähen der Handtaschen von der Kundenperspektive doch nicht erforderlich und so nicht Wert steigernd war. (2) Die Senkung des Verbrauchs eines Kostentreibers z. B. durch das Re-Design eines Produkts, würde so weniger Maschinenstunden für seine Fertigung erfordern (Thonemann/Behrenbeck/Diedricks, 2003).

3.2.2   Planung fixer Gemeinkosten

Parallel zur Vorgehensweise bei den variablen Gemeinkosten bedeutet die effektive Planung fixer Gemeinkosten, nur jene fixen Gemeinkosten in Kauf zu nehmen, die sich unmittelbar

Wert erhöhend auf das Endprodukt auswirken. Ausgaben für diese Posten müssen gründlich geplant werden. Beispiele aus dem Produktionsbereich der Hamburger Handtaschen GmbH sind Abschreibungen, Leasingkosten für Maschinen, einige Verwaltungskostenarten (z. B. das Gehalt des Fabrikmanagers) und Grundsteuern.

Die Entscheidung, für welche Kapazität die fixen Gemeinkosten geplant werden, ist eine der großen Herausforderungen eines Managers. Bei der Hamburger Handtaschen GmbH ist die Anzahl der zu leasenden Nähmaschinen eine solche kritische Größe. Leasingverträge für die Maschinen werden jeweils für ein Jahr abgeschlossen. Wenn die geleaste Maschinenkapazität nicht ausreichte, würde das Unternehmen der Nachfrage u. U. nicht nachkommen können und Handtaschenverkäufe einbüßen. Wenn die Nachfrage jedoch stark überschätzt wird, verursachen nicht genutzte Kapazitäten zusätzliche Leasingkosten, denen kein Nutzen gegenübersteht.

Die wichtigsten Entscheidungen über tatsächlich anfallende fixe Gemeinkosten werden bereits zu Beginn eines Geschäftsjahres getroffen. Im Gegensatz dazu wird die Höhe der variablen Istgemeinkosten durch tägliche Entscheidungen bestimmt. Hier sind auch unterjährig Anpassungen möglich. Zwei Hauptmethoden zur Steuerung von fixen Fertigungsgemeinkosten sind (a) die Eliminierung von nicht Wert steigernden Kosten (z. B. durch die Einführung von JIT-Beschaffung und den Verzicht auf ein Lager) und (b) die gründliche Kapazitätsplanung, die weder Leerkosten noch Kosten entgangener Absatzchancen nach sich zieht.

3.3   Ermittlung geplanter variabler Gemeinkostensätze

Die Hamburger Handtaschen GmbH entwickelt ihre variablen Gemeinkostensätze in drei Schritten. Im ersten Schritt identifiziert man alle Kosten, die man im Pool der variablen Gemeinkosten berücksichtigen will: Strom, technische Unterstützung, Fertigungsmaterial- und -arbeitsgemeinkosten.

Im zweiten Schritt bestimmt man die Verrechnungsgrundlage der Kosten. Idealerweise sollte die Verrechnungsgrundlage ein Kostentreiber sein, damit die Produktkosten den Verbrauch von Ressourcen adäquat widerspiegeln. Der parallele Einsatz mehrerer Kostentreiber ist möglich und in der Praxis üblich (Banker/Potter, 1993). Die operativen Manager der Hamburger Handtaschen GmbH glauben jedoch, dass die Anzahl der Maschinenstunden den einzigen Kostentreiber der variablen Fertigungsgemeinkosten darstellt.

Im dritten Schritt schätzt man den geplanten variablen Gemeinkostensatz. Es gibt mehrere Wege, diesen Schritt zu vollziehen. Eine Option ist, den historischen Istkostensatz der variablen Fertigungsgemeinkosten je Einheit der Verrechnungsgrundlage entsprechend anzupassen. Mögliche Anpassungen berücksichtigen die erwartete Inflation der Kostenarten im Gemeinkostenpool oder erwartete Effizienzverbesserungen im Verbrauch bestimmter Kostenarten. Als Alternative zur Anpassung historischer Werte steht die Orientierung an Standards, die man für individuelle Kostenarten im Gemeinkostenpool je Einheit der Verrechnungsgrundlage festlegt. Diese Standards dienen dann als Grunddaten bei der Erstellung der Planrechnung (auf der Basis der geplanten Ausbringungsmenge) als auch der Sollrechnung (auf der Basis der Istausbringungsmenge).

Das Beispielunternehmen entscheidet sich für das Standardkostenverfahren, um seinen geplanten variablen Gemeinkostensatz für März 20XX von 40,00 € je Maschinenstunde zu ermitteln. Man berechnet auch den geplanten Maschinenstundensatz von 1,2 Stunden je Produkteinheit im Prozess der Standardfestsetzung:

- Plankostensatz variabler Fertigungsgemeinkosten je Maschinenstunde = $PKSvFGK_{IEV}$ = $SKSvFGK_{IEV}$ = $StKSvFGK_{IEV}$ = 40,00 €.

- geplante erlaubte Anzahl von Maschinenstunden je Produkteinheit = PM_{PE} = SM_{PE} = StM_{PE} = 1,2 Mh/PE.

Aus der Kombination dieser Standardausgangsgrößen ergibt sich der Plankostensatz variabler Fertigungsgemeinkosten je Produkteinheit, $PKSvFGK_{PE}$ = $SKSvFGK_{PE}$ = $StKSvFGK_{PE}$:

$$PKSvFGK_{PE} = SKSvFGK_{PE} = StKSvFGK_{PE} = StKSvFGK_{IEV} * StM_{PE}$$
$$= 40,00 \text{ €/Mh} * 1,2 \text{ Mh/PE}$$
$$= 48,00 \text{ €/PE}$$

Hierbei gilt es zu beachten, dass der Plankostensatz variabler Fertigungsgemeinkosten sich grundsätzlich vom Preis des Fertigungsmaterials oder der Fertigungsarbeit unterscheidet. Der Plankostensatz sowohl variabler als auch fixer Gemeinkosten repräsentiert die Kosten vieler verschiedener Fertigungsgemeinkostenarten je Einheit der Verrechnungsgrundlage. Die Verrechnungsgrundlage kann sich in Fertigungsarbeitsstunden, Maschinenstunden oder Kilogramm Fertigungsmaterial ausdrücken, sie selbst ist jedoch keine Gemeinkostenart.

Beispielsweise beträgt der Plankostensatz variabler Fertigungsgemeinkosten der Hamburger Handtaschen GmbH 40,00 € je Maschinenstunde. Das Unternehmen erwartet also je verbrauchte Maschinenstunde 40,00 € für einen „Marktkorb" variabler Fertigungsgemeinkostenarten auszugeben. Dieser grundlegende Unterschied zwischen dem Plankostensatz der Fertigungsgemeinkosten (d. h. dem Preis der Fertigungsgemeinkostenarten) und dem Planpreis des Fertigungsmaterials oder der Fertigungsarbeit erschwert die Interpretation der Gemeinkostenabweichungen.

3.4   Abweichungen variabler Gemeinkosten

Für die Berechnung der Abweichungen variabler Gemeinkosten bei der Hamburger Handtaschen GmbH stehen folgende Daten zur Verfügung:

Tab. 3.4 *Plan- und Istdaten der Hamburger Handtaschen GmbH*

geplante Ausbringungsmenge (statisches Budget)	18.000 Handtaschen
geplante Maschinenstunden (statisches Budget)	21.600 Mh
geplante variable Fertigungsgemeinkosten (statisches Budget)	864.000 €
Plankostensatz variabler Fertigungsgemeinkosten je Maschinenstunde, $PKSvFGK_{IEV} = SKSvFGK_{IEV} = StKSvFGK_{IEV}$	40,00 €
Plankostensatz variabler Fertigungsgemeinkosten je Produkteinheit, $PKSvFGK_{PE} = SKSvFGK_{PE} = StKSvFGK_{PE}$ (40,00 €/Mh * 1,2 Mh/PE)	48,00 €
Istausbringungsmenge	16.000 Handtaschen
Istmaschinenstunden	20.000 Mh
variable Istfertigungsgemeinkosten	835.000 €
Istkostensatz variabler Fertigungsgemeinkosten je Maschinenstunde, $IKSvFGK_{IEV} = (835.000 €/20.000 Mh)$	41,75 €
Istkostensatz variabler Fertigungsgemeinkosten je Produkteinheit, $IKSvFGS_{PE} = (835.000 €/16.000 Mh)$	52,19 €[†]

[†]gerundete Zahl

Die fixkostenrelevante Beschäftigung für die geplanten Kostenverhältnisse (sowohl variable als auch fixe) beträgt 12.000 bis 21.000 Produkteinheiten. Die Kostensätze variabler Fertigungsgemeinkosten werden hier in Bezug auf verschiedene Größen berechnet: (1) $PKSvFGK_{PE} = SKSvFGK_{PE} = StKSvFGK_{PE}$, der Plankostensatz variabler Fertigungsgemeinkosten je Produkteinheit (eine Handtasche), und (2) $PKSvFGK_{IEV} = SKSvFGK_{IEV} = StKSvFGK_{IEV}$, der Plankostensatz variabler Fertigungsgemeinkosten je Inputeinheit der Verrechnungsgrundlage (eine Maschinenstunde). Beide sind richtig. Die Abweichungsanalyse auf der vierten Berichtsebene gestaltet sich jedoch einfacher, wenn man die Fertigungsgemeinkostensätze je Inputeinheit berechnet.

3.4.1 Analyse mit statischem bzw. mit flexiblem Budget

Tab. 3.5 und

Tab. 3.6 geben einen Überblick über Abweichungsanalysen jeweils für die variablen Fertigungsgemeinkosten auf der zweiten und dritten Berichtsebene. Die Gesamtabweichung vom statischen Budget auf der zweiten Berichtsebene, ΔG, beträgt 29.000 € G:

$$\Delta G = \text{Istergebnis - Wert im statischen Budget}$$
$$= 835.000 € - 864.000 €$$
$$= 29.000 € \text{ G}$$

Weitere Informationen zu Steuerungsmöglichkeiten der variablen Fertigungsgemeinkosten kann ein Manager über die Analyse auf der dritten Berichtsebene erhalten. Diese verwendet ein flexibles Budget (d. h. eine Sollrechnung), um die variablen Fertigungsgemeinkosten der Hamburger Handtaschen GmbH an die Istausbringungsmenge anzupassen. Dadurch wird die Tatsache berücksichtigt, dass das Unternehmen nur 16.000 Stück anstatt der geplanten 18.000 Stück fertigte und verkaufte. Das flexible Budget für die variablen Fertigungsgemeinkosten im März 20XX beläuft sich auf 768.000 € (19.200 Mh * 40,00 €/Mh).

Tab. 3.5 Analyse der variablen Fertigungsgemeinkosten auf der 2. Berichtsebene der Hamburger Handtaschen GmbH im März 20XX

Analyse auf der 2. Berichtsebene	Istergebnisse (1)	Gesamtabweichung vom statischen Budget (2) = (1) - (3)	Statisches Budget (3)
Istausbringungsmenge (PE)	16.000	2.000 (U)	18.000
Variable Fertigungsgemeinkosten (€)	835.000		864.000
		29.000 € G Gesamtabweichung vom statischen Budget	

Tab. 3.6 Analyse der variablen Fertigungsgemeinkosten auf der 3. Berichtsebene der Hamburger Handtaschen GmbH im März 20XX

Analyse auf der 3. Berichtsebene	Istergebnisse (Istrechnung) (1)	Abweichung vom flexiblen Budget (2) = (1) - (3)	Flexibles Budget (Sollrechnung) (3)	Leitungsmengenbedingte Abweichung (4) = (3) - (5)	Statisches Budget (Planrechnung) (5)
Istausbringungsmenge (PE)	16.000	0	16.000	2.000 (U)	18.000
Variable Fertigungsgemeinkosten (€)	835.000	67.000 (U)	768.000	96.000 G	864.000
	67.000 € (U) Abweichung vom flexiblen Budget		96.000 € G leistungsmengenbedingte Abweichung		
	29.000 € G Gesamtabweichung vom statischen Budget				

Die leistungsmengenbedingte Abweichung der variablen Fertigungsgemeinkosten, ΔL, entsteht ausschließlich, weil die verkaufte Istausbringungsmenge sich von der geplanten Ausbringungsmenge unterscheidet. Im Beispiel ist die verkaufte Istausbringungsmenge kleiner als erwartet, so dass die variablen Istfertigungsgemeinkosten niedriger ausfallen:

$$\Delta L = \text{Wert im flexiblen Budget - Wert im statischen Budget}$$
$$= 768.000 \, € - 864.000 \, €$$
$$= 96.000 \, € \, G$$

Es gibt zwei Kalkulationsmöglichkeiten für die variablen Fertigungsgemeinkosten im flexiblen Budget: (1) auf Basis der Produkteinheiten (16.000 PE * 48,00 €/PE) oder (2) auf Grundlage der Inputeinheiten [(16.000 PE * 1,2 Mh/PE) * (40,00 €/Mh)]. Es ist zwar leichter, die variablen Fertigungsgemeinkosten im flexiblen Budget auf Basis der Produkteinheiten zu berechnen, wenn die Analyse auf der dritten Berichtsebene abgeschlossen ist. Für eine Analyse auf der vierten Berichtsebene müssen jedoch auch Daten in Bezug auf Inputeinheiten vorliegen.

Analog zu den Einzelkostenabweichungen entsteht die Abweichung der variablen Fertigungsgemeinkosten vom flexiblen Budget, ΔS, weil die variablen Istfertigungsgemeinkosten sich von denen unterscheiden, die man für die gefertigte und verkaufte Istausbringungsmenge hätte planen sollen:

$$\Delta S = \text{Istergebnis - Wert im flexiblen Budget}$$
$$= 835.000 \, € - 768.000 \, €$$
$$= 67.000 \, € \, (U)$$

Die ungünstige Abweichung vom flexiblen Budget zeigt, dass die variablen Istfertigungsgemeinkosten den Sollwert in Höhe von 67.000 € für die Istausbringungsmenge von 16.000 Handtaschen in März 20XX übertrafen.

Bei der Kalkulation von Ist-, Soll- und Planwerten ist es wichtig, genau zwischen drei Werten für den Kostentreiber, also hier die für Maschinenstunden, zu unterscheiden. Erstens gibt es die Istmaschinenstunden, deren Zahl von 20.000 nur *ex post* zur Verfügung steht. Zweitens multipliziert man die Istzahl der Produkteinheiten (16.000 gefertigte und verkaufte Handtaschen, ebenfalls nur *ex post* bekannt) mit dem Standard von 1,2 Maschinenstunden je Handtasche (*ex ante* bekannt), um die Sollfaktoreinsatzmenge im flexiblen Budget (19.200 Mh) zu ermitteln. Drittens ergibt sich die Planfaktoreinsatzmenge als Produkt aus der geplanten Ausbringungsmenge (18.000 Handtaschen, *ex ante* bekannt) und dem auch im Voraus bekannten Standard von 1,2 Maschinenstunden je Handtasche. Die resultierenden 21.600 Maschinenstunden dienen als Verrechnungsgrundlage (im angelsächsischen Sprachraum „denominator level", wörtlich „Nennervolumen" oder „Nennergröße") bei der Kalkulation des Plankostensatzes der fixen Gemeinkosten.

3.4.2   Preisabweichung variabler Gemeinkosten

Wie bei der Analyse der Einzelkostenabweichungen lässt sich die Abweichung der variablen Fertigungsgemeinkosten vom flexiblen Budget in zwei Komponenten auf der vierten Berichtsebene unterteilen: die Preis- und die Verbrauchsabweichung. Die Preisabweichung variabler Fertigungsgemeinkosten ist der Unterschied zwischen den variablen Istfertigungsgemeinkosten und dem Wert in der Sollrechnung, den man für die Istausbringungsmenge hätte einplanen sollen. Die Formel für die Preisabweichung variabler Fertigungsgemeinkosten lautet wie folgt:

$$\Delta P = (\text{IKSvFGK}_{\text{IEV}} - \text{StKSvFGK}_{\text{IEV}}) * \text{IM}$$
$$= (41{,}75 \ \text{€/Mh} - 40{,}00 \ \text{€/Mh}) * 20.000 \ \text{Mh}$$
$$= (1{,}75 \ \text{€/Mh}) * 20.000 \ \text{Mh}$$
$$= 35.000 \ \text{€ (U)}$$

Hier stellen jeweils ΔP die Preisabweichung variabler Fertigungsgemeinkosten, $\text{IKSvFGK}_{\text{IEV}}$ den Istkostensatz variabler Fertigungsgemeinkosten je Inputeinheit der Verrechnungsgrundlage, $\text{StKSvFGK}_{\text{IEV}}$ den (geplanten) Standardkostensatz variabler Fertigungsgemeinkosten je Inputeinheit der Verrechnungsgrundlage und IM die Istfaktoreinsatzmenge der Verrechnungsgrundlage dar.

Im März 20XX arbeitete die Hamburger Handtaschen GmbH mit höheren variablen Fertigungsgemeinkosten je Maschinenstunde, als man dafür hätte einplanen sollen. Deshalb ergab sich eine ungünstige Preisabweichung der variablen Fertigungsgemeinkosten.

Man kalkuliert die Preisabweichung der variablen Gemeinkosten in ähnlicher Weise, wie man die Preisabweichung der Einzelkostenarten berechnet. Die Ursachen dieser beiden Abweichungen sind jedoch nicht identisch. Während eine (reine) Preisabweichung der Einzelkosten ausschließlich entsteht, weil $\text{IP}_{\text{I}} \neq \text{SP}_{\text{I}}$, gibt es zwei mögliche Ursachen für eine Preisabweichung der variablen Gemeinkosten (Chen/Lambert, 1985). Erstens unterscheiden sich die Istpreise individueller Kostenarten, die der Pool der variablen Gemeinkosten umfasst, von deren Sollpreisen. Zweitens unterscheidet sich der Istverbrauch der individuellen Kostenarten im Pool der variablen Gemeinkosten von deren Sollverbrauch.

Die ungünstige Preisabweichung der variablen Fertigungsgemeinkosten von 35.000 € für die Hamburger Handtaschen GmbH hätte entstehen können, weil z. B. im März 20XX die Istpreise des Stroms, des indirekten Fertigungsmaterials und der indirekten Fertigungsarbeit über den Sollpreisen lagen. Diese Abweichung hätte aber auch zustande kommen können, weil der Istverbrauch jener drei Kostenarten größer als der Sollverbrauch war, den man bei der Festsetzung des Plankostensatzes variabler Fertigungsgemeinkosten von 40,00 € je Maschinenstunde angenommen hatte.

Wegen der unterschiedlichen möglichen Ursachen für Preisabweichungen bei den variablen und fixen Einzelkosten einerseits und den variablen und fixen Gemeinkosten andererseits bezeichnet man sie im angelsächsischen Sprachraum unterschiedlich und differenziert zwischen ihnen konzeptionell. Während die ersteren „price variances" genannt werden (weil sie die Preise sowohl von Produkten als auch von Inputs betreffen können), nennt man die letzteren „spending variances" (weil ihre Ursachen sowohl Preisunterschiede als auch Verschwendung sein könnten). Da es im deutschen Sprachraum unüblich ist, terminologisch zwischen solchen Preisabweichungen zu differenzieren, ist es besonders wichtig, sich dieses konzeptionellen Unterschieds bewusst zu sein.

3.4.3   Verbrauchsabweichung variabler Gemeinkosten

Man berechnet die Verbrauchsabweichung variabler Gemeinkosten in ähnlicher Weise wie bei den Einzelkostenarten. Die Formel für die Verbrauchsabweichung variabler Gemeinkosten ist:

$$
\begin{aligned}
\Delta V &= StKSvFGK_{IEV} * (IM - SM) \\
&= StKSvFGK_{IEV} * [(IM - (IPE * StM_{PE})] \\
&= 40,00\ \text{€/Mh} * [(20.000\ \text{Mh} - (16.000\ \text{PE} * 1,2\ \text{Mh/PE})] \\
&= 40,00\ \text{€/Mh} * [(20.000\ \text{Mh} - 19.200\ \text{Mh})] \\
&= 40,00\ \text{€/Mh} * [800\ \text{Mh}] \\
&= 32.000\ \text{€ (U)}
\end{aligned}
$$

Hier stellen jeweils ΔV die Verbrauchsabweichung variabler Fertigungsgemeinkosten, $StKSvFGK_{IEV}$ den (geplanten) Standardkostensatz variabler Fertigungsgemeinkosten je Inputeinheit der Verrechnungsgrundlage, IM die Istmenge der Verrechnungsgrundlage, SM die Sollmenge der Verrechnungsgrundlage, IPE die Istzahl an Produkteinheiten, und StM_{PE} die Planmenge der Verrechnungsgrundlage (Standard) je Produkteinheit dar.

Trotz des ähnlichen Kalkulationsschemas unterscheidet sich die Interpretation der Verbrauchsabweichung im Gemeinkostenbereich von der Verbrauchsabweichung bei den Einzelkostenabweichungen. Die Verbrauchsabweichungen der Einzelkostenarten spiegeln den Unterschied zwischen verbrauchten Istinputeinheiten und den Inputeinheiten wider, die man für die Istausbringungsmenge hätte einsetzen sollen. Die Verbrauchsabweichung variabler Gemeinkosten bewertet indessen die Effizienz, mit der man die Verrechnungsgrundlage genutzt hat. Die ungünstige Verbrauchsabweichung variabler Fertigungsgemeinkosten in Höhe von 32.000 € bedeutet, dass die Istmaschinenstunden (die Verrechnungsgrundlage) höher als die Maschinenstunden ausfielen, die man für die Produktion von 16.000 Handtaschen hätte budgetieren sollen.

Die ungünstige Verbrauchsabweichung bedeutet dennoch nicht, dass die Mitarbeiter die Kostenarten im Pool der variablen Fertigungsgemeinkosten verschwendet haben. Vielmehr entstand die ungünstige Abweichung, weil das Unternehmen eine höhere Zahl des Kostentreibers und der Verrechnungsgrundlage Maschinenstunden verbrauchte, als man für die Fertigung der Istausbringungsmenge angesetzt hätte. Da die Maschinen zusätzliche 800 Stunden liefen, haben sie zusätzlich 800 Mh * 40,00 €/Mh = 32.000 € mehr von den Kostenarten im variablen Fertigungsgemeinkostenpool (Strom, Vorräte, Instandhaltung usw.) verbraucht als man hätte verbrauchen sollen. Würde man beispielsweise die zusätzlichen Stunden am Wochenende einplanen, so müsste man ebenfalls höhere Kosten für Strom, Instandhaltung und Aufsicht kalkulieren.

Der Verbrauch von Zwirn beim Nähen der Handtaschen dient als weiteres Beispiel zur Illustration der unterschiedlichen Interpretation von Verbrauchsabweichungen bei den Einzel- und Gemeinkosten. Wenn die Hamburger Handtaschen GmbH den Zwirn als Fertigungseinzelkostenart klassifiziert, spiegelt die Verbrauchsabweichung des Fertigungsmaterials wider, ob man mehr oder weniger Zwirn für die Istausbringungsmenge verbraucht hat, als man dafür

hätte budgetieren sollen. Wenn das Unternehmen den Zwirn jedoch als Fertigungsgemein-
kostenart klassifiziert, signalisiert die Verbrauchsabweichung variabler Fertigungsgemeinkosten, ob man mehr oder weniger Maschinenstunden für die Istausbringungsmenge verbraucht hat, als man dafür hätte ansetzen sollen. Jeder Unterschied zwischen tatsächlichem
und Sollverbrauch des Zwirns im Verhältnis zu den Maschinenstunden spiegelt sich ferner
auch in der Preisabweichung der variablen Fertigungsgemeinkosten wider.

Wegen der unterschiedlichen Interpretation von Verbrauchsabweichungen bei den variablen
und fixen Einzelkosten einerseits und bei den variablen und fixen Gemeinkosten andererseits
bezeichnet man sie im angelsächsischen Sprachraum manchmal unterschiedlich. Während
die ersteren dort „efficiency variances" genannt werden, nennt man die letzteren oft „usage
variances". Da es im Gegensatz zum deutschen im angelsächsischen Sprachraum jedoch
häufig der Fall ist, dass man diese beiden Abweichungsarten terminologisch nicht auseinander hält, sondern beide als „efficiency variances" bezeichnet, ist es besonders wichtig, sich
auch dieses konzeptuellen Unterschieds bewusst zu sein.

Abb. 3.2 fasst die Abweichungen variabler Fertigungsgemeinkosten zusammen, die für die
Hamburger Handtaschen GmbH berechnet wurden. Die Abweichung vom flexiblen Budget
zeigt, dass das Unternehmen mehr für den Marktkorb der variablen Fertigungsgemeinkostenarten (835.000 €) ausgab, als es für die Istausbringungsmenge (48 €/PE *16.000 PE =
768.000 €) hätte ausgeben sollen.

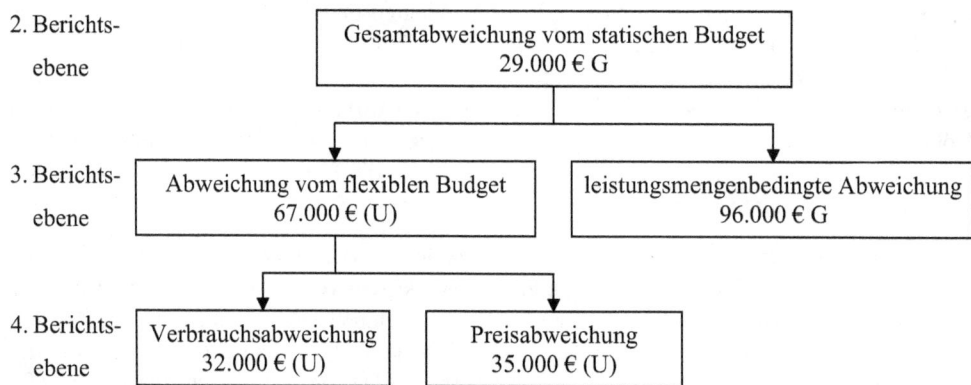

Abb. 3.2 *Abweichungen variabler Fertigungsgemeinkosten der Hamburger Handtaschen GmbH im März 20XX*

Tab. 3.7 präsentiert die Preis- und Verbrauchsabweichungen auf der vierten Berichtsebene
im Spaltenformat. Der Hauptgrund für die ungünstige Abweichung vom flexiblen Budget
liegt darin, dass mehr Maschinenstunden verbraucht wurden, als man für die Istzahl der Produkteinheiten hätte budgetieren sollen (d. h. Istverbrauch > Sollverbrauch).

Tab. 3.7   *Abweichungsanalyse der variablen Fertigungsgemeinkosten auf der 4. Berichtsebene der Hamburger Handtaschen GmbH im März 20XX im Spaltenformat*

Istkosten zu Istpreisen (1)	Istkosten zu Planpreisen $StKSvFGK_{IEV} * IM$ (2)	Flexibles Budget (Sollrechnung) $StKSvFGK_{IEV} * (IPE * StM_{PE})$ $StKSvFGK_{IEV} * SM$ (3)
835.000 €	(40,00 €/Mh * 20.000 Mh) 800.000 €	40,00 € * (16.000 PE * 1,20 Mh/PE) 768.000 €

35.000 € (U)   2.000 € (U)
Preisabweichung   Verbrauchsabweichung

67.000 € (U)
Abweichung vom flexiblen Budget

3.5   Ermittlung fixer Gemeinkostensätze

Per Definition sind fixe Gemeinkosten eine Pauschalsumme, die sich auch bei variablen Kostentreibern insgesamt nicht verändert. Daher verändert sich die Summe der Fixkosten im flexiblen Budget ebenfalls nicht, wenn die variablen Kosten und die Erträge an unterschiedliche Ausbringungsmengen innerhalb der fixkostenrelevanten Beschäftigung angepasst werden.

3.5.1   Berechnung des Plankostensatzes fixer Gemeinkosten

Für den Monat März 20XX hat die Hamburger Handtaschen GmbH fixe Fertigungsgemeinkosten in Höhe von 1.200.000 € (Abb. 3.3) geplant. Die Arbeitsschritte bei der Entwicklung ihres Plankostensatzes fixer Gemeinkosten gestalten sich wie folgt:

Schritt 1: Identifizierung der Kostenarten im Pool fixer Gemeinkosten: Die fixen Fertigungsgemeinkosten für die Hamburger Handtaschen GmbH umfassen Abschreibungen, Fabrikleasingkosten, Grundsteuer, Gehälter und einige Verwaltungskostenarten.

Schritt 2: Wahl der Verrechnungsgrundlage (Nennergröße): Man kann den Nenner in Inputeinheiten (z. B. Maschinenstunden) oder Produkteinheiten (fertige Handtaschen) ausdrücken. Das Unternehmen plant, im März 20XX 18.000 Handtaschen zu produzieren. Die geplanten Maschinenstunden für die Produktion von 18.000 Handtaschen belaufen sich auf 21.600 Mh (1,20 Mh/PE * 18.000 PE).

Schritt 3: Berechnung des Plankostensatzes fixer Gemeinkosten: Auf Basis der Produkteinheiten (outputorientierte Nennergröße) ergibt sich ein Plankostensatz fixer Fertigungsgemeinkosten (PKSfFGK$_{PE}$) von 66,67 € je Handtasche.

PKSfFGK$_{PE}$ = Plankosten fixer Fertigungsgemeinkosten/Anzahl der Produkteinheiten
        = 1.200.000 €/18.000 Handtaschen
        = 66,67 €†/Handtasche

†gerundete Zahl

Eine Analyse auf der vierten Berichtsebene gestaltet sich jedoch einfacher, wenn man den Plankostensatz fixer Gemeinkosten auf Basis einer inputorientierten Nennergröße berechnet.

PKSfFGK$_{IEV}$ = Plankosten fixer Fertigungsgemeinkosten/Anzahl der Inputeinheiten
          der Verrechnungsgrundlage
        = 1.200.000 €/21.600 Mh
        = 55,56 €†/Mh

†gerundete Zahl

Das Verhältnis zwischen den alternativen Plankostensätzen fixer Fertigungsgemeinkosten ergibt wiederum den Maschinenstundeninput für eine fertige Handtasche:

(66,67 €†/Handtasche)/(55,56 €†/Mh) = 1,20 Mh/Handtasche

†gerundete Zahl

Die Nennergröße ist also das Volumen der gewählten Verrechnungsgrundlage, das man benutzt, um einen Plankostensatz für die fixen Gemeinkosten zu berechnen, womit man dann die fixen Gemeinkosten einem Kostenobjekt zuteilt. Die Nennergröße für die fixen Fertigungsgemeinkosten der Hamburger Handtaschen GmbH beträgt 18.000 Produkteinheiten (Handtaschen) oder 21.600 Inputeinheiten (Maschinenstunden).

In der Praxis ist es wichtig, dass man gedanklich ohne weiteres zwischen In- und Outputeinheiten wechseln kann. In diesem Beispiel sind die Outputs in der Planrechnung (d. h. im statischen Budget) die Handtaschen. Die Inputs, die laut der Planrechnung für die Fertigung von 18.000 Produkteinheiten erforderlich sind, betragen 1,2 Mh/Handtasche * 18.000 Handtaschen = 21.600 Mh. Man erstellt die Sollrechnung (d. h. das flexible Budget) jedoch auf Grundlage der Istausbringungsmenge von 16.000 Produkteinheiten. Das bedeutet, dass man nur 1,2 Mh/Handtasche * 16.000 Handtaschen = 19.200 Mh hätte verbrauchen sollen.

3.5.2   Fixe Fertigungsgemeinkosten je Einheit mit unterschiedlichen Nennergrößen

Tab. 3.8 zeigt, dass die Nennergröße, auf deren Basis man den Plankostensatz fixer Fertigungsgemeinkosten kalkuliert, die gesamten Fertigungsgemeinkosten für Planung und Kon-

trolle nicht beeinflusst. Ihre Größe beeinflusst jedoch den Plankostensatz fixer Fertigungsgemeinkostensatz und damit die Bewertung von Halbfertig- und Fertigwarenbeständen:

Tab. 3.8   Nennergröße und Plankostensatz fixer Fertigungsgemeinkosten

Gesamte geplante fixe Fertigungs-gemeinkosten (1)	Gesamte monatliche Nennergröße in Produkteinheiten (Handtaschen) (2)	Plankostensatz fixer Fertigungs-gemeinkosten je Handtasche PKSfFGK$_{PE}$ (3) = (1)/(2)	Gesamte monatliche Nennergröße in Inputeinheiten (Mh) (4)	Plankostensatz fixer Fertigungs-gemeinkosten je Mh PKSfFGK$_{IEV}$ (5) = (1)/(4)
1.200.000 €	12.000	100,00 €	14.400	83,33 €[†]
1.200.000 €	15.000	80,00 €	18.000	66,67 €[†]
1.200.000 €	18.000	66,67 €[†]	21.600	55,56 €[†]
1.200.000 €	21.000	57,14 €[†]	25.200	47,62 €[†]

[†]gerundete Zahl

Bei obiger Kalkulation der fixen Fertigungsgemeinkosten je Outputeinheit verwandeln sich
fixe Kosten scheinbar in variable Kosten. Dies ist ein Trugschluss: Innerhalb der fixkostenrelevanten Beschäftigung verändern sich fixe Kosten nicht, wenn die Ausbringungsmenge
schwankt.

3.6   Abweichungen fixer Gemeinkosten

Die Gesamtabweichung vom statischen Budget (ΔG) auf der zweiten Berichtsebene für die
fixen Fertigungsgemeinkosten der Hamburger Handtaschen GmbH beträgt 39.000 € (U):

$$\Delta G = \text{Istergebnis - Wert im statischen Budget}$$
$$= 1.239.000 \text{ € - } 1.200.000 \text{ €}$$
$$= 39.000 \text{ € (U)}$$

Da geplante fixe Gemeinkosten über verschiedene Ausbringungsmengen innerhalb der fixkostenrelevanten Beschäftigung gleich bleiben, gibt es hier keine Anpassung der Fixkosten
an die Ausbringungsmenge.

Abb. 3.3 präsentiert eine Zusammenfassung der Abweichungsanalyse auf der zweiten, dritten
und vierten Berichtsebene der fixen Fertigungsgemeinkosten für die Hamburger Handtaschen GmbH:

2. Berichts- ebene	Gesamtabweichung vom statischen Budget 39.000 € (U)	

3. Berichts- ebene	Abweichung vom flexiblen Budget 39.000 € (U)	leistungsmengenbedingte Abweichung Abweichung kommt nicht vor

4. Berichts- ebene	Preisabweichung 39.000 € (U)	Verbrauchsabweichung Abweichung kommt nicht vor

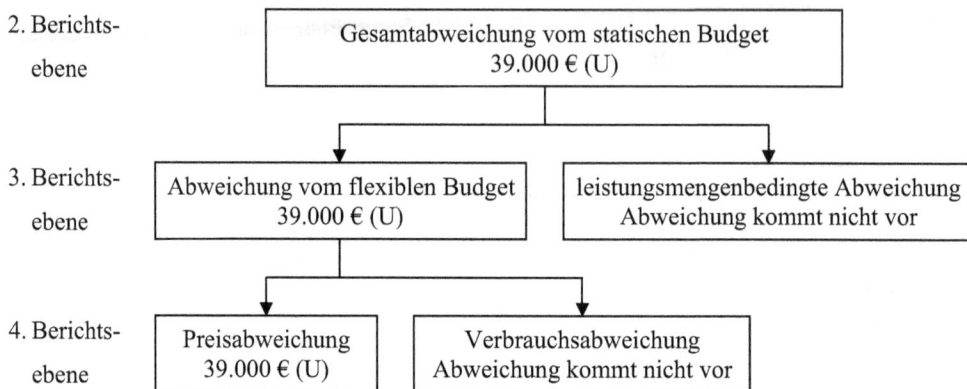

Abb. 3.3   *Abweichungen fixer Fertigungsgemeinkosten der Hamburger Handtaschen GmbH im März 20XX*

Auf der dritten Berichtsebene für fixe Gemeinkosten kommt eine leistungsmengenbedingte Abweichung nicht vor. Per Definition können Veränderungen im Absatz die geplanten fixen Kosten nicht beeinflussen. Nur die variablen Kosten ermöglichen die Erstellung eines flexiblen Budgets, die an den Istabsatz angepasst ist. Da die fixen Gemeinkosten innerhalb der fixkostenrelevanten Beschäftigung gleich bleiben, ist eine leistungsmengenbedingte Abweichung für die fixen Gemeinkosten nicht möglich.

Im Rahmen der Bestandsbewertung erfolgt die Verrechnung fixer Fertigungsgemeinkosten zum Halbfertigwarenkonto jedoch auf Stückbasis, als wären die fixen Fertigungsgemeinkosten variabel. Da der Wert für die fixen Fertigungsgemeinkosten im flexiblen Budget innerhalb der fixkostenrelevanten Beschäftigung wirklich fix ist, kann er den verrechneten fixen Fertigungsgemeinkosten im Halbfertigwarenkonto nur dann gleichen, wenn die Istausbringungsmenge der Nennergröße gleicht. Weil dies in der Praxis selten der Fall ist, entsteht eine Abweichung, die allein bei den fixen Fertigungsgemeinkosten vorkommen kann. Die so entstehende Beschäftigungsabweichung wird im folgenden Abschnitt näher erläutert.

Ähnlich der leistungsmengenbedingten Abweichung für fixe Gemeinkosten auf der dritten Berichtsebene entsteht auf der vierten Berichtsebene nie eine Verbrauchsabweichung für fixe Gemeinkosten. Schließlich kann ein Manager mit einer fixen Menge (d. h. eine Menge, deren Größe er nicht beeinflussen kann) nicht mehr oder weniger wirtschaftlich umgehen.

Die Formel zur Berechnung der Abweichung der fixen Fertigungsgemeinkosten vom flexiblen Budget und der Preisabweichung gleichen dem Vorgehen zur Berechnung entsprechender Einzelkostenabweichungen:

$$\Delta S = \text{Istergebnis - Wert im flexiblen Budget}$$
$$= 1.239.000 \text{ € } - 1.200.000 \text{ €}$$
$$= 39.000 \text{ € (U)}$$

$$\Delta P = \text{Istergebnis - Wert im flexiblen Budget}$$
$$= 1.239.000\ \text{€} - 1.200.000\ \text{€}$$
$$= 39.000\ \text{€ (U)}$$

In beiden Fällen bedeutet die ungünstige Abweichung in Höhe von 39.000 €, dass die Hamburger Handtaschen GmbH im März 20XX höhere fixe Fertigungsgemeinkosten gehabt hat, als dafür eingeplant waren.

3.7 Beschäftigungsabweichung fixer Gemeinkosten

In einer nach dem Vollkostenprinzip aufgebauten Rechnung beinhalten die Beschäftigungsabweichungen kalkulatorische Über- bzw. Unterdeckungen zwischen der Kostenstellenrechnung und der Betriebsergebnisrechnung, die immer dann eintreten, wenn die Istbeschäftigung der Kostenstelle nicht mit der Planbeschäftigung übereinstimmt. Unter verrechnungstechnischen Gesichtspunkten lassen sie sich auch als Summe aus Nutzkosten (durch die Kalkulation gedeckte Fixkosten) und Leerkosten (durch die Kalkulation ungedeckte anteilige Fixkosten) interpretieren. Auch in einer nach dem Grenzkostenprinzip aufgebauten Plankostenrechnung kann auf eine derartige Deckungskontrolle der fixen Kosten nicht verzichtet werden, da sie wertvolle Hinweise u. a. für die Produktions- und Investitionsplanung liefert.

Im angelsächsischen Sprachraum bezeichnet man die Beschäftigungsabweichung als „output level overhead variance", „production volume overhead variance" oder „production level overhead variance". Die Beschäftigungsabweichung der fixen Gemeinkosten ist also der Unterschied zwischen den geplanten fixen Gemeinkosten und den fixen Gemeinkosten, die man der Istausbringungsmenge zuteilt (Solomons, 1961; Cornick/Cooper/Wilson, 1988).

3.7.1 Berechnung der Beschäftigungsabweichung fixer Gemeinkosten

Die Formel zur Berechnung einer Beschäftigungsabweichung fixer Gemeinkosten, auf Basis eines Kostensatzes je Produkteinheit, lautet:

$$\Delta B = [\text{PKSfFGK}_{PE} * (\text{PP}_{PE} - \text{IP}_{PE})]$$
$$= [(66,67\ \text{€}^{\dagger}/\text{PE}) * (18.000\ \text{PE} - 16.000\ \text{PE})]$$
$$= 133.333\ \text{€}^{\dagger}\ \text{(U)}$$

†gerundete Zahl

Hier stellen jeweils ΔB die Beschäftigungsabweichung fixer Fertigungsgemeinkosten, PP_{PE} die geplante Ausbringungsmenge und Plannennergröße, IP_{PE} die Istausbringungsmenge und Istnennergröße sowie PKSfFGK_{PE} den outputorientierten Plankostensatz fixer Fertigungsgemeinkosten dar.

Wenn die Istausbringungsmenge kleiner ausfällt als im statischen Budget geplant, ist die Beschäftigungsabweichung der Gemeinkosten ungünstig. Das bedeutet, dass die Kapazitäten weniger ausgelastet wurden als ursprünglich geplant.

Es mag der Eindruck entstehen, dass die Beschäftigungsabweichung fixer Gemeinkosten der Verbrauchsabweichung variabler Gemeinkosten ähnlich ist. Dies ist ein Irrtum. Richtig ist, dass die Abweichung vom flexiblen Budget fixer Gemeinkosten ähnlich der Abweichung vom flexiblen Budget variabler Gemeinkosten ist, da letztere sowohl die Preisabweichung als auch die Verbrauchsabweichung variabler Gemeinkosten beinhaltet. Die Beschäftigungsabweichung dagegen ist ein neues Konzept, das nur die fixen Gemeinkosten betrifft. Sie entsteht ausschließlich, weil sich die Pauschalsumme für die fixen Gemeinkosten im flexiblen Budget normalerweise von den fixen Gemeinkosten unterscheidet, die man dem Halbfertigwarenkonto zuteilt. (Da bei den Fertigungsmaterial-, Fertigungsarbeits- und variablen Gemeinkosten die Werte im flexiblen Budget denen gleichen, die man dem Halbfertigwarenkonto zuteilt, kann es eigentlich keine Beschäftigungsabweichung für diese Kostenarten geben.)

Die Formel zur Berechnung einer Beschäftigungsabweichung fixer Gemeinkosten auf Grundlage eines Kostensatzes je Inputeinheit, lautet wie folgt:

$$
\begin{aligned}
\Delta B &= [(\text{PfFGK}) - (\text{VfFGK})] \\
&= [(\text{PfFGK}) - (\text{PKSfFGK}_{IEV} * \text{IPE} * \text{StM}_{PE})] \\
&= [(1.200.000\ \text{€}) - (55{,}56\ \text{€}^{\dagger}/\text{Mh} * 16.000\ \text{PE} * 1{,}2\ \text{Mh/PE}) \\
&= [(1.200.000\ \text{€}) - (55{,}56\ \text{€}^{\dagger}/\text{Mh} * 19.200\ \text{Mh}) \\
&= 1.200.000\ \text{€} - 1.066.667\ \text{€}^{\dagger} \\
&= 133.333\ \text{€}^{\dagger}\ (\text{U})
\end{aligned}
$$

[†] gerundete Zahl

Hier stellen jeweils ΔB die Beschäftigungsabweichung fixer Fertigungsgemeinkosten, PfFGK die geplanten fixen Fertigungsgemeinkosten insgesamt, VfFGK die verrechneten fixen Fertigungsgemeinkosten, PKSfFGK_{IEV} den Plankostensatz fixer Fertigungsgemeinkosten je Inputeinheit der Verrechnungsgrundlage, IPE die Istausbringungsmenge an Produkteinheiten und StM_{PE} die geplante Inputmenge der Verrechnungsgrundlage (Standard) je Produkteinheit dar.

Die Summe, die man für die geplanten fixen Gemeinkosten einsetzt, ist gleich dem Wert im statischen Budget und entspricht auch dem Wert in jedem flexiblen Budget innerhalb der fixkostenrelevanten Beschäftigung. Tab. 3.9 Teil B präsentiert eine Analyse der fixen Fertigungskostenabweichungen für die Hamburger Handtaschen GmbH im Spaltenformat.

Tab. 3.9   Präsentation der Abweichungsanalyse der 4. Berichtsebene im Spaltenformat variable und fixe Fertigungsgemeinkosten der Hamburger Handtaschen GmbH

Teil A: Variable Fertigungsgemeinkosten

Istkosten (1)	Istkosten zu Planpreisen $StKSvFGK_{IEV} * IM$ (2)	Flexibles Budget (Sollrechnung) $StKSvFGK_{IEV} * SM$ $StKSvFGK_{IEV} * (IPE * StM_{PE})$ bzw. $StKSvFGK_{PE} * IPE$ (3)	Verrechnete Kosten $StKSvFGK_{PE} * IPE$ (4)
	(40,00 €/Mh * 20.000 Mh)	(40,00 € * (16.000 PE * 1,2 Mh/PE))	(48,00 € * 16.000 PE)
835.000 €	800.000 €	768.000 €	768.000 €

Abweichungspfeile Teil A:
- 35.000 € (U) — Preisabweichung
- 32.000 € (U) — Verbrauchsabweichung
- Abweichung kommt nicht vor
- 67.000 € (U) — Abweichung vom flexiblen Budget
- Abweichung kommt nicht vor
- 67.000 € (U) — Unter- bzw. Überdeckung variabler Fertigungsgemeinkosten (gesamte Abweichung der variablen Gemeinkosten)

Teil B: Fixe Fertigungsgemeinkosten

Istkosten (1)	Pauschalsumme (unabhängig von der Ausbringungsmenge) (2)	Pauschalsumme (unabhängig von der Ausbringungsmenge) (3)	Verrechnete Kosten $StKSfFGK_{IEV} * (IPE * StM_{PE})$ (4)
			55,56 €†/Mh * (16.000 PE * 1,20 Mh/PE)
1.239.000 €	1.200.000 €	1.200.000 €	1.066.667 €†

Abweichungspfeile Teil B:
- 39.000 € (U) — Preisabweichung
- Abweichung kommt nicht vor
- 133.333 €† (U) — Beschäftigungsabweichung
- 39.000 € (U) — Abweichung vom flexiblen Budget
- 133.333 €† (U) — Beschäftigungsabweichung
- 172.333 €† (U) — Unter- bzw. Überdeckung fixer Gemeinkosten (gesamte Abweichung der fixen Gemeinkosten)

Bis auf eine vierte Spalte, die in Teil A eingefügt ist, um für die Teile A und B ein symmetrisches Bild zu erstellen, gleicht Teil A der Tab. 3.9 der Übersicht in Tab. 3.7. Das statische

Budget und die Beschäftigungsabweichung erscheinen in diesem Teil der Tab. 3.9 nicht. Die vierte Spalte (Verrechnete Kosten) enthält keine Werte aus dem statischen Budget, daher wird auch keine leistungsmengenbedingte Abweichung ausgewiesen. Die Beschäftigungsabweichung ergibt sich aus der Differenz zwischen der verrechneten Summe und der Summe im flexiblen Budget. Hier wird noch einmal verdeutlicht, dass die Beschäftigungsabweichung nur die fixen Gemeinkosten betrifft. Für die variablen Gemeinkosten entspricht die zugeteilte Summe immer dem Wert im flexiblen Budget.

3.7.2 Interpretation von Beschäftigungsabweichungen der fixen Gemeinkosten

Die Beschäftigungsabweichung entsteht, weil die Istausbringungsmenge sich von der Ausbringungsmenge unterscheidet, die man als die Nennergröße für die Berechnung des Plankostensatzes fixer Gemeinkosten verwendet. Im produzierenden Gewerbe ist die genaue Kalkulation der auf ein Produkt verrechneten fixen Gemeinkosten erforderlich für die Bestandskostenrechnung und teilweise auch für Nachweiszwecke, wenn Verträge mit Kunden den Nachweis der anteiligen fixen Gemeinkosten je Produkteinheit beinhalten. Im nicht produzierenden Gewerbe berechnet man ebenfalls Beschäftigungsabweichungen für fixe Gemeinkosten, die man den Produkten für langfristige Preisentscheidungen usw. zuteilt.

Die Beschäftigungsabweichung ist jedoch kein guter Indikator für die Opportunitätskosten der ungenutzten Fertigungskapazität. Zum einen kann die im statischen Budget geplante Ausbringungsmenge kleiner sein als die Obergrenze der Fertigungskapazität. Bei der Hamburger Handtaschen GmbH liegt die Obergrenze der Fertigungskapazität beispielsweise bei 21.000 Handtaschen. Das Unternehmen plant jedoch nur für 18.000 Handtaschen. Damit berücksichtigt die oben berechnete Beschäftigungsabweichung nicht die volle ungenutzte Fertigungskapazität (18.000 PE - 16.000 PE = 2.000 PE anstatt 21.000 PE - 16.000 PE = 5.000 PE).

Zum anderen sollten die ökonomischen Kosten der ungenutzten Produktionskapazität sowohl Ertrags- als auch Kostenfaktoren in Betracht ziehen. Die Beschäftigungsabweichung der fixen Gemeinkosten berücksichtigt nur die Kostenseite. Um den Ertragsfaktoren ebenfalls Rechnung zu tragen, müsste man auch den erzielbaren Verkaufspreis für die Istausbringungsmenge (durchschnittlich 900 € je Handtasche) analysieren. Hätte man diesen Betrag für die zusätzlichen Produkteinheiten, die man bei voller Kapazitätsauslastung hergestellt hätte, gleichermaßen erreichen können? Unter Umständen wird dies nicht der Fall sein: Die Hamburger Handtaschen GmbH hat im März 20XX 16.000 PE anstatt der geplanten 18.000 PE gefertigt und verkauft. Möglicherweise sind die gesunkenen Verkaufszahlen darauf zurückzuführen, dass ein Konkurrent durch eine Preissenkung seinen Marktanteil mit zwei Hauptabnehmern der Hamburger Handtaschen GmbH steigern konnte. Das Hamburger Unternehmen hat sich indessen dazu entschieden, keinen niedrigeren Preis anzubieten, um die weniger preissensitiven Kunden zu behalten, und hat im gleichen Zug seine Istausbringungsmenge um 2.000 Produkteinheiten reduziert. Wollte man noch 3.000 Produkteinheiten (21.000 PE bei voller Auslastung der Fertigungskapazität - 18.000 PE, die man ursprünglich als Absatz geplant hatte) mehr absetzen, hätte man den Verkaufspreis von 900 € am Markt wahrscheinlich nicht durchsetzen können.

3.8 Integrierte Analyse der Gemeinkostenabweichungen

Ausgehend von der Übersicht möglicher Gemeinkostenabweichungen in Tab. 3.9 soll im Folgenden erläutert werden, welcher Detaillierungsgrad (erste bis vierte Berichtsebene) für welche Art von Informationen herangezogen wird. Man kann die variablen und fixen Gemeinkostenabweichungen in Tab. 3.9 im höchsten Detail als vier Abweichungen (4er-Abweichungsanalyse) und im geringsten Detail als eine Abweichung (1er-Abweichungsanalyse) präsentieren. Die 3er- und die 2er-Abweichungsanalysen ergeben mittlere Grade der Detailliertheit. Die „4" in der 4er-Abweichungsanalyse sowie die „3" in der 3er-Abweichunganalyse usw. gibt die Anzahl der einzelnen Abweichungen an, die ein Manager in diesem Format untersuchen kann.

Im höchsten Detaillierungsgrad zeigt Tab. 3.10 vier Abweichungen (zwei Abweichungen variabler Fertigungsgemeinkosten und zwei Abweichungen fixer Fertigungsgemeinkosten).

Tab. 3.10 *4er-Abweichungsanalyse*

	Preisabweichung	Verbrauchsabweichung	Beschäftigungsabweichung
Variable Fertigungs- gemeinkosten	35.000 € (U)	32.000 € (U)	Abweichung kommt nicht vor
Fixe Fertigungs- gemeinkosten	39.000 € (U)	Abweichung kommt nicht vor	133.333 € (U)

Die ungünstigen Preisabweichungen der variablen und fixen Fertigungsgemeinkosten in der jeweiligen Höhe von 35.000 € und 39.000 € bedeuten, dass das Unternehmen bei 20.000 Istmaschinenstunden höhere Summen als erwartet für diese Kostenarten veranschlagen musste. Mögliche Gründe für die höheren Kosten sind (1) die Verteuerung der betroffenen Inputs und/oder (2) der höhere Verbrauch der Kostenarten in den beiden Gemeinkostenpools je Maschinenstunde (z. B. Mehrkosten für Instandhaltung oder Leasing je Maschinenstunde).

In der 3er-Abweichunganalyse in Tab. 3.11 hat man die zwei Preisabweichungen der 4er-Abweichungsanalyse zusammengefasst. Dabei ist anzumerken, dass lediglich im Bereich der Preisabweichung ein Informationsverlust zu verzeichnen ist. Da es nie eine Verbrauchsabweichung bei den fixen Gemeinkosten geben kann, bezieht sich die ungünstige Abweichung von 32.000 € allein auf die variablen Fertigungsgemeinkosten. Sie deutet an, dass das Unternehmen 32.000 € mehr an variablen Gemeinkostenarten (z. B. Strom und Instandhaltung) verbraucht hat, weil die Fertigung 800 Maschinenstunden mehr als erwartet beansprucht hat. Diese Abweichung entstammt dem ineffizienten Verbrauch des Kostentreibers (Maschinenstunden), nicht dem ineffizienten Verbrauch der Gemeinkostenarten an sich. (Wie oben beschrieben verursacht letztere die Preisabweichungen.)

Tab. 3.11 3er-Abweichungsanalyse

	Preisabweichung	Verbrauchsabweichung	Beschäftigungsabweichung
Gesamte Fertigungs- gemeinkosten	74.000 € (U)	32.000 € (U)	133.333 € (U)

Tab. 3.12 zeigt, wie man in der 2er-Abweichungsanalyse die Preis- und Verbrauchsabweichungen der 3er-Abweichungsanalyse zusammenführt. Da es nie eine Beschäftigungsabweichung für variable Kostenarten geben kann, betrifft diese nur die fixen Fertigungsgemeinkosten der Hamburger Handtaschen GmbH.

Tab. 3.12 2er-Abweichungsanalyse

	Abweichung vom flexiblen Budget	Beschäftigungsabweichung
Gesamte Fertigungs- gemeinkosten	106.000 € (U)	133.333 € (U)

Die einzelne Abweichung in Höhe von 239.333 € (U) in der 1er-Abweichungsanalyse in Tab. 3.13 ist die einfache Differenz zwischen den gesamten Istfertigungsgemeinkosten (835.000 € + 1.239.000 € = 2.074.000 €) und den Fertigungsgemeinkosten, die man der Istausbringungsmenge zugewiesen hat (1.834.667 €). Mit anderen Worten stellt diese Abweichung die gesamte Unterdeckung der Fertigungsgemeinkosten dar.

Tab. 3.13 1er-Abweichungsanalyse

	Gesamtabweichung der verrechneten Gemeinkosten
Gesamte Fertigungsgemeinkosten	239.333 € (U)

3.9 Interdependenzen zwischen den einzelnen Abweichungen

Die ungünstige Gesamtabweichung der Fertigungsgemeinkosten der Hamburger Handta-schen GmbH von 239.333 € ist zu 55,7 % [ΔB = 133.333 € (U)/239.333 € (U)] das Ergebnis der ungünstigen Beschäftigungsabweichung von 133.333 €, die den Rückgang der Ausbrin-gungsmenge in Höhe von 2.000 Produkteinheiten im Vergleich zum statischen Budget wi-derspiegelt.

Aufgrund der 4er-Abweichungsanalyse sind die zweit- und drittgrößten Abweichungen die ungünstigen 39.000 € (fixen) und 35.000 € (variablen) Preisabweichungen der Fertigungs-gemeinkosten. Diese Abweichungen entstehen, weil Kostenarten in beiden Gemeinkosten-pools teurer als geplant eingekauft wurden.

Die kleinste Abweichung stellt die ungünstige Verbrauchsabweichung der variablen Ferti-gungsgemeinkosten von 32.000 € dar. Dieser Betrag kommt aufgrund der 800 Maschinen-stunden zustande, die man in März 20XX zusätzlich zu den vorgesehenen 19.200 Maschi-nenstunden benötigte, um die 16.000 Handtaschen herzustellen

Die Abweichungen der 4er-Abweichungsanalyse für die Hamburger Handtaschen GmbH können miteinander korrelieren. Beispielsweise kann das Unternehmen weniger als die geplante Summe für Instandhaltungsmaßnahmen ausgeben, mit dem Ergebnis, dass einzelne Nähmaschinen möglicherweise weniger effizient laufen als geplant.

3.10 Gesamtkostenabweichungen außerhalb des Produktionsbereichs

Am Beispiel der Hamburger Handtaschen GmbH werden variable und fixe Fertigungsge-meinkosten untersucht. Bei der Berechnung der Umsatzkosten sind sowohl variable als auch fixe Fertigungsgemeinkosten aus der Sicht der Finanzberichterstattung inventoriable (dem Lagerbestand zuschlagbare) Kosten. Im Gegensatz dazu sind die Gemeinkosten der Berei-che der Wertschöpfungskette außerhalb des Produktionsbereichs (z. B. Forschung und Ent-wicklung sowie Marketing) nicht inventoriabel. Sollte man die Gemeinkosten dieser Berei-che unter Anwendung des bisherigen Berechnungsschemas ebenfalls einer Abweichungsana-lyse unterziehen?

Viele Entscheidungen, die mit der Bestimmung von Produktpreisen oder des Produkt-sortiments zusammenhängen, basieren auf Informationen zu variablen Kosten. Insbesondere zur Berechnung der Produktprofitabilität sollte man alle variablen Kosten (sowohl Ferti-gungskosten als auch Kosten außerhalb des Produktionsbereichs) berücksichtigen. Die Ab-weichungsanalyse variabler Gemeinkosten liefert in allen Bereichen der Wertschöpfungsket-te wichtige entscheidungsrelevante Informationen.

Allerdings führen nur wenige Unternehmen eine detaillierte Analyse fixer Gemeinkosten außerhalb des Fertigungsbereichs durch. Viele Manager glauben, dass man durch eine solche Analyse nur unbedeutende Zusatzinformationen gewinnt.

3.11   Perspektiven auf die Analyse von Fertigungsgemeinkosten

Art und Umfang der Kostenanalyse sind je nach verfolgtem Zweck unterschiedlich. Als typische Praxisbeispiele dienen nachfolgend die Planung und Steuerung einzelner Kostenkomponenten sowie die Bestandskostenrechnung für die Finanzberichterstattung.

3.11.1   Variable Fertigungsgemeinkosten

Teil A von Abb. 3.4 zeigt zwei grafische Darstellungsformen zum Verhalten der variablen Fertigungsgemeinkosten. Die variablen Fertigungsgemeinkosten sind sowohl in der Planung und Steuerung als auch in der Bestandskostenrechnung von der Ausbringungsmenge (Handtaschen) abhängig. Je größer die Ausbringungsmenge ist, desto höher sind die gesamten budgetierten variablen Fertigungsgemeinkosten und damit auch die gesamten variablen Fertigungsgemeinkosten, die man den Produkteinheiten zuteilt.

Teil A in Abb. 3.4 zeigt ein mögliches Verhalten der gesamten variablen Gemeinkosten. Die variablen Gemeinkosten setzen sich jedoch aus vielen Kostenarten zusammen, z. B. aus Strom-, Reparatur-, Aufsichtskosten usw., die sich nicht immer beschäftigungsproportional entwickeln. Ein Manager steuert variable Gemeinkosten, indem er jede Kostenart budgetiert und dann wesentliche Abweichungen hinterfragt. Oft haben die Entscheidungen anderer Geschäftsbereiche einen großen Einfluss auf variable Fertigungsgemeinkosten. So können Reparaturkosten von Investitionsgütern höher oder niedriger ausfallen, was auf eine Kombination von Entscheidungen in den Abteilungen zurückzuführen ist, die für das Produktdesign und für die Beschaffung von Investitionsgütern verantwortlich sind. Die Interpretation der Abweichungen variabler Fertigungsgemeinkosten erfordert beträchtliches Wissen über die diversen Faktoren, die die Kostenarten im entsprechenden Gemeinkostenpool beeinflussen.

Es gilt zu beachten, dass die variablen Gemeinkosten, die man dem Halbfertigwarenkonto zuteilt, immer mit den variablen Gemeinkosten im flexiblen Budget identisch sind und zwar deshalb, weil sie sich als Produkt aus geplantem Preis je Inputeinheit und Sollmenge des Inputs für die Istzahl der Produkteinheiten ergeben. Analog berechnet man die variablen Gemeinkosten im flexiblen Budget. Die Abweichung vom flexiblen Budget der variablen Gemeinkosten (variable Gemeinkosten im Soll - variable Gemeinkosten im Ist) ist daher immer gleich der Über- bzw. Unterdeckung variabler Gemeinkosten (verrechnete variable Gemeinkosten - variable Istgemeinkosten).

Teil A: Variable Fertigungsgemeinkosten

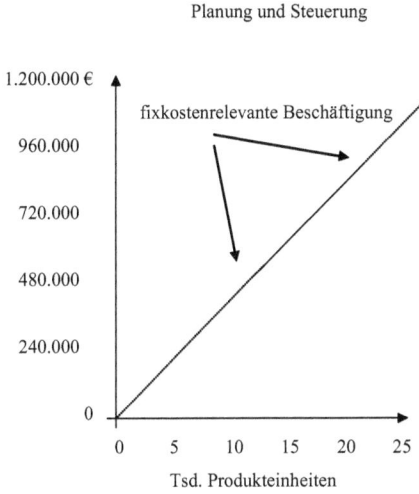

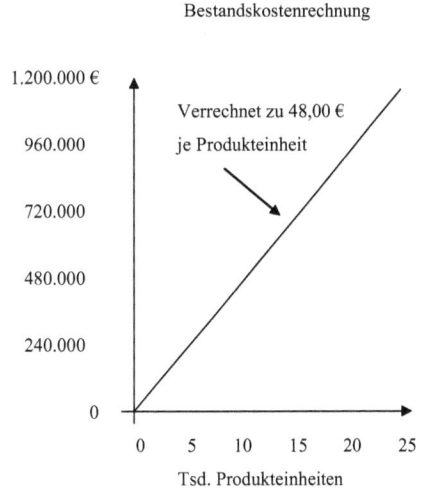

Teil B: Fixe Fertigungsgemeinkosten

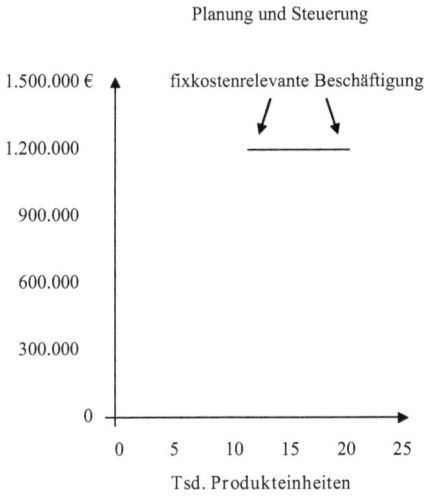

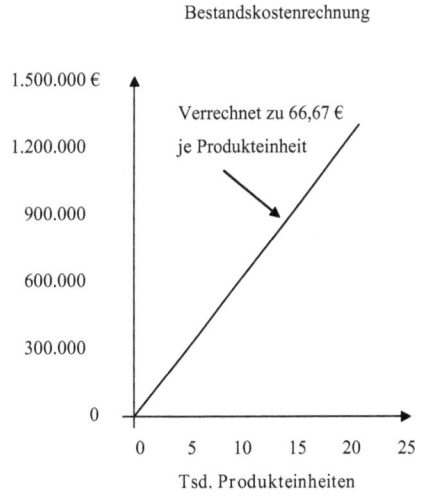

Abb. 3.4 *Das Verhalten von variablen und fixen Fertigungsgemeinkosten aus der Perspektive (1) der Planung und Steuerung und (2) der Bestandskostenrechnung*

3.11.2 Fixe Fertigungsgemeinkosten

Teil B von Abb. 3.4 zeigt, dass sich die fixen Gemeinkosten aus der Perspektive der Planung und Steuerung in der Spanne zwischen 12.000 und 21.000 Produkteinheiten nicht verändern. Bei monatlichen Leasingkosten in Höhe von 20.000 € für ein Gebäude mit einem dreijährigen Leasingvertrag steuert ein Manager diese fixen Kosten zum Zeitpunkt der Vertragsunterzeichnung. Während der Leasingzeit gibt es nur wenige Möglichkeiten, die monatliche Pauschalausgabe von 20.000 € zu beeinflussen.

In Abb. 3.4 Teil B ist auch das Verhalten fixer Gemeinkosten in der Bestandskostenrechnung dargestellt. Hier aktiviert man die fixen Gemeinkosten als einen Teil des Fertigwarenbestands auf Basis der Produkteinheiten. Jede Produkteinheit, die das Unternehmen fertigt, erhöht die fixen Gemeinkosten, die man den Produkteinheiten zuteilt, um 66,67 €. Da diese Darstellung das Vorhandensein einer möglichen Beschäftigungsabweichung verschweigt, sollten fixe Gemeinkosten zu Planungs- und Steuerungszwecken nicht auf Basis einer Produkteinheit berechnet werden.

In allen Grafiken der Abb. 3.4 werden die Gemeinkosten in Bezug auf die Anzahl der Produkteinheiten dargestellt. Alternativ könnte man die Kosten auch auf Inputfaktoren beziehen. Als Verrechnungsgrundlage für variable und fixe Fertigungsgemeinkosten würden für die Hamburger Handtaschen GmbH dann die Maschinenstunden auf der waagerechten Achse abgetragen werden.

3.12 Analyse der Abweichungen der Vertriebsgemeinkosten

Außerhalb des Fertigungsbereichs nutzt die Hamburger Handtaschen GmbH eine 4er-Abweichungsanalyse zur Untersuchung der Vertriebsgemeinkosten. Man teilt die variablen Vertriebsgemeinkosten den einzelnen Produkteinheiten auf der Basis geplanter direkter Vertriebsarbeitsstunden je Handtasche zu. Die fixen Vertriebsgemeinkosten dagegen werden auf der Basis einer Produkteinheit verrechnet. Für den Monat März 20XX stehen folgende Informationen zur Verfügung:

a) Plandaten für März 20XX:
   i. direkte Vertriebsarbeitsstunden: 0,25 Stunden je Handtasche
   ii. Kostensatz variabler Vertriebsgemeinkosten: 80 € je direkte Vertriebsarbeitsstunde
   iii. fixe Vertriebsgemeinkosten: 3.500.000 €
   iv. Ausbringungsmenge: 18.000 Handtaschen, die man als Bezugsgröße (Nennervolumen oder Verrechnungsgrundlage) verwendet
   v. Kostensatz fixer Vertriebsgemeinkosten: 194,44 € (gerundet) je Handtasche

b) Istdaten für März 20XX:
   i. variable Vertriebsgemeinkosten: 292.000 €
   ii. fixe Vertriebsgemeinkosten: 3.387.000 €
   iii. direkte Vertriebsarbeitsstunden: 3.600 h
   iv. Istausbringungsmenge: 16.000 Handtaschen

Die Ziele der durchzuführenden Analyse: (1) Beschreibung der Planung und Steuerung der variablen und fixen Vertriebsgemeinkosten, (2) Untersuchung der Vertriebsgemeinkosten für März 20XX unter Verwendung des Formats in Abb. 3.12 und (3) Entwicklung einer plausiblen Erklärung für jede der vier Abweichungen in der 4er-Abweichungsanalyse.

3.12.1   Planung und Steuerung der Vertriebsgemeinkosten

Die folgenden Methoden kommen bei der Planung und Steuerung variabler Vertriebsgemeinkosten hauptsächlich zum Einsatz: Um nicht Wert steigernde Aktivitäten zu vermeiden, sollte man in der Designphase besonders kreativ arbeiten (Ruhl, 1995). So ist zum Beispiel die sorgfältige Kontrolle und Bereinigung von Adressdaten zu empfehlen, um auszuschließen, dass Werbesendungen mehrfach an denselben Adressaten versendet werden. Man sollte auch versuchen, die Kostentreibersätze und die Zahl der Kostentreibereinheiten je Produkteinheit dadurch zu reduzieren, dass der Vertriebsleiter die Beschaffungspreise seiner Abteilung stärker kontrolliert. Letztlich fördert es die Produktivität von Vertrieb und Vertretern, regelmäßige Kontrollen der Budgetabweichungen durchzuführen und mögliche Vertriebsabweichungen in die Verantwortlichkeit des Vertriebsleiters zu stellen.

Die Planung und Steuerung fixer Vertriebsgemeinkosten erfordert die Berechnung des Kapazitätsbedarfs im Detail und unter Berücksichtigung von Anreizen für Manager, ihren Bedarf bei der Budgeterstellung realistisch einzuschätzen. Allerdings zeigen sowohl theoretische Denkmodelle als auch viele Praxisberichte, dass dies schwer zu verwirklichen ist (Harris/ Raviv, 1996; Pfläging, 2003; Lappe, 2004; Antle/Botoft/Stark, 2007).

3.12.2   Analyse der Vertriebsgemeinkosten im Spaltenformat

Eine Zusammenfassung der berechneten Abweichungen folgt in Tab. 3.14. Tab. 3.15 präsentiert die Abweichungen im Spaltenformat.

Tab. 3.14   *Zusammenfassung der Vertriebsgemeinkostenabweichungen der Hamburger Handtaschen GmbH im März 20XX*

	Preisabweichung	Verbrauchsabweichung	Beschäftigungsabweichung
Variable Vertriebs-gemeinkosten	4.000 € (U)	32.000 € G	Abweichung kommt nicht vor
Fixe Vertriebs-gemeinkosten	113.000 € G	Abweichung kommt nicht vor	388.889 €[†] (U)

[†]gerundete Zahl

Tab. 3.15   *Abweichungsanalyse im Spaltenformat: Variable und fixe Vertriebsgemeinkosten für die Hamburger Handtaschen GmbH im März 20XX*

Teil A: Variable Vertriebsgemeinkosten

Istkosten zu Istpreisen (1)	Istkosten zu Planpreisen $StKSvVGK_{IEV}$ * IM (2)	Flexibles Budget (Sollrechnung) $StKSvVGK_{IEV}$ * (IPE * StM_{PE}) (3)	Verrechnete Kosten $StKSvVGK_{PE}$ * IPE (4)
	(80,00 €/Mh * 3.600 Mh)	(80,00 €/Mh * 16.000 PE * 0,25 Mh/PE)	(20,00 €/PE * 16.000 PE)
292.000 €	288.000 €	320.000 €	320.000 €

4.000 € (U)   32.000 € G   Abweichung
Preisabweichung   Verbrauchsabweichung   kommt nicht vor

28.000 € G   Abweichung
Abweichung vom flexiblen Budget   kommt nicht vor

28.000 € G
Überdeckung variabler Vertriebsgemeinkosten

Teil B: Fixe Vertriebsgemeinkosten

Istkosten zu Istpreisen (1)	Pauschalsumme (2)	Pauschalsumme (3)	Verrechnete Kosten StKSfVGK$_{IEV}$ * (IPE * StM$_{PE}$) (4)
			(194,44 €/PE[†] * 16.000 PE)
3.387.000 €	3.500.000 €	3.500.000 €	3.111.111 €[†]

113.000 € G | Abweichung | 388.889 €[†] (U)
Preisabweichung | kommt nicht vor | Beschäftigungsabweichung

113.000 € G | 388.889 €[†] (U)
Abweichung vom flexiblen Budget | Beschäftigungsabweichung

275.889 €[†] (U)
Unterdeckung fixer Vertriebsgemeinkosten

[†] gerundete Zahl

3.12.3 Mögliche Erklärungen für die Abweichungen der Vertriebsgemeinkosten

Preisabweichung der variablen Vertriebsgemeinkosten (4.000 € (U))

Plausible Ursachen der Abweichung:

a. Höhere Preise für Kostenarten im Budget variabler Vertriebsgemeinkosten als erwartet, z. B. höhere Gehälter für Sachbearbeiter im Vertriebsbereich, gestiegene Preise für Ferngespräche und für das Benzin der firmeneigenen Vertreterfahrzeuge

b. Höherer Verbrauch der Kostenarten im Budget variabler Vertriebsgemeinkosten als erwartet, z. B. ein vergrößertes Vertriebsteam, mehr Ferngespräche und ein höherer Benzinverbrauch in Liter je direkte Vertriebsarbeitsstunde

Verbrauchsabweichung der variablen Vertriebsgemeinkosten (32.000 € G)

Die Ursache der Verbrauchsabweichung ist der effizientere Einsatz des Kostenerrechnungs-schlüssels (direkte Vertriebsarbeitsstunden). Statt der 4.000 geplanten direkten Vertriebsarbeitsstunden wurden lediglich 3.600 Stunden verbraucht. Vielleicht war das Vertriebspersonal in diesem Bereich wirtschaftlicher, möglicherweise wegen eines neuen Anreizplans, eines besseren Trainingsprogramms oder der Umsetzung von Verbesserungsvorschlägen aus dem neu eingeführten betrieblichen Vorschlagswesen.

Preisabweichung fixer Vertriebsgemeinkosten (113.000 € G)

Plausible Ursachen der Abweichung:

a. Niedrigere Preise für fixe Vertriebsgemeinkostenarten als im Budget erwartet. Beispielsweise könnte der bisherige Vertriebsleiter das Unternehmen verlassen haben.

An seine Stelle könnte ein Nachwuchsmanager mit geringerem Gehalt getreten sein. Möglicherweise hat man auch eine Leasingvereinbarung zu einem Preis ausgehandelt, der unter dem geplanten Preis lag.

b. Niedrigerer Verbrauch der Kostenarten im Budget fixer Vertriebsgemeinkosten als erwartet. Beispielsweise könnten sich die Außendienstmitarbeiter fünf statt sechs Autos teilen und so die fixen monatlichen Ausgaben für das Autoleasing senken.

Beschäftigungsabweichung der Vertriebsgemeinkosten (388.889 € (U))

Diese Abweichung entstand, weil die Istausbringungsmenge (und zugleich Verkäufe) bei 16.000 und nicht bei den geplanten 18.000 Handtaschen lag. Eine Erklärung wäre, dass die Außendienstmitarbeiter weniger motiviert arbeiteten als erwartet. Andere mögliche Erklärungen: volkswirtschaftlicher Abschwung, schlechte Arbeitsqualität in der Produktionshalle des Unternehmens, eine Zollsenkung, die zur verstärkten Einfuhr billigerer, hochwertiger Handtaschen aus dem Ausland führte.

3.13 Journaleintragungen für Gemeinkosten und Abweichungen

In der Auftragskostenrechnung kleinerer Unternehmen nutzt man mitunter ein einziges Kontrollkonto für die Fertigungsgemeinkosten. Um jedoch den Informationsgehalt der Buchhaltung zu erhöhen, werden im Folgenden getrennte Kontrollkonten für die variablen und die fixen Gemeinkosten geführt.

3.13.1 Buchung von Gemeinkosten

Bei der Hamburger Handtaschen GmbH liegen für den Monat März 20XX folgende Informationen vor:

Tab. 3.16   Daten für die Fertigungsgemeinkosten der Hamburger Handtaschen GmbH im März 20XX

	Ist	Soll
Variable Fertigungsgemeinkosten	835.000 €	768.000 €
Fixe Fertigungsgemeinkosten	1.239.000 €	1.200.000 €[†]

[†]Da die fixen Gemeinkosten theoretisch beschäftigungsunabhängig sind, PfFGK = SfFGK. Wie bereits erläutert kann deshalb keine Verbrauchsabweichung bei den fixen Fertigungsgemeinkosten entstehen.

Der Plankostensatz variabler Fertigungsgemeinkosten ist 48 € je Produkteinheit (40 € je Maschinenstunde). Die Bezugsgröße für die fixen Fertigungsgemeinkosten beläuft sich auf

18.000 Produkteinheiten (oder 21.600 Maschinenstunden an Inputeinheiten) mit einem Plankostensatz von 66,67 € je Produkteinheit (55,56 € je Maschinenstunde). Das Unternehmen verwendet eine 4er-Abweichungsanalyse.

Während der Rechnungsperiode sammelt man die variablen Istgemeinkosten und die fixen Istgemeinkosten auf getrennten Kontrollkonten. Bei der Produktion erfasst man die verbrauchten Mengen unter Verwendung der Plankostensätze der variablen und der fixen Gemeinkosten.

Analog zum Vorgehen bei Einzelkosten belastet man das Gemeinkostenkontrollkonto zunächst mit den Istgemeinkosten. Die verrechneten Gemeinkosten belasten das Halbfertigwarenkonto und werden dem Konto für verrechnete variable Fertigungsgemeinkosten gutgeschrieben. Diese Buchung erfolgt wegen der Anwendung eines Standardkostenrechnungssystems, um die Halbfertigwaren zu Standardkosten zu bewerten.

Tab. 3.17   *Journaleintragungen für die variablen Fertigungsgemeinkosten der Hamburger Handtaschen GmbH im März 20XX*

1. Kontrollkonto für variable Fertigungsgemeinkosten	835.000 €	
Verbindlichkeiten und andere Konten		835.000 €
Zweck der Buchung: Dokumentation der variablen Istfertigungsgemeinkosten		
2. Kontrollkonto für halbfertige Waren	768.000 €	
Verrechnete variable Fertigungsgemeinkosten		768.000 €
Zweck der Buchung: Dokumentation der Verrechnung der variablen Fertigungsgemeinkosten (48 €/PE * 16.000 PE) oder (40 €/PE * 16.000 PE * 1,20 Mh/PE)		
3. Verrechnete variable Fertigungsgemeinkosten	768.000 €	
Verbrauchsabweichung variabler Fertigungsgemeinkosten	32.000	
Preisabweichung variabler Fertigungsgemeinkosten	35.000	
Kontrollkonto für variable Fertigungsgemeinkosten		835.000 €
Zweck der Buchung: Isolierung der Abweichungen der Periode		

Da sich einzelne Abweichungen hinsichtlich ihrer Ursachen voneinander unterscheiden können, hilft die Isolierung jeder einzelnen Abweichung dem Manager, die Bereiche mit den größten Differenzen zu identifizieren. In Tab. 3.17 schließt der dritte Buchungssatz das Kontrollkonto für variable Fertigungsgemeinkosten und das Konto für verrechnete variable Fertigungsgemeinkosten ab. Gleichzeitig isoliert man die Verbrauchs- und Preisabweichungen der variablen Fertigungsgemeinkosten (durch Belastung der jeweiligen Konten, da beide

Abweichungen ungünstig sind). Die Summe dieser Abweichungen beträgt 67.000 € und stellt die Unterdeckung der variablen Fertigungsgemeinkosten dar. Demnach sind die Halbfertigwaren und Fertigwaren zu niedrig bewertet, die bilanzierten Umsatzkosten sind zu gering. Beim Jahresabschluss muss also eine Korrekturbuchung erfolgen, um die ordnungsgemäße Bewertung der Bestände und den Ausweis der Umsatzkosten in richtiger Höhe sicherzustellen.

Die fixen Fertigungsgemeinkosten für März 20XX werden wie folgt erfasst:

Tab. 3.18 *Journaleintragungen für die fixen Fertigungsgemeinkosten der Hamburger Handtaschen GmbH im März 20XX*

1. Kontrollkonto für fixe Fertigungsgemeinkosten	1.239.000 €	
Kontrollkonto für fällige Löhne, Kontrollkonto für aufgelaufene Abschreibungen usw.		1.239.000 €
Zweck der Buchung: Dokumentation der fixen Istfertigungsgemeinkosten		
2. Kontrollkonto für halbfertige Waren	1.066.667 €[†]	
Verrechnete fixe Fertigungsgemeinkosten		1.066.667 €[†]
Zweck der Buchung: Dokumentation der Verrechnung der fixen Fertigungsgemeinkosten (66,67 €/PE * 16.000 PE) oder (55,56 €/Mh * 16.000 PE * 1,20 Mh/PE).		
3. Verrechnete fixe Fertigungsgemeinkosten	1.066.667 €[†]	
Preisabweichung fixer Fertigungsgemeinkosten	39.000	
Beschäftigungsabweichung fixer Fertigungsgemeinkosten	133.333[†]	
Kontrollkonto für fixe Fertigungsgemeinkosten		1.239.000 €
Zweck der Buchung: Isolierung der Abweichungen der Periode		

[†]gerundete Zahl

3.13.2 Bereinigung des Jahresabschlusses um Gemeinkostenabweichungen

Um den Unterschied zwischen den Istfertigungsgemeinkosten und den verrechneten Fertigungsgemeinkosten am Ende einer Rechnungsperiode zu beseitigen, gibt es zwei Methoden: Die Anwendung des angepassten oder korrigierten Fertigungsgemeinkostensatzes („restated allocation rate") oder die Korrektur des Schlussbilanzkontos („end-of-period account"). Die hierfür relevanten Daten der Hamburger Handtaschen GmbH werden in Tab. 3.19 dargestellt.

Tab. 3.19   *Daten für die variablen Fertigungsgemeinkosten der Hamburger Handtaschen GmbH im März 20XX*

	Ist	**Plan**
Variable Fertigungsgemeinkosten	835.000 €	768.000 €
Maschinenstunden	20.000	19.200
Kostensatz variabler Fertigungs- gemeinkosten je Maschinenstunde	41,75 €	40,00 €

Bei der Anwendung eines korrigierten Fertigungsgemeinkostensatzes würde das Unternehmen jeden betroffenen Auftragsbeleg des Jahres entsprechend anpassen. Das erfordert, den Istkostensatz je Maschinenstunde in Höhe von 41,75 € statt des Plankostensatzes von 40,00 € einzusetzen. In der Folge sind die Summen für halbfertige Waren, fertige Waren und die Umsatzkosten für die Periode erneut zu berechnen. Diese Methode hat einige Vorteile: Die einzelnen Auftragsbelege werden korrekt angepasst. Darüber hinaus stellen die endgültigen Summen für halbfertige Waren, fertige Waren und die Umsatzkosten die angefallenen variablen Istgemeinkosten genau dar. Man kann ähnlich verfahren, um die fixen Fertigungsgemeinkosten entsprechend anzupassen.

Wenn einem Unternehmen diese Methode unwirtschaftlich erscheint, erfolgt die Korrektur über das Schlussbilanzkonto. Die drei Hauptvarianten dieser Methode sind:

- eine sofortige volle Abschreibung der Über- bzw. Unterdeckung, die man den Umsatzkosten zuteilt;

- die anteilige Verrechnung („proration") der Differenzen im Verhältnis der Kontensalden (vor der anteiligen Verrechnung) halbfertiger Waren, fertiger Waren und der Umsatzkosten;

- die anteilige Verrechnung im Verhältnis der jeweils zugeteilten Gemeinkosten für halbfertige Waren, fertige Waren und Umsatzkosten.

Die Hamburger Handtaschen GmbH kann jede dieser Varianten nutzen, um ihren Jahresabschluss um Gemeinkostenabweichungen zu bereinigen.

3.13.3   Anteilige Verrechnung von Fertigungsabweichungen unter Verwendung von Standardkosten

Da die anteilige Verrechnung komplexe Züge annehmen kann, soll diese Methode für ein Standardkostenrechnungssystem im Folgenden an einem einfachen Zahlenbeispiel erläutert

werden. Die Kasseler Kabelgesellschaft AG stellt als einziges Produkt optische Glasfaser-
kabel her. Das Unternehmen nutzt ein Standardkostenrechnungssystem, in dem die variablen
und die fixen Kosten inventoriabel sind. Ferner hält man die Preisabweichungen des Fertigungsmaterials zum Zeitpunkt der Beschaffung, nicht zum Zeitpunkt des Verbrauchs fest.
Das Unternehmen verteilt monatlich Abschlussrechnungen und Controllingberichte an seine
Bereichsleiter. Folgende Ergebnisse in Tab. 3.20 liegen für den Monat September 20XX
vor:

Tab. 3.20   *Ergebnisse der Kasseler Kabelgesellschaft AG im September 20XX*

Beschafftes Fertigungsmaterial (das Materialkontrollkonto wurde zu Standardpreisen belastet): 1,00 €/kg * 400.000 kg	400.000 €
Fertigungsmaterialpreisabweichung: 0,10 €/kg * 400.000 kg	40.000 € (U)
Verbrauchtes Fertigungsmaterial zu Standardpreisen: 1,00 €/kg * 320.000 kg	320.000 €
Fertigungsmaterialverbrauchsabweichung: 1,00 €/kg * 16.000 kg	16.000 € (U)
Istfertigungsarbeitskosten: 40,90 €/h * 4.400 h	179.960 €
Fertigungsarbeitskosten (zu Standardpreisen) im Soll: 40,00 €/h * 4.000 h	160.000 €
Preisabweichung der Fertigungsarbeit: 0,90 €/h * 4.400 h	3.960 € (U)
Verbrauchsabweichung der Fertigungsarbeit: 40,00 €/h * 400 h	16.000 € (U)
Verrechnete Fertigungsgemeinkosten zum Plankostensatz/Mh	140.000 €
Istfertigungsgemeinkosten	150.000 €
Unterdeckte Fertigungsgemeinkosten	10.000 €
Umsatzerlöse	891.000 €
Marketing-, Vertriebs- und Kundendienstkosten	260.000 €

Tab. 3.21 zeigt, dass sich im Monat September 20 % der Produktion noch im Lager befinden,
und dass 80 % der September-Produktion im gleichen Monat verkauft wurden. Es gibt keine
Halbfertigwaren zum Stichtag 30. September 20XX. Alle Fertigungsabweichungen sind
ungünstig. Am 1. September 20XX gab es keine Anfangsbestände. Bei den Marketing-,

Vertriebs- und Kundendienstkosten traten keine Abweichungen auf. Am Monatsende lauten die Salden der Bilanz- und GuV-Konten (vor der anteiligen Verrechnung) wie folgt:

Tab. 3.21   *Kontensalden der Kasseler Kabelgesellschaft AG am 30. September 20XX*

	€	%
Halbfertigwaren	0	0
Fertigwaren, belastet mit 20 % der gesamten Standardfertigungs- kosten für Fertigungsmaterial-, -arbeit und -gemeinkosten 20 % * (320.000 € + 160.000 € + 140.000 €)	124.000	20
Umsatzkosten: 80 % * 620.000 €	496.000	80
Summe	620.000	100

Wie in Tab. 3.22 dargestellt, beschaffte das Unternehmen 400.000 kg des Fertigungsmaterials, wovon 320.000 kg der Standardinputmenge für die Fertigung im Monat September entsprachen. Die Standardmengen für Fertigungsmaterial in Halbfertigwaren, Fertigwaren und Umsatzkosten Ende September betragen jeweils 0 kg (0 % * 320.000 kg), 64.000 kg (20 % * 320.000 kg) und 256.000 kg (80 % * 320.000 kg). Bei der Beschaffung von 400.000 kg, einem Standardverbrauch in der Fertigung von 320.000 kg und der ungünstigen Verbrauchsabweichung von 16.000 kg beläuft sich der Endbestand des Fertigungsmaterials auf 64.000 kg.

Nun muss der Controller oder der Leiter des Rechnungswesens entscheiden, ob eine anteilige Verrechnung der Abweichungen und damit die Bereinigung des Monatsabschlusses wirtschaftlich sinnvoll sind. Da die vier aufgelisteten Abweichungen und die Fertigungsgemeinkostenabweichung (140.000 € - 150.000 € = 10.000 € (U)) zusammen (85.960 €) im Vergleich zu den anderen Größen im Controllingbericht eine beachtliche Summe darstellen (9,6 % der Umsatzerlöse von 891.000 €), entscheidet man sich für die Verrechnung.

Für die Verrechnung von Abweichungen kommen nur die Differenzen in Frage, die zuvor in der Buchhaltung erfasst wurden, also die Abweichungen vom flexiblen Budget (d. h. die Preis- und Verbrauchsabweichungen) sowie die Beschäftigungsabweichung. Eine leistungsmengenbedingte Abweichung wird nur für Controllingzwecke berechnet und nicht in das Journal eingetragen. Hierfür entfällt also eine Berichtigung.

Des Weiteren muss entschieden werden, ob die Auswirkung der Abweichungen auf das Betriebsergebnis groß genug ist, um eine Verrechnung zu rechtfertigen. Dies hängt von den Größen (1) der Endbestände und (2) der Abweichungen ab. Wenn die Endbestände nur minimal sind (z. B. bei JIT), wird eine Verrechnung keinen wesentlichen Einfluss auf das Betriebsergebnis haben.

Tab. 3.22   *Daten zur Verwendung des Fertigungsmaterials der Kasseler Kabelgesellschaft AG in September 20XX*

| | | **Gesamtkosten zu 1,00 €** | |
	kg	**Standardkosten je kg**	**%**
Beschaffung von Fertigungsmaterial	400.000	400.000 €	100
Jetzt vorhanden in:			
Verbrauchsabweichung des Fertigungsmaterials	16.000	16.000 €	4
Halbfertigwaren	0	0 €	0
Fertigwaren	64.000	64.000 €	16
Umsatzkosten	256.000	256.000 €	64
Restbestand, Endbestand des Fertigungsmaterials	64.000	64.000 €	16
Verwendung von Fertigungsmaterial	400.000	400.000 €	100

Da die Kasseler Kabelgesellschaft AG mit wesentlichen Beständen und Abweichungen vom flexiblen Budget rechnet, zieht das Unternehmen zwei verschiedene Alternativen zur Behandlung der Abweichungen am Ende der Rechnungsperiode in Betracht:

1. Das Unternehmen verrechnet die Abweichungen der Fertigungsarbeits- und der Fertigungsgemeinkosten anteilig im Verhältnis der Kontensalden von Halbfertigwaren, Fertigwaren und Umsatzkosten. Die Abweichungen des Fertigungsmaterials werden im Verhältnis der Kontensalden für Fertigungsmaterial, Halbfertigwaren, Fertigwaren und Umsatzkosten verrechnet.

2. Das Unternehmen schreibt alle Abweichungen zu Lasten der Umsatzkosten sofort ab.

Welche Auswirkungen haben die beiden Alternativen auf das Betriebsergebnis im September 20XX?

3.13.4   Anteilige Verrechnung der Fertigungsarbeits- und Fertigungsgemeinkostenabweichungen

Zur Illustration der Vorgehensweise werden T-Konten herangezogen. Die Eintragungen in Tab. 3.23 sind nummeriert nach dem logischen Verlauf der Buchungen auf den Konten für Fertigungsarbeits- und Fertigungsgemeinkosten.

Tab. 3.23 *T-Konten für die anteilige Verrechnung der Fertigungsarbeits- und Fertigungsgemeinkostenabweichungen*

		Halbfertigwaren		
1. Fertigungsarbeit	160.000	3. Umbuchung[†]		300.000
2. Verrechnete Fertigungs- gemeinkosten	140.000			

	Fertigwaren		
3.	300.000	4. Verkauft (80 % von 300.000[†])	240.000

	Umsatzkosten	
4.	240.000	

	Kontrollkonto für die Fertigungsgemeinkosten	
5. Aufwand	150.000	

Verrechnete Fertigungsgemeinkosten		
	2.	140.000

	Preisabweichung der Fertigungsarbeit	
1.	3.960	

Buch- und Bargeld, kurzfristige Verbindlichkeiten, usw.		
	1. Fertigungsarbeit	179.960
	5. Fertigungsgemeinkosten	150.000

	Verbrauchsabweichung der Fertigungsarbeit	
1.	16.000	

[†]Umgebucht als Teil der umgebuchten gesamten Standardkosten; Fertigungsarbeitskosten von 160.000 € + verrechnete Fertigungsgemeinkosten von 140.000 € = 300.000 €

Im Beispiel weist das Halbfertigwarenkonto einen Nullsaldo auf. Auf die Fertigwaren ent-
fallen 20 % und auf die Umsatzkosten 80 % der gesamten Fertigungskosten (vgl. Tab. 3.24).
Alle Fertigungsarbeits- und Fertigungsgemeinkostenabweichungen können entsprechend
verrechnet werden (vgl. Tab. 3.25).

Tab. 3.24 *Anteilige Verrechnung der Fertigungsarbeit- und Fertigungsgemeinkostenabweichungen*

	Gesamte Abweichung	Halbfertigwaren 0 %	Fertigwaren 20 %	Umsatzkosten 80 %
Preisabweichung der Fertigungsarbeit	3.960 € (U)	0 €	792 €	3.168 €
Verbrauchsabweichung der Fertigungsarbeit	16.000 € (U)	0 €	3.200 €	12.800 €
Fertigungsgemeinkosten-abweichung[†]	10.000 € (U)	0 €	2.000 €	8.000 €
Gesamt	29.960 € (U)	0 €	5.992 €	23.968 €

[†]Um das Beispiel zu vereinfachen, wird die Fertigungsgemeinkostenabweichung nicht in Preis-,
Verbrauchs- und Beschäftigungsabweichungen unterteilt.

Tab. 3.25 *Umfassende Aufstellung der anteiligen Verrechnung der Abweichungen der Kasseler Kabelgesellschaft AG in September 20XX (alle Fertigungsabweichungen sind ungünstig)*

Abweichungsart	Gesamte Abweichung (1)	An Fertigungsmaterial bestand (2)	An Fertigungsmaterialverbrauchsabweichung (3)	An Halbfertigwaren (4)	An Fertigwaren (5)	An Umsatzkosten (6)
Fertigungsmaterialpreis	40.000 €†	6.400 €	1.600 €	0 €	6.400 €	25.600 €
Fertigungsmaterialverbrauch						
Bilanz vor der anteiligen Verrechnung	16.000		16.000	0		
Bilanz nach der anteiligen Verrechnung			17.600 €††	0	3.520	14.080
Fertigungsarbeitspreis	3.960††			0	792	3.168
Fertigungsarbeitsverbrauch	16.000††			0	3.200	12.800
Fertigungsgemeinkosten	10.000††			0	2.000	8.000
Gesamte anteilig verrechnete Abweichungen	85.960 €	6.400 €		0 €	15.912 €	63.648 €
†Bei der anteiligen Verrechnung verwendeter Prozentsatz	100 %	16 %	4 %	0 %	16 %	64 %
††Bei der anteiligen Verrechnung verwendeter Prozentsatz	100 %			0 %	20 %	80 %

Ohne die anteilige Verrechnung könnten Manager versucht sein, niedrige Standards aufzustellen und die entstehenden günstigen Abweichungen in das Betriebsergebnis aufzunehmen. Der Einfachheit halber wird hier die Fertigungsgemeinkostenabweichung nicht in Preis-,

Verbrauchs- und Beschäftigungsabweichungen unterteilt. Im Zuge der anteiligen Verrechnung dieser Abweichungen werden die in Tab. 3.26 aufgeführten Journaleintragungen vorgenommen. Die Abweichungen sind ungünstig, also waren die Kosten, die man den Halbfertigwaren verrechnet hatte und die in die Fertigwaren und die Umsatzkosten eingingen, zu gering angesetzt. Diese Konten müssen jetzt belastet werden:

Tab. 3.26 *Anteilige Verrechnung der Abweichungen und Abschluss der Fertigungsgemeinkostenkonten*

Kontrollkonto für Fertigwaren	5.992 €	
Umsatzkosten	23.968	
Verrechnete Fertigungsgemeinkosten	140.000	
Fertigungsarbeitspreisabweichung		3.960 €
Fertigungsarbeitsverbrauchsabweichung		16.000
Kontrollkonto für Fertigungsgemeinkosten		150.000

Zweck der Buchung:
Anteilige Verrechnung der Abweichungen und Abschluss der
Fertigungsgemeinkostenkonten

3.13.5 Anteilige Verrechnung der Fertigungsmaterialabweichungen

Zum Zeitpunkt der Lieferung schreibt man das beschaffte Fertigungsmaterial dem Fertigungsmaterialbestandskonto gut. Im Gegensatz dazu erscheinen die anderen Kostenkomponenten vor ihrem Verbrauch in keinem Bestandskonto. Dieser Unterschied erfordert einen zusätzlichen Schritt, wenn man die Fertigungsmaterialabweichungen (unter der Annahme, dass die Fertigungsmaterialpreisabweichungen bei der Beschaffung und nicht beim Verbrauch bemessen werden) anteilig verrechnet. Tab. 3.27 zeigt die Buchungsbewegungen der Fertigungsmaterialkosten im Hauptbuch anhand von T-Konten.

Tab. 3.27 *Fluss der Fertigungsmaterialkosten durch das Hauptbuch*

Fertigungsmaterialbestandskonto

1. Einkauf	400.000	2. Entnahme	336.000

Kontrollkonto für Halbfertigwaren††

2.	320.000	3. Umgebucht†	320.000

Kontrollkonto für Fertigwaren††

3.	320.000	4. Verkauft†	256.000
Saldo	64.000		

Umsatzkosten††

4.†	256.000		

Kontrollkonto für Verbindlichkeiten

		1.	440.000

Fertigungsmaterialpreisabweichung

1.	40.000		

Fertigungsmaterialverbrauchsabweichung

2.	16.000		

†umgebucht als Teil der umgebuchten gesamten Standardkosten
††nur die Fertigungsmaterialkostenkomponente; die Standardkosten des Fertigungsmaterials in den Umsatzkosten betragen 256.000 € (1,00 € Standardkosten je kg * 256.000 kg)

Die komplexeste anteilige Verrechnung fällt bei der Fertigungsmaterialpreisabweichung an. Der Genauigkeit wegen sollte man sie im Beispiel zu 40.000 €/400.000 kg = 0,10 € je kg dorthin verfolgen, wo die 400.000 kg zu Standardpreisen verbucht worden sind. Das beschaffte Fertigungsmaterial findet sich Ende September nicht nur in Halbfertigwaren, Fertigwaren und Umsatzkosten wieder. Es ist auch im Fertigungsmaterialbestand und im Konto für die Fertigungsmaterialverbrauchsabweichung enthalten. Deshalb setzt die anteilige Verrechnung der Fertigungsmaterialpreisabweichung auf fünf Konten auf, deren Salden sich zueinander verhalten, wie in Tab. 3.28.

Tab. 3.28   *Anteilige Verrechnung der Preisabweichung des Fertigungsmaterials*

Fertigungsmaterialpreisabweichung	<u>40.000 €</u>
Verrechnet an:	
Fertigungsmaterialverbrauchsabweichung, 4 %	1.600 €
Halbfertigwarenbestände, 0 %	0 €
Fertigwarenbestände, 16 %	6.400 €
Umsatzkosten, 64 %	25.600 €
Fertigungsmaterialbestände, 16 %	<u>6.400 €</u>
Verrechnete Summe	<u>40.000 €</u>

Die folgende Sammelbuchung verrechnet die Fertigungsmaterialpreisabweichung anteilig.

Tab. 3.29   *Sammelbuchung für die anteilige Verrechnung der Fertigungsmaterialpreisabweichung*

	Soll	**Haben**
Fertigungsmaterialverbrauchsabweichung	1.600 €	
Kontrollkonto für Fertigwaren	6.400	
Umsatzkosten	25.600	
Fertigungsmaterialbestand	6.400	
Fertigungsmaterialpreisabweichung		40.000 €

Die Daten zeigen, dass 16.000 kg des Fertigungsmaterials in der Verbrauchsabweichung enthalten sind, und dass 320.000 kg dem Halbfertigwarenkonto verrechnet wurden. Da es keine Halbfertigwarenendbestände gibt, fließen diese 320.000 kg an die Fertigwaren weiter. 20 % der Istausbringungsmenge befinden sich noch dort, 80 % wurden verkauft. Damit sind 0,20 * 320.000 kg = 64.000 kg im Fertigwarenbestand und 0,8 * 320.000 kg = 256.000 kg in den Umsatzkosten enthalten. Der nicht verbrauchte Teil der ursprünglich beschafften 400.000 kg verbleibt im Fertigungsmaterialbestand (gem. Standardkostenrechnung).

Nachdem die anteilige Verrechnung der Fertigungsmaterialpreisabweichung verbucht ist, sind auf dem Konto für die Fertigungsmaterialverbrauchsabweichung folgende Posten summiert:

Tab. 3.30   *Konto für die Fertigungsmaterialverbrauchsabweichung*

Fertigungsmaterialverbrauchsabweichung

Saldo vor der anteiligen Verrechnung	16.000
Anteilige Verrechnung der ungünstigen Fertigungsmaterialpreisabweichung	1.600
Saldo nach der anteiligen Verrechnung	17.600

Die Fertigungsmaterialverbrauchsabweichung wird jetzt verrechnet wie folgt,

Tab. 3.31   *Verrechnung der Fertigungsmaterialverbrauchsabweichung*

Halbfertigwarenbestände, 0 %	0 €
Fertigwarenbestände, 20 %	3.520
Umsatzkosten, 80 %	14.080
Verrechnete Summe	17.600 €

Folgende Buchung verrechnet die Fertigungsmaterialverbrauchsabweichung anteilig:

Tab. 3.32   *Buchungssatz für die anteilige Verrechnung der Fertigungsmaterialverbrauchsabweichung*

	Soll	Haben
Fertigwaren	3.520 €	
Umsatzkosten	14.080	
Fertigungsmaterialverbrauchsabweichung		17.600 €
Zweck der Buchung: Verrechnung der Fertigungsmaterialverbrauchsabweichung		

Tab. 3.25 zeigte eine umfassende Aufstellung aller anteiligen Verrechnungen der Abweichungen. Die folgende Tabelle veranschaulicht die T-Konten für die Bestände und die Umsatzkosten nach der anteiligen Verrechnung.

Tab. 3.33   *T-Konten für die Bestände und die Umsatzkosten nach der anteiligen Verrechnung*

Fertigungsmaterialbestandskonto

Einkauf	400.000	Entnahme	336.000
Anteilige Verrechnung der Fertigungsmaterialpreisabweichung	6.400		
Saldo	70.400		

Halbfertigwaren

Fertigungsmaterial	320.000	Umgebucht	620.000
Fertigungsarbeit	160.000		
Verrechnete Fertigungsgemeinkosten	140.000		

Kontrollkonto für Fertigwaren

Umgebucht	620.000	Verkauft	496.000
Anteilige Verrechnung der Fertigungsarbeits- und Fertigungsgemein- kostenabweichungen	5.992		
Anteilige Verrechnung der Fertigungsmaterialpreisabweichung	6.400		
Anteilige Verrechnung der Fertigungsmaterial- verbrauchsabweichung	3.520		
Saldo	139.912		

Umsatzkosten

Verkauft	496.000	
Anteilige Verrechnung der Fertigungsarbeit- und Fertigungsgemeinpreisabweichung	23.968	
Anteilige Verrechnung der Fertigungsmaterialpreisabweichung	25.600	
Anteilige Verrechnung der Fertigungsmaterial- verbrauchsabweichung	14.080	
Saldo	559.648	

Tab. 3.34 vergleicht die Auswirkungen einer sofortigen Abschreibung mit der anteiligen Verrechnung auf das Betriebsergebnis. Weil alle Abweichungen ungünstig sind, reduziert

die sofortige Abschreibung aller Abweichungen das Betriebsergebnis um 85.960 €. Demgegenüber senkt die anteilige Verrechnung das Betriebsergebnis nur um 63.648 €. Der Unterschied zwischen diesen beiden Alternativen zur Bereinigung des Periodenabschlusses von Abweichungen beträgt 22.312 € und ist in den Fertigungsmaterial- und Fertigwarenbeständen enthalten. Solche Unterschiede sind für die Manager der Kasseler Kabelgesellschaft AG sicherlich vom Interesse, insbesondere dann, wenn das Betriebsergebnis als Kriterium für ihre Leistungsbeurteilung herangezogen wird.

Tab. 3.34 *Vergleich der Auswirkungen einer sofortigen Abschreibung mit der anteiligen Verrechnung auf das Betriebsergebnis der Kasseler Kabelgesellschaft AG*

	Standardvollkostenrechnung	
	Sofortige Abschreibung aller Abweichungen an die Umsatzkosten	Anteilige Verrechnung der Abweichungen
Umsatzerlöse	891.000 €	891.000 €
Umsatzkosten (zu Standardkosten)	496.000	496.000
Bruttospanne (zu Standardkosten)	395.000	395.000
Gesamte anteilig verrechnete Abweichungen (Spalte 1, Tab. 3.25)	85.960	0
Anteilig verrechnete Abweichungen (Spalte 6, Tab. 3.25)	0	63.648
Bruttospanne	309.040	331.352
Marketing-, Vertriebs- und Kundendienstkosten	260.000	260.000
Betriebsergebnis	49.040 €	71.352 €

3.13.6   Alternative Sichtweisen zur anteiligen Verrechnung

Bilanzierungsexperten, die die anteilige Verrechnung von Abweichungen auf die Kontensalden im Periodenabschluss befürworten, betrachten diese Vorgehensweise meist als die Methode, mit der man sich den tatsächlich entstandenen Istkosten am besten nähern kann. Ein alternativer Standpunkt hält dagegen, dass die Istkosten nicht die für die Bilanz relevanten Kosten sind. Durch die anteilige Verrechnung aktiviert man eine ungünstige Fertigungsmaterialverbrauchsabweichung als Teil der Istkosten in den Beständen, obwohl die Abweichung gegebenenfalls auf schlechte Arbeit oder nicht ausreichende Instandhaltung von Maschinen und maschinellen Anlagen zurückzuführen ist. Deshalb argumentieren die Befürworter der sofortigen Abschreibung aller Abweichungen zu Lasten der Umsatzkosten, dass die Standardkosten die wirklichen Kosten der Bestände in einer Bilanz am besten repräsentieren (Horngren/Foster/Datar, 2000).

Allerdings erfordern die Steuergesetze, International Financial Reporting Standards und U.S.-GAAP, dass der Jahresabschluss die Ist- und nicht die Standardkosten der Bestände und der Umsatzkosten ausweist. Aus diesem Grund ist die anteilige Verrechnung der Fertigungsabweichungen erforderlich, wenn sie zu einer materiellen Veränderung („material change") in der Bewertung von Beständen oder des Betriebsergebnisses führt.

3.14   Die „echte" Beschäftigungsabweichung

Die traditionelle, kumulative Vorgehensweise wird nicht allein wegen der in Kapitel 2 diskutierten undifferenzierten Behandlung der Abweichungen auf der vierten Berichtsebene bemängelt. Man kritisiert sie außerdem, weil u. a. die Beschäftigungsabweichung sich direkt auf die Ausbringungsmenge und indirekt auf die Kapazitätsauslastung bezieht, während sie eigentlich nichts mit der Arbeitsplatzbeschaffung zu tun hat. Obwohl der englischsprachige Begriff „output level variance" eindeutig ist, halten Kritiker die deutsche Bezeichnung deshalb begrifflich für irreführend. Da letztere jedoch allgemein gebraucht wird, unterscheiden sie in ihren Ausführungen zwischen der „sogenannten" und der „echten" Beschäftigungsabweichung.

Die „sogenannte" Beschäftigungsabweichung gehört der „alten" Plankostenrechnung mit ihren „verrechneten Kosten" an. Die mit ihr verbundener Rechentechnik impliziert, dass im Verkaufspreis anteilig auch die auf Stückbasis umgerechneten fixen Plankosten stecken. Wurde nun mehr (weniger) als geplant verkauft, so wurde auch mehr (weniger) für die „verrechneten Plankosten" eingenommen. Folglich wurde als Teil des Umsatzes, der für die Kostendeckung geplant war, „zu viel" („zu wenig") eingenommen, das wiederum eine „fiktive" Über- (Unter-)deckung der Kosten ergibt (Wilde, 2004).

Die „Grenzplankostenrechnung" vermeidet durch Ausweis von nur einem variablen Kostenanteil (einschließlich der variablen Gemeinkosten) elegant eine Diskussion der Realitätsnähe und der Interpretierbarkeit der „sogenannten" Beschäftigungsabweichung. Weil die fixen Kosten nicht auf Stückbasis umgerechnet werden, kann einfach keine Beschäftigungsabweichung vorkommen. Unter Annahme eines „Festpreissystems" (Plaut, 1951; 1953) schaltet die Grenzplankostenrechnung mögliche Preisabweichungen ebenfalls aus. Übrig bleibt dann allein die Verbrauchsabweichung als Indikator für die Kostenkontrolle (Kilger/Pampel/ Vikas, 2005).

Da unter entsprechenden Annahmen sie mit der Verbrauchsabweichung der flexiblen Plankostenrechnung auf Vollkostenbasis identisch ist, setzen Befürworter einer „echten" Beschäftigungsabweichung mit der Entwicklung ihres Konzeptes hier an. Als Ausgangspunkt beziehen sie den Absatz und eine Deckungsbeitragsabweichung ein. Die Deckungsbeitragsabweichung setzt sich aus drei Komponenten zusammen: Verkaufs-, Kosten- und Absatzmengenabweichung (Groll, 1986; Coenenberg/Fischer/Raffel, 1992; Serfling, 1993). Die „echte" Beschäftigungsabweichung wird als „outputmengenbedingte Über-/Unterschreitung variabler Kosten definiert und im Zusammenhang mit der Erlösabweichung interpretiert.

3.14.1 Vergleich „sogenannter" und „echter" Beschäftigungsabweichungen

Folgender Vergleich der „sogenannten" mit der „echten" Beschäftigungsabweichung in der flexiblen Plankostenrechnung wird am Beispiel der Hamburger Handtaschen GmbH durchgeführt. Alle bisherigen Annahmen und Angaben bleiben gleich. Die erforderlichen Daten werden den Tab. 2.9-2.19, 3.2, 3.4, 3.7-3.9, 3.11 und 3.14-3.15 entnommen. Aus Platzgründen findet hier die Abweichungsanalyse auf der dritten Berichtsebene statt. Tab. 3.35 und 3.36 präsentieren jeweils die Ergebnisse für die „sogenannte" und die „echte" Beschäftigungsabweichung sowie für die Preis- und Verbrauchsabweichungen.

Man kann die Ergebnisse wie folgt interpretieren: Die ungünstige Preisabweichung deutet auf höhere Inputpreise, die ungünstige Verbrauchsabweichung auf höhere Inputmengen als das Unternehmen plante. Genau festzustellen, welche Inputpreise und -mengen das sind, setzt detailliertere Analysen auf der vierten Berichtsebene voraus. Die ungünstige „sogenannte" Beschäftigungsabweichung weist auf eine Unterdeckung der fixen Gemeinkosten hin. Dagegen ist die „echte" Beschäftigungsabweichung günstig (sie ist stets im entgegengesetzten Sinn gegenüber der „sogenannten" Beschäftigungsabweichung zu interpretieren). Der verringerte Mengenabsatz (16.000 anstatt 18.000 Handtaschen) hätte zu einer Einsparung bei den variablen Kosten in der Höhe von 928.000 € führen sollen.

Um die „echte" Beschäftigungsabweichung für die Leistungsbeurteilung zu benutzen, ist es allerdings ratsam, gleichzeitig die Umsatzabweichung zu berücksichtigen. Sie wird in Tabelle 3.37 berechnet.

Die Umsatzabweichung wird im hier favorisierten vereinfachten Standardsystem bewusst nicht in Mengen- und Preiskomponente getrennt, da die Komponenten nur in Ausnahmefällen voneinander unabhängig sind. Der Saldo aus „echter" Beschäftigungsabweichung und Umsatzabweichung ist wiederum am ehesten der Abteilung Vertrieb zuzurechnen. Im Beispiel hätte die Kosteneinsparung durch „Unterbeschäftigung" (lt. ΔeB) den Umsatzrückgang mehr als kompensieren können (928.000 € G > 720.000 € (U)). Wenn die Hamburger Handtaschen GmbH beim Einkauf die Planpreise sowie bei der Fertigung und dem Vertrieb die variablen Planmengen eingehalten hätte, hätte sich die Hochpreisorientierung des Vertriebs doch gelohnt!

Tab. 3.35   Analyse mit „sogenannter" Beschäftigungsabweichung

Verrechnete Plankosten	= [(var. Standardkosten gesamt/PE) + fixen Plangemeinkosten/PPE] * IPE
	= [464 €/PE + 4,7 Mio €/18.000 PE] * 16.000 IPE
	= [464 €/PE + 261,11 €[†]/PE] * 16.000 IPE
	= [725.11 €[†]/PE] * 16.000 IPE
	= 11.601.760 €[†]
Sollkosten	= (var. Standardkosten gesamt/PE * IPE) + fixe Plangemeinkosten
	= (464 €/PE * 16.000 IPE) + 4,7 Mio. €
	= 7.424.000 € + 4.700.000 €
	= 12.124.000 €
Istkosten zu Planpreisen	= $\sum$ [(StK$_{IE}$ * IM)] + (StKSvFGK$_{PE}$ * IPE) + (StKSvVGK$_{PE}$ * IPE)
	+ fixe Plangemeinkosten
	= $\sum$ [(90 €/m² * 23.200 m²) + (60 €/h * 81.667 €[†]/h) + (72 €/h * 7.200 h) +
	(48 €/PE * 16.000 PE) + (20 €/PE * 16.000 PE) + 4,7 Mio. €
	= $\sum$ [(2.088.000 € + 4.900.000 € + 518.400 €) + 768.000 € +
	320.000 € + 4.700.000 €
	= 13.294.400 €
Istkosten	= Var. Istkosten + fixe Istkosten
	= 9.268.000 € + 4.626.000 €
	= 13.894.000 €
ΔP	= Istkosten - Istkosten zu Planpreisen
	= 13.894.000 € - 13.294.400 €
	= 599.600 € (U)
ΔV	= Istkosten zu Planpreisen - Sollkosten
	= 13.294.400 € - 12.124.000 €
	= 1.170.400 € (U)
ΔB	= Sollkosten - verrechnete Plankosten
	= 12.124.000 € - 11.601.760 €[†]
	= 522.240 €[†] (U)

[†]gerundete Zahl

Tab. 3.36   Analyse mit „echter" Beschäftigungsabweichung

Plankosten	= (var. Standardkosten gesamt * PPE) + fixen Plangemeinkosten = 464 €/PE * 18.000 PE) + 4,7 Mio € = 8.352.000 € + 4.700.000 € = 13.052.000 €
Sollkosten	= (var. Standardkosten gesamt/PE * IPE) + fixe Plangemeinkosten = (464 €/PE * 16.000 IPE) + 4,7 Mio. € = 7.424.000 € + 4.700.000 € = 12.124.000 €
Istkosten zu Planpreisen	= $\sum$ [(StK$_{IE}$ * IM)] + (StKSvFGK$_{PE}$ * IPE) + (StKSvVGK$_{PE}$ * IPE) + fixe Plangemeinkosten = $\sum$ [(90 €/m^2 * 23.200 m^2) + (60 €/h * 81.667 €[†]/h) + (72 €/h * 7.200 h) + (48 €/PE * 16.000 PE) + (20 €/PE * 16.000 PE) + 4,7 Mio. € = $\sum$ [(2.088.000 € + 4.900.000 € + 518.400 €) + 768.000 € + 320.000 € + 4.700.000 € = 13.294.400 €
Istkosten	= Var. Istkosten + fixe Istkosten = 9.268.000 € + 4.626.000 € = 13.894.000 €
ΔP	= Istkosten - Istkosten zu Planpreisen = 13.894.000 € - 13.294.400 € = 599.600 € (U)
ΔV	= Istkosten zu Planpreisen - Sollkosten = 13.294.400 € - 12.124.000 € = 1.170.400 € (U)
ΔeB	= Sollkosten - Plankosten = 12.124.000 € - 13.052.000 € = 928.000 € G

[†]gerundete Zahl

Tab. 3.37   Berechnung der Umsatzabweichung der Hamburger Handtaschen GmbH

$$
\begin{aligned}
\text{Planumsatz} &= PP_{PE} * PM_A \\
&= 840\ \text{€/PE} * 18.000\ \text{PE} \\
&= 15.120.000\ \text{€}
\end{aligned}
$$

$$
\begin{aligned}
\text{Istumsatz} &= IP_{PE} * IM_A \\
&= 900\ \text{€/PE} * 16.000\ \text{PE} \\
&= 14.400.000\ \text{€}
\end{aligned}
$$

$$
\begin{aligned}
\Delta U &= \text{Planumsatz - Istumsatz} \\
&= 15.120.000\ \text{€ - } 14.400.000\ \text{€} \\
&= 720.000\ \text{€ (U)}
\end{aligned}
$$

3.14.2   Kritische Würdigung beider Beschäftigungsabweichungen

Durch die „echte" Beschäftigungsabweichung gelangt man zu neuen Einsichten und unter Einbeziehung der Umsatzabweichung zu etwas anderen Interpretationen. Bei Positionierung in Marktsegmenten mit höherer Kaufkraft kann eine Verringerung der Absatzmenge sogar mit einer Umsatzsteigerung einhergehen. Obwohl dies bei der Hamburger Handtaschen GmbH nicht der Fall ist, zeigt die Analyse trotzdem, dass die „Unterbeschäftigung" zur einen bedeutenden Kosteneinsparung führt. In unserem Beispiel ist sie, verglichen mit der monetären Umsatzsenkung, der stärkere Effekt. Das wiederum müsste das Management ansporenen, die Produktionsmenge zu optimieren, um ein besseres Betriebsergebnis erzielen zu können. Bei den gegebenen Informationen würde sie jedenfalls unter der ursprünglich geplanten liegen. Aufgrund dieser kleineren Zahl von Produkteinheiten würde der Verbrauch von Ressourcen und Energie zurückgehen, während die Emissionen und Immissionen sinken würden. Insofern könnten die Auswirkungen des Einsatzes der „echten" Beschäftigungsabweichung umweltfreundlich sein.

Wie am Anfang dieses Kapitels diskutiert, machen die Gemeinkosten einen zunehmend großen Anteil der Gesamtkosten aus. Kapitel 2 erklärte, wie man durch Anwendung der Prozesskostenrechnung manche Gemeinkosten in Einzelkosten zwecks Kostensteuerung umwandeln kann. Die Prozesskostenrechnung dabei durch Einsatz der „echten" Beschäftigungsabweichung und Einbeziehung der Absatzsphäre zu ergänzen schiene logisch und wünschenswert. Aber leider ist die derzeitige Software vor allem für die Behandlung der Gemeinkosten bei steigender Zahl von Kostenträgern und Untersuchungen komplexerer Abweichungen für die Praxis noch nicht ausgereift (Wilde, 2004).

Da die „sogenannte" Beschäftigungsabweichung einen zu geringen Mengenabsatz als negativ (wegen Unterdeckung der fixen Gemeinkosten) bewertet, impliziert sie, dass höhere Ausbringungsmengen immer erstrebenswert sind: Stückkosten sinken weil sie über größere Zahlen von Produkteinheiten verteilt werden, während bei gleich bleibenden Verkaufspreisen zunehmend „zu viel" Geld für die Kostendeckung eingenommen wird. So widerspricht sie den volkswirtschaftlichen Grundsatz, dass man mehr von Normalgütern nur verkaufen kann, wenn Anbieter Kunden ihre Waren zu niedrigeren Preisen anbieten. Die Kritik bezüglich mangelnder Realitätsnähe und schwieriger Interpretierbarkeit ist also zutreffend.

Handelsgesetze, IAS und IFRS jedoch verlangen, dass Unternehmen die Vollkostenrechnung benutzen, um ihre Bestände an Halbfertig- und Fertigwaren in Berichten an Externen zu bewerten. Deshalb basieren viele Unternehmen ebenfalls ihr internes Rechnungswesen für Planungs- und Steuerungszwecke immer noch auf die Vollkostenrechnung. Bis diese Situation sich ändert, werden Controller und Manager sich weiterhin mit „sogenannten" Beschäftigungsabweichungen auseinandersetzen müssen.

3.15   Performance Gaps und Abweichungen

Kapitel 2 erläuterte den Zusammenhang zwischen einer Abweichung und einer Performance Gap: eine Performance Gap ist der Unterschied zwischen dem Istergebnis und einer Bezugsmarke. Eine Abweichung dagegen ist der Unterschied zwischen einem Istergebnis und dem budgetierten Wert, wobei der budgetierte Wert eine im Buchführungssystem enthaltene Finanzgröße ist. Folgende Beispiele nicht finanzieller Bezugsmarken sollte die Hamburger Handtaschen GmbH wahrscheinlich bei der Planung und Steuerung ihrer Fertigungsgemeinkosten beachten:

- den Istverbrauch des indirekten Materials (Zwirn) in Metern je Maschinenstunde im Verhältnis zum geplanten Verbrauch des indirekten Materials in Metern je Maschinenstunde;

- den Istverbrauch an Strom je Maschinenstunde im Verhältnis zum geplanten Stromverbrauch je Maschinenstunde;

- die Istmaschinenzeit je Auftrag im Verhältnis zur geplanten Maschinenzeit je Auftrag.

Performance Gaps werden in der Fertigungshalle täglich oder gar stündlich berichtet. Die Abweichungen der Fertigungsgemeinkosten zeigen die finanziellen Auswirkungen von zuvor beobachteten nicht finanziellen Leistungslücken.

Die tägliche Managementkontrolle in der Fertigungshalle erfolgt also durch direkte Beobachtung und Messungen einzelner Kostenarten (z. B. genehmigte Überstunden („authorized overtime"), Ausfallzeiten („downtime") und Ausschussanteile („scrap rates"). Das Rechnungssystem wandelt diese Messungen in finanzielle Kennzahlen um, die die Manager auf den niedrigeren Führungsebenen über die finanziellen Auswirkungen ihrer Abweichungen informieren. Auf den oberen Führungsebenen verwendet man die Abweichungen, um die Leistungen der Abteilungen zu evaluieren und miteinander zu vergleichen.

Hinsichtlich der Erhebungshäufigkeit der Kennzahlen hat eine empirische Studie ergeben, dass 42 % der Supply Chain Champions relevante Kennzahlen durchgängig wöchentlich erheben, wogegen ihre Wettbewerber dies nur in 18% der Fälle tun (Thonemann, 2003). Dies ist ein deutlicher Indikator dafür, dass die wesentlichen Kenngrößen zeitnah und in entsprechender Häufigkeit zu ermitteln und auszuwerten sind. In diesem Zusammenhang ist zu erwähnen, dass dabei die Aktualität der Daten oft wichtiger als ihre Quantität ist.

Jedoch sei hier vor der Überbetonung der Abweichungen der Fertigungsgemeinkosten gewarnt. Fast immer ist die einseitige Betrachtung einzelner finanzieller oder nicht finanzieller Faktoren zu einfach.

3.16   Ist-, Normal-, Plan- und Sollkostenrechnungssysteme

Tab. 3.38 zeigt drei mögliche Kombinationen von geplanten und Isteinzelkostensätzen sowie geplanten und Istgemeinkostensätzen, die häufig in Kostenrechnungskursen unterrichtet werden: die Ist-, Normal-, und Plankostenrechnungssysteme. Ein viertes System – das Sollkostenrechnungssystem – wurde in den Kapiteln 2 und 3 im Zusammenhang mit Standards eingeführt. Die Sollkostenrechnung auf der Basis von Standardkosten verfolgt die Einzelkosten auf ein Kostenobjekt zurück. Dies geschieht durch den Einsatz von Standardpreisen oder -kostensätzen und erlaubten Standardeingaben für die Istausbringungsmenge. Die Gemeinkosten teilt man dem Kostenobjekt auf der Grundlage des geplanten Gemeinkostensatzes und der erlaubten Standardeingaben für die Istausbringungsmenge zu. Mit der Verwendung von Standards (guten bzw. bestmöglichen Leistungsniveaus) ist die Sollkostenrechnung eine Sonderform der Plankostenrechnung: Wenn die Planrechnung auf der Basis von Standards erstellt und der Plan erfüllt wird, sind die Angaben in allen vier Rechnungssystemen gleich. In der Praxis ist dies nur äußerst selten der Fall.

Tab. 3.38 *Übersicht über die Ist-, Normal-, Plan- und Sollkostenrechnung*

	Istkosten-rechnung	Normalkosten-rechnung	Plankosten-rechnung	Sollkosten-rechnung
Einzelkosten	$IP_{IE} * IM$	$IP_{IE} * IM$	$PP_{IE} * PM$	$PP_{IE} * SM$ bzw. $PP_{IE} * (IPE * StM_{PE})$ bzw. $StKSvFGK_{PE} * IPE$
Gemeinkosten	$IKSvFGK_{IEV} * IM$ bzw. $IKSvFGK_{PE} * IPE$ oder $IKSfFGK_{IEV} * IM$ bzw. $IKSfFGK_{PE} * IPE$	$PKSvFGK_{IEV} * IM$ bzw. $PKSvFGK_{PE} * IPE$ oder $PKSfFGK_{IEV} * IM$ bzw. $PKSfFGK_{PE} * IPE$	$PKSvFGK_{IEV} * PM$ bzw. $PKSvFGK_{PE} * PPE$ oder $PKSfFGK_{IEV} * PM$ bzw. $PKSfFGK_{PE} * PPE$	$PKSvFGK_{IEV} * SM$ bzw. $PKSvFGK_{IEV} * (IPE * StM_{PE})$ bzw. $StKSvFGK_{PE} * IPE$ oder $PKSfFGK_{IEV} * SM$ bzw. $PKSfFGK_{IEV} * (IPE * StM_{PE})$ bzw. $StKSfFGK_{PE} * IPE$

Wie die Ist-, Normal-, und Plankostenrechnungssysteme zeigt Tab. 3.38 das Sollkostenrechnungssystem in seiner reinen Variante. Das individuelle Unternehmen wird eine Kombination dieser vier Systeme verwenden, um die Kosten in seinen Geschäftsbereichen genau verfolgen zu können.

3.17 Zusammenfassung

Bei der Planung und Steuerung variabler Gemeinkosten sollte ein Unternehmen insbesondere Wert steigernde Aktivitäten und den Verbrauch der Kostentreiber dieser Aktivitäten beachten. Bei der Planung und Steuerung fixer Gemeinkosten sollte ein Unternehmen neben den Wert steigernden Aktivitäten sein Augenmerk auf die Wahl der angemessenen Kapazitätsgröße legen – unter Berücksichtigung der erwarteten Nachfrage und des Unsicherheitsgrades der erwarteten Nachfrage.

Wenn man ein flexibles Budget für variable Gemeinkosten erstellt, kann man gleichzeitig die Preisabweichung der Gemeinkosten und die Verbrauchsabweichung berechnen. Die Preisabweichung der Gemeinkosten ist der Unterschied zwischen den tatsächlich angefallenen variablen Gemeinkosten und der budgetierten Summe, die man für die tatsächliche Ausbringungsmenge erwartet hätte. Die Verbrauchsabweichung der variablen Gemeinkosten misst die Effektivität, mit der man die Verrechnungsgrundlage (d. h. die Kostenverteilungsbasis) nutzt. Sie unterscheidet sich damit von der Verbrauchsabweichung, die für Einzelkostenarten (z. B. für Fertigungsmaterial) berechnet werden kann.

Man kalkuliert den geplanten fixen Fertigungsgemeinkostensatz als Quotient aus geplanten fixen Gemeinkosten und einer Bezugsgröße (einer Nennergröße oder einer Verrechnungsgrundlage; entweder Anzahl der Output- oder der Inputeinheiten). Dieser Kostensatz wird in der Bestandsbewertung unfertiger und fertiger Erzeugnisse verwendet.

Die Beschäftigungsabweichung der Gemeinkosten entsteht, weil fixe Gemeinkosten bei der Verrechnung auf Halbfertig- und Fertigprodukte wie variable Kosten gehandhabt werden. Variable Gemeinkosten sind per Definition nicht fix, weshalb für sie keine Beschäftigungsabweichung berechnet werden kann.

Selten können Beschäftigungsabweichungen als verlässlicher Maßstab für Opportunitätskosten ungenutzter Kapazitäten herangezogen werden. Beispielsweise kann die Kapazität einer Anlage die geplante Produktionsmenge übertreffen. Damit würde die Abweichung einen gewissen Teil der ungenutzten Kapazität nicht berücksichtigen. Weiterhin stehen bei der Beschäftigungsabweichung nur Kosten im Mittelpunkt. Notwendige Preisveränderungen, die die Nachfrage steigern könnten, um die still liegende Kapazität auszulasten, werden nicht berücksichtigt.

Eine 4er-Abweichungsanalyse beinhaltet sowohl Preis- und Verbrauchsabweichungen für variable Gemeinkosten als auch Preis- und Beschäftigungsabweichungen für fixe Gemeinkosten. Durch die Analyse aller vier Abweichungen können mögliche Zusammenhänge zwischen ihnen aufgedeckt werden. Zusammen messen diese vier Abweichungen Unterschiede zwischen Ist- und budgetierten Angaben für die Ausbringungsmenge und die Verkaufspreise sowie für die variablen und die fixen Kosten.

Die getrennte Analyse variabler und fixer Gemeinkosten setzt den Einsatz von getrennten Kontrollkonten sowohl für variable und fixe Gemeinkosten als auch für die verrechneten variablen und fixen Gemeinkosten voraus. Am Ende jeder Rechnungsperiode können Über- bzw. Unterdeckungen der variablen oder fixen Gemeinkosten aus der Rechnung bereinigt werden.

Die Beschäftigungsabweichung bezieht sich eigentlich direkt auf die Ausbringungsmenge und indirekt auf die Kapazitätsauslastung, nicht auf die Arbeitsplatzbeschaffung. Da sie als Begriff trotzdem allgemein gebraucht wird, unterscheiden Kritiker zwischen „sogenannter" und „echter" Beschäftigungsabweichung. Einsatz der „echten" Beschäftigungsabweichung unter Berücksichtigung der Absatzsphäre kann Möglichkeiten aufdecken, bei „Unterbeschäftigung" den Umsatz trotzdem zu steigern, Kosten zu sparen und das Betriebsergebnis zu verbessern. Dagegen hat die „sogenannte" Beschäftigungsabweichung bei „Unterbeschäftigung" immer eine negative Bedeutung: Unterdeckung der fixen Gemeinkosten in der unbereinigten Periodenrechnung.

Nicht nur finanzielle, sondern auch nicht finanzielle Maßstäbe dienen zur Planung und Steuerung von Gemeinkosten. In vielen Fällen sind es zuerst die nicht finanziellen Größen, die die entstehenden Gemeinkostenabweichungen ankündigen. Für Entscheidungsträger verdeutlicht die Übersetzung dieser Beobachtungen in finanzielle Maßstäbe die verhältnismäßige Bedeutung verschiedener nicht finanzieller Performance Gaps.

Tab. 3.39 gibt am Beispiel der Fertigungsgemeinkosten einen Überblick über die in diesem Kapitel beschriebenen Abweichungen der vierten Berichtsebene und die für ihre Berechnung erforderlichen Daten.

Tab. 3.39 *Überblick über die Gemeinkostenabweichungen der 4. Berichtsebene*

Teil A: Variable Gemeinkosten

	Istkosten zu Istpreisen (Istrechnung) $IKSvFGK_{IEV} *$ **IM**	**Istkosten zu Planpreisen** $StKSvFGK_{IEV} *$ **IM**	**Flexibles Budget (Sollrechnung)** $StKSvFGK_{IEV} * SM$ **bzw.** $StKSvFGK_{IEV} *$ **$(IPE * StM_{PE})$** **bzw.** $StKSvFGK_{PE} * IPE$	**Verrechnete Kosten** $StKSvFGK_{PE} *$ **IPE**
Variable Gemeinkosten	Preisabweichung (ΔP)	Verbrauchsabweichung (ΔV)		Abweichung kommt nicht vor

Teil B: Fixe Gemeinkosten

	Istkosten zu Istpreisen (Istrechnung) $IKSfFGK_{IEV} *$ **IM**	**Pauschalsumme (unabhängig von der Ausbringungsmenge)**	**Pauschalsumme (unabhängig von der Ausbringungsmenge)**	**Verrechnete Kosten** $StKSfFGK_{PE} *$ **IPE**
Fixe Gemeinkosten	Preisabweichung (ΔP)	Abweichung kommt nicht vor	Beschäftigungsabweichung (ΔB)	

3.18   Englische und deutsche Fachterminologie

authorized overtime	genehmigte Überstunden
cost allocation base	Bezugsgröße, Verrechnungsgrundlage
cost-of-goods-sold account	Umsatzkostenkonto
denominator level	Nennergröße, Nennervolumen
downtime	Ausfallzeiten
end-of-period account	Schlussbilanzkonto
finished goods account	Fertigwarenkonto
inventoriable cost	inventoriable Kosten
material change	materielle Veränderung
non-value-added-cost	nicht Wert steigernde Kosten
output level overhead variance	Beschäftigungsabweichung
proration	anteilige Verrechnung
production level/volume overhead variance	Beschäftigungsabweichung (im verarbeitenden Gewerbe der angelsächsischen Länder)
restated-allocation rate	angepasster oder korrigierter Fertigungsgemeinkostensatz
scrap rate	Ausschussanteile
spending variance	Preisabweichung (der variablen bzw. der fixen Gemeinkosten)
usage variance	Verbrauchsabweichung
value-added-cost	Wert steigernde Kosten
work-in-process account	Halbfertigwarenkonto

3.19   Übungen

3.19.1   Richtig oder falsch?

1. Die Standardkostenrechnung ist eine Kostenrechnungsmethode, die (1) Einzelkosten auf ein Kostenobjekt zurückverfolgt, indem sie Standardpreise oder -sätze mit den Standard-Inputeinheiten multipliziert, die man für die Istausbringungsmenge vorsieht, und (2) die dem Kostenobjekt Gemeinkosten auf Basis von Standardkostensätzen der Gemeinkosten und Standard-Inputeinheiten bezogen auf die Istausbringungsmenge verrechnet.

2. Die Abweichung der variablen Fertigungsgemeinkosten vom flexiblen Budget misst den Unterschied zwischen den Standardkosten variabler Fertigungsgemeinkosten und den variablen Fertigungsgemeinkosten im flexiblen Budget.

3. Die Verbrauchsabweichung der variablen Gemeinkosten misst die Effizienz, mit der man die Verrechnungsgrundlage genutzt hat.

4. Die Beschäftigungsabweichung ist günstig, wenn die Istzahl der Produkteinheiten kleiner als ihre Planzahl ist.

5. Die Abweichung vom flexiblen Budget der fixen Gemeinkosten ist der Unterschied zwischen den fixen Istgemeinkosten und den fixen Gemeinkosten im flexiblen Budget.

6. Vorsicht ist angebracht, wenn man die Beschäftigungsabweichung als Kennzahl für die wirtschaftlichen Kosten der Leerkapazität interpretiert.

7. Die Beschäftigungsabweichung entsteht, wenn die Isthöhe der Nennergröße sich von der Planhöhe unterscheidet, die man verwendet hat, um den Plankostensatz fixer Gemeinkosten zu kalkulieren.

8. Pauschalsummen von fixen Kosten stellen Ressourcen dar, die man (z. B. für Leasingverträge von Maschinen und Anlagen) benötigt, um Kapazitäten bereitzustellen, die nicht sofort gesenkt werden können, wenn die erforderlichen Ressourcen sich als kleiner als die bereitgestellten erweisen.

9. Die Abweichungsanalyse fixer Gemeinkosten außerhalb des Fertigungsbereiches ist wichtig, wenn ein Unternehmen einen Auftrag mit einem Vertrag durchführt, der die Bezahlung auf Basis der vollen Istkosten zuzüglich einer Marge vorsieht.

10. Mit gut definierten Output- und Inputkennzahlen für einen Prozess kann man eine 4er-Abweichungsanalyse auch mit einem Prozesskostenrechnungssystem durchführen.

3.19.2   Multiple Choice

1. Mit welcher Kostenart klassifiziert man die Stromkosten, die bei der Fertigung von Stofftieren entstehen?

   a. Verwaltungskosten
   b. nicht Wert steigernde Kosten
   c. Wert steigernde Kosten
   d. Periodenkosten

2. Die variablen Fertigungsgemeinkosten werden auf Basis der Anzahl der Maschinenstunden verrechnet. Die Coburger Karton AG plant, mit 400 Maschinenstunden 400 Kisten von Produkt X zu fertigen. Man erwartet, dass jede Maschinenstunde 10 KWH Strom verbrauchen wird, der 6 € je KWH kostet. Ausgehend von der Preis- und Verbrauchsabweichung: Welchen Preis würde die Coburger Karton AG für eine neue Maschine höchstens bezahlen, wenn eine neue, energiesparende Maschine nur 8 KWH je Maschinenstunde verbraucht?

   a. 120 €
   b. 4.680 €
   c. 4.920 €
   d. 4.800 €

3. Im Monat Februar verbraucht die Detmolder Draht GmbH 15.000 Maschinenstunden. Um eine Produkteinheit zu fertigen benötigt man 0,45 Maschinenstunden. Die Monatsproduktion beläuft sich auf 30.000 Produkteinheiten. Die Planausbringungsmenge sah die Fertigung von 24.000 Produkteinheiten bei einem Verbrauch von 10.800 Maschinenstunden vor. Die geplanten Fertigungsgemeinkosten je Produkteinheit betrugen 11,25 €. Wie groß ist die Verbrauchsabweichung der variablen Fertigungsgemeinkosten für die Detmolder Draht GmbH?

   a. 16.875 € (U)
   b. 16.875 € G
   c. 37.500 € G
   d. 37.500 € (U)

4. Welche der folgenden Maßnahmen führt potenziell zu einer Senkung der Gemeinkosten?

   a. Erhöhung der Komplexität der Produktions- und Vertriebsprozesse
   b. Ersatz der Mitarbeiter durch einen automatisierten Prozess
   c. Erhöhung der Datensammlung und -verarbeitung
   d. Erhöhung der Anzahl der gefertigten Produkte

5. Die Greifswalder Greifwerkzeug KG hat eine ungünstige Verbrauchsabweichung der variablen Gemeinkosten in Höhe von 6.000 € beobachtet. Welche der folgenden Schlussfolgerungen ist richtig?

    a. Die Gesellschaft hat die variablen Gemeinkostenposten nicht effizient verbraucht.
    b. Die Gesellschaft hat die variablen Gemeinkostenposten nicht effektiv verbraucht.
    c. Die Gesellschaft hat den Kostentreiber wirtschaftlich verbraucht.
    d. Die Gesellschaft hat den Kostentreiber nicht wirtschaftlich verbraucht.

6. Wenn die Frankfurt/Oder Fahnenfabrik AG die Standardkostenrechnung anwendet, dann verhalten sich die Gemeinkosten, die man den Halbfertigwaren zuteilt, wie folgt:

    a. Sie erhöhen die verrechneten Fertigungsgemeinkosten, während sie die Kosten der Halbfertigwaren senken.
    b. Sie erhöhen die Kosten der Halbfertigwaren sowie die der verrechneten Fertigungsgemeinkosten.
    c. Sie erhöhen die verrechneten Fertigungsgemeinkosten, während sie die Kosten im Kontrollkonto für die Fertigungsgemeinkosten senken.
    d. Sie erhöhen sowohl die Kosten im Kontrollkonto für die Fertigungsgemeinkosten als auch die verrechneten Fertigungsgemeinkosten.

7. Wenn die Junkersdörfer Juwelen GmbH folgende Journaleintragungen macht,

	Soll	Haben
Verrechnete variable Gemeinkosten	100.000 €	
Verbrauchsabweichung der variablen Gemeinkosten	30.000	
Kontrollkonto für variable Gemeinkosten		125.000 €
Preisabweichung der variablen Gemeinkosten		5.000

ist anzunehmen, dass

    a. die Gesellschaft eine Überdeckung der variablen Fertigungsgemeinkosten hat.
    b. die Netto-Abweichung eine günstige Preisabweichung in Höhe von 10.000 € ist.
    c. die Salden der Halbfertigwaren-, Fertigwaren- und Umsatzkostenkonten zu niedrig sind.
    d. die Journaleintragungen falsch sind.

Verwenden Sie bitte folgende Informationen, um die Fragen 8-10 zu beantworten.

Die Suhler Spielwaren AG produziert eine Rennwagen-Reihe aus Kunststoff. Das Unternehmen fertigt sie in Losen. Um ein Los der Rennwagen herzustellen, muss die Suhler Spielwaren AG zuerst die Maschinen und Formen entsprechend rüsten. Man setzt die Rüstkosten in Bezug zum gesamten Los und nicht zu den einzelnen Produkteinheiten. Eine selbstständige Rüstabteilung ist für die Aufrüstung der Maschinen und Formen für unterschiedliche Modelle von Rennwagen zuständig.

Die Rüstgemeinkosten setzen sich zusammen aus Kostenarten, die bezüglich der Rüststunden variabel sind, und einigen anderen Positionen, die sich den Rüststunden gegenüber fix verhalten. Folgende Daten betreffen den Monat Juli 20XX:

	Angaben im statischen Budget	Istergebnisse
Stückzahl gefertigt und verkauft	15.000	11.250
Losgröße (Anzahl der Produkteinheiten je Los)	250	225
Rüststunden je Los	5	5,25
Variable Fertigungsgemeinkosten je Rüststunde	40 €	38 €
Gesamte fixe Rüstgemeinkosten	14.400 €	14.000 €

8. Berechnen Sie die Preisabweichung der variablen Rüstgemeinkosten.

   a. 1.500 € (U)
   b. 525 € G
   c. 975 € (U)
   d. 1.500 € G

9. Berechnen Sie die Preisabweichung der fixen Rüstgemeinkosten.

   a. 3.200 € (U)
   b. 400 € (U)
   c. 3.600 € (U)
   d. 400 € G

10. Berechnen Sie die Beschäftigungsabweichung der fixen Rüstgemeinkosten.

   a. 3.200 € (U)
   b. 400 € (U)
   c. 3.600 € (U)
   d. 400 € G

3.19.3   Kurze Fragen

1. Man nutzt sowohl finanzielle als auch nicht finanzielle Kennzahlen, um die variablen Fertigungsgemeinkosten zu kontrollieren. Geben Sie je zwei Beispiele für die beiden Kennzahlenkategorien.

2. Beschreiben Sie den Unterschied zwischen einer Fertigungsmaterialverbrauchsabweichung und einer Verbrauchsabweichung der variablen Fertigungsgemeinkosten.

3. Nennen Sie zwei alternative Begriffe für eine Beschäftigungsabweichung im Fertigungsbereich, die man im produzierenden Gewerbe der angelsächsischen Länder benutzt.

4. Geben Sie ein Beispiel dazu, wie die Abweichungen in einer 4er-Abweichungsanalyse miteinander zusammenhängen könnten.

5. Nennen Sie drei Beispiele nicht finanzieller Kennzahlen, die man zur Steuerung von Fertigungsgemeinkosten verwendet.

3.19.4   Aufgaben

1. Preis- und Verbrauchsabweichungen der Gemeinkosten im Dienstleistungssektor

Die Erfurter Essen auf Rädern gGmbH (EEAR) betreibt einen Dienst, der warme Mahlzeiten direkt ins Haus liefert. Die Organisation hat Vereinbarungen mit zehn Restaurants, die Essen abzuholen und an die Kunden zu liefern, die ihre Bestellungen an EEAR telefonisch, per Fax oder via Internet übermitteln. Zurzeit untersucht EEAR seine Gemeinkosten für den Monat Juni 20XX.

Man plante die variablen Gemeinkosten für den Monat Juni 20XX bei 3 € je Stunde Lieferzeit. Die geplanten fixen Gemeinkosten betrugen 48.000 €. Die Planzahl der Lieferungen lag bei 16.000. Die Lieferzeit, die als Verrechnungsbasis für die variablen und die fixen Gemeinkosten dient, plante man mit 0,40 Stunden je Lieferung.

Die Istergebnisse für Juni 20XX gestalten sich wie folgt:

variable Gemeinkosten	18.348 €
fixe Gemeinkosten	5.200 €
Anzahl der Lieferungen ins Haus	15.920
Stunden Lieferzeit	7.460 h

Die EEAR verlangt 12 € je Lieferung und zahlt dem Fahrer 7 € je Lieferung. Als Vergütung erhält die EEAR weiterhin einen 10 %-igen Anteil des Umsatzes des Restaurants für die Mahlzeiten.

    i. Berechnen Sie die Preis- und Verbrauchsabweichungen für die variablen und die fixen Gemeinkosten der EEAR im Juni 20XX. Kommentieren Sie die Ergebnisse.

    ii. In welcher Hinsicht könnte sich die Steuerung der variablen Gemeinkosten von der Steuerung der fixen Gemeinkosten unterscheiden?

2. 4er-Abweichungsanalyse der Gemeinkosten

Die Paderborner Präparate AG benutzt ein Standardkostenrechnungssystem. Sie teilt die Fertigungsgemeinkosten (sowohl variable als auch fixe) den Produkteinheiten auf Basis der

Standardfertigungsarbeitsstunden (SFAS) zu. Das Budget für die Fertigungsgemeinkosten in 20X4 basiert auf einer geplanten Ausbringungsmenge von 720.000 Produkteinheiten, für die der Input von 3.600.000 Fertigungsarbeitsstunden geplant wurde. Das Unternehmen verteilt die Fertigung gleichmäßig auf alle Monate des Jahres. Die Istausbringungsmenge für Mai 20X4 war 66.000 PE, für die 315.000 Fertigungsarbeitsstunden geleistet wurden. Die Fertigungsgemeinkosten für Mai betrugen 375.000 €. Die Istkosten verglichen mit (1) dem Jahresbudget und mit (2) einem Zwölftel des Jahresbudgets erscheinen in der folgenden Tabelle.

Berechnen Sie folgende Ergebnisse für die Paderborner Präparate AG in Mai 20X4. Bezeichnen Sie alle Abweichungen entweder als günstig – G – oder als ungünstig – (U).

   i. die Preisabweichung variabler Fertigungsgemeinkosten

  ii. die Preisabweichung fixer Fertigungsgemeinkosten

 iii. die Verbrauchsabweichung variabler Fertigungsgemeinkosten

 iv. die Beschäftigungsabweichung fixer Fertigungsgemeinkosten

  v. verrechnete Fertigungsgemeinkosten gesamt

Jahresbudget für die Fertigungsgemeinkosten der Paderborner Präparate AG in 20X4				
Gesamtsumme (€)	€ je PE	€ je Fertigungsarbeitsstunde (Input)	Monatliches Budget (€) für die Fertigungsgemeinkosten im Monat Mai 20X4	Istfertigungsgemeinkosten €) im Monat Mai 20X4
Variable Fertigungsgemeinkosten:				
Fertigungsarbeitsgemeinkosten 900.000	1,25	0,25	75.000	75.000
Vorräte 1.224.000	1,70	0,34	102.000	111.000
Fixe Fertigungsgemeinkosten:				
Aufsicht 648.000	0,90	0,18	54.000	51.000
Energieanlagen 540.000	0,75	0,15	45.000	54.000
Abschreibungen 1.008.000	1,40	0,28	84.000	84.000
Fertigungsgemeinkosten gesamt 4.320.000	6,00	1,20	360.000	375.000

3. 4er-Abweichungsanalyse der Gemeinkosten

Die Baseler Bootsmotoren AG, die Teile für Bootsmotoren produziert, verwendet ein Standardkostenrechnungssystem. Bei 4.000 Produkteinheiten im Jahr beinhalten die Standardkosten für ein Teil sechs Maschinenstunden variabler Fertigungsgemeinkosten zu je 16 €/Stunde und sechs Maschinenstunden fixer Fertigungsgemeinkosten zu je 30 €/Stunde. Die Istausbringungsmenge betrug 4.400 Produkteinheiten. Die variablen Istfertigungsgemeinkosten lagen bei 490.000 €, während die fixen Istfertigungsgemeinkosten 746.000 € betrugen. Für die Produktion wurden tatsächlich 28.400 Maschinenstunden verbraucht.

i. Führen Sie eine 4er-Abweichungsanalyse für die variablen und fixen Fertigungsgemeinkosten durch.

ii. Entwickeln Sie die entsprechenden Journaleintragungen für obige Analyse.

iii. Beschreiben Sie, wie man einzelne variable und fixe Fertigungsgemeinkostenarten in der Praxis steuert.

4. Gemeinkostenabweichungen eines Krankenhauses, 4er-Abweichungsanalyse

Die Kremser Kreiskrankenhaus gAG (KKKH) hat große Schwierigkeiten bei der Kontrolle ihrer ausstehenden Forderungen gehabt. Die Rechnungen an Patienten, Behörden und Krankenkassen waren oft fehlerhaft und verspätet. Das hat zu nicht einzutreibenden Schulden und Verlusten aus ausstehenden Rechnungen in nicht akzeptabler Höhe geführt.

Das Krankenhaus hat Sie als Berater(in) in dieser Angelegenheit engagiert. Nach gründlicher Untersuchung der Prozesse, die für die Ausstellung von Rechnungen erforderlich sind, entwickeln Sie einige momentan erreichbare Standards, die das Unternehmen im Zusammenhang mit einem flexiblen Budget einführt. Sie haben die Gesamtkosten in fixe und variable Kategorien aufgeteilt. Dabei haben Sie eine Rechnung als Produkt, d. h. eine Leistungseinheit, betrachtet.

Sie haben berechtigtes Vertrauen dahingehend, dass die Quelldokumente, die als Grundlage zur Berechnung der Ergebnisse dienen, in Ordnung sind. Der Leiter des Rechnungswesens hat jedoch einige Schwierigkeiten bei der Zusammenfassung der Daten gehabt. Er hat Ihnen folgende Informationen zur Verfügung gestellt:

(erlaubte) variable Gemeinkosten je Standardstunde	10 €
Abweichung fixer Gemeinkosten vom flexiblen Budget, G	200 €
gesamte geplante Gemeinkosten für die Bearbeitung der ausgestellten Rechnungen	22.500 €
Beschäftigungsabweichung, G	900 €
Preisabweichung variabler Gemeinkosten (U)	2.000 €
Verbrauchsabweichung variabler Gemeinkosten G	2.000 €
(erlaubte) Standardstunden für die Bearbeitung der ausgestellten Rechnungen	1.800 h

Berechnen Sie folgende Größen:

i.   Iststunden der verbrauchten Inputs

ii. geplante fixe Gemeinkosten

iii. verrechnete fixe Gemeinkosten

iv. Plankostensatz fixer Gemeinkosten je Stunde

v.   Höhe der Verrechnungsgrundlage in Stunden

5. Wiederholung der Kapitel 2 und 3: 3er-Abweichungsanalyse

Die Braunschweiger Maschinenfabrik GmbH (BMG) hat ein Auftragskostenrechnungssystem mit zwei Einzelkostenkategorien: Fertigungsmaterial und Fertigungsarbeit. Man teilt die Fertigungsgemeinkosten (sowohl variable als auch fixe) den Produkten auf Grundlage der Standardeinzelfertigungsarbeitsstunden (SEFAS) zu. Zum Jahresbeginn 20XX hat die BMG folgende Standards für ihre Fertigungskosten aufgestellt:

	Input	Kosten je Produkteinheit (in €)
Fertigungsmaterial	3 kg zu 10 € je kg	30,00
Fertigungsarbeit	5 h zu 30 € je h	150,00
Fertigungsgemeinkosten:		
variable	12 € je SEFAS	60,00
fixe	16 € je SEFAS	80,00
Standardfertigungskosten je PE		<u>320,00</u>

Die Verrechnungsgrundlage für die gesamten Fertigungsgemeinkosten je Monat in 20XX beträgt 80.000 Einzelfertigungsarbeitsstunden. Das flexible Budget der BMG für den Monat Januar 20XX wurde auf Basis dieser Nennergröße erstellt. Aus der Buchhaltung erhält man folgende Zusatzinformationen:

Beschafftes Fertigungsmaterial	50.000 kg zu 10,40 € je kg
Verbrauchtes Fertigungsmaterial	46.200 kg
Fertigungsarbeit	80.200 h zu 29,20 € je h
Gesamte Istfertigungsgemeinkosten (variable und fixe)	2.400.000 €
Istausbringungsmenge	15.600 Produkteinheiten

i. Erstellen Sie einen Bericht, gegliedert nach Kostenarten, zu Standardfertigungskosten für die 15.600 Produkteinheiten im Monat Januar 20XX.

ii. Berechnen Sie folgende Abweichungen und geben Sie in jedem Fall an, ob es sich um eine günstige – G – oder ungünstige – (U) – Abweichung handelt:

a. Preisabweichung des Fertigungsmaterials zum Beschaffungszeitpunkt

b. Verbrauchsabweichung des Fertigungsmaterials

c. Preisabweichung der Fertigungsarbeit

d. Verbrauchsabweichung der Fertigungsarbeit

e. Preisabweichung der gesamten Fertigungsgemeinkosten

f. Verbrauchsabweichung der variablen Fertigungsgemeinkosten

g. Beschäftigungsabweichung der fixen Fertigungsgemeinkosten

6. Anteilige Verrechnung der Fertigungskostenabweichungen sowie Auswirkungen der Standardkosten auf das Betriebsergebnis

Die Dresdner Drexler Gesellschaft AG benutzt ein Standardkostenrechnungssystem, das am 31. Dezember 20XX (vor der anteiligen Verrechnung der Abweichungen) folgende Kontensalden aufweist:

	€
Fertigungsmaterial, Endbestand	525.000
Halbfertigwaren, Endbestand	300.000
Fertigwaren, Endbestand	900.000
Umsatzkosten	1.800.000
Fertigungsmaterialpreisabweichung	192.000
Fertigungsmaterialverbrauchsabweichung	75.000
Fertigungsarbeitspreisabweichung	15.000
Fertigungsarbeitsverbrauchsabweichung	75.000
Istfertigungsgemeinkosten	630.000
Fertigungsgemeinkosten, verrechnet zum Standardkostensatz	510.000
Umsatzerlöse	2.700.000
Vertriebs- und Verwaltungskosten	540.000

Man hält die Materialpreisabweichungen zum Zeitpunkt der Beschaffung fest, nicht beim Verbrauch. Nehmen Sie an, dass die Halbfertigwaren, Fertigwaren und Umsatzkosten in gleichen Proportionen Standardkosten von Fertigungsmaterial, Fertigungsarbeit und Fertigungsgemeinkosten enthalten. Das Fertigungsmaterial hat einen Anteil von 60 % an den jeweiligen Endbeständen an Halbfertigwaren, Fertigwaren und Umsatzkosten. Alle Fertigungsabweichungen sind ungünstig. Es gibt keine Anfangsbestände. Es gibt keine Abweichungen für Vertriebs- und Verwaltungskosten. Sowohl variable als auch fixe Fertigungskosten werden als inventoriabel betrachtet.

i. Erstellen Sie eine umfassende Übersicht der anteiligen Verrechnung aller Abweichungen.

ii. Entwickeln Sie die Journaleintragungen für die anteiligen Verrechnungen.

iii. Erstellen Sie eine vergleichende Zusammenfassung der GuV-Rechnungen auf der Grundlage eines Standardkostenrechnungssystems:

   a. ohne Verrechnung der Fertigungsabweichungen (d. h., alle Abweichungen werden sofort zu Lasten der Umsatzkosten abgeschrieben)

   b. mit der anteiligen Verrechnung aller Fertigungsabweichungen auf Basis der betroffenen Kontenendsalden

iv. Berechnen Sie die Summe der Fertigungsarbeitskosten, die im Saldo des Fertigwaren-
endbestands (vor anteiliger Verrechnung) enthalten ist.

3.19.5   Kritisches Denken

Die Chemnitzer Kran KG ist ein produzierendes Unternehmen mit vielen Fertigungsstraßen,
zahlreichen leistungsfähigen Maschinen und hochqualifizierten Facharbeitern. Während der
letzten Jahre nutzte das Unternehmen für seine Planung und Steuerung eine sehr komplexe
Abweichungsanalyse. Bis vor kurzem hat dieses System gut funktioniert. Als Folge einer
Wirtschaftskrise stieg der Konkurrenzdruck jedoch erheblich, und die Kostenkontrolle wurde
für den Erfolg des Unternehmens zunehmend kritischer. Die Bereichsleiter glauben, dass die
herkömmlichen finanziellen Abweichungen ihnen nicht alle Informationen liefern, die sie in
wirtschaftlich schwierigen Zeiten benötigen. Welche Zusatzinformationen könnten Sie ihnen als Controller(in) zur Verfügung stellen?

3.20   Lösungen

3.20.1   Richtig oder falsch?

1. Richtig.

2. Falsch. Die Abweichung vom flexiblen Budget der variablen Fertigungsgemeinkosten
misst den Unterschied zwischen den variablen Istfertigungsgemeinkosten und den variablen Fertigungsgemeinkosten im flexiblen Budget.

3. Richtig.

4. Falsch. Die Beschäftigungsabweichung ist günstig, wenn die Istzahl der Produkteinheiten größer als ihre Planzahl ist.

5. Richtig.

6. Richtig.

7. Richtig.

8. Richtig.

9. Richtig.

10. Richtig.

3.20.2   Multiple Choice

1. c

2. d

   Plankostensatz variabler Gemeinkosten =10 KWH/Mh * 6 €/KWH = 60 €/Mh

   alternativer Plankostensatz variabler Gemeinkosten = 8 KWH/Mh * 6 €/KWH = 48 €/Mh

   Abweichung vom flexiblen Budget der variablen Gemeinkosten

   $$= (60 \text{ €/Mh} - 48 \text{ €/Mh}) * 400 \text{ Mh} = 4.800 \text{ € G}$$

3. d

   ΔV der variablen Gemeinkosten

   $$= [15.000 \text{ Mh} - (30.000 \text{ PE} * 0{,}45\text{Mh/PE})] * (11{,}25 \text{ €}/0{,}45 \text{ Mh})$$

   $$= 37.500 \text{ € (U)}$$

4. c

5. d

6. b

7. c

8. b

   $$[(11.250/225) * 5{,}25] * [38 \text{ €} - 40 \text{ €}] = 525 \text{ € G}$$

9. d

   $$14.000 \text{ €} - 14.400 \text{ €} = 400 \text{ € G}$$

10. c

    normale Rüststunden = (15.000 PE/250 Los) * 5 h/Los = 300 h

    Kostensatz fixer Istgemeinkosten = 14.400 €/300 h = 48 € je Rüststunde

    $$14.400 \text{ €} - [(11.250 \text{ PE}/250 \text{ Los}) * 5 \text{ h/Los} * 48 \text{ €/h}] = 3.600 \text{ € (U)}$$

3.20.3   Kurze Antworten

1. Finanzielle Kennzahlen: Fertigungsarbeitskosten und Stromkosten.

   Nicht finanzielle Kennzahlen: Maschinenstunden und Prüfstunden.

2. Eine Fertigungsmaterialverbrauchsabweichung ist der Unterschied zwischen dem Istfer-
   tigungsmaterialinput und dem Sollfertigungsmaterialinput für die Istausbringungsmenge.
   Eine Verbrauchsabweichung der variablen Fertigungsgemeinkosten macht eine Aussage
   zur Wirtschaftlichkeit, mit der man die Verrechnungsgrundlage verbraucht.

3. Zwei Begriffe, die man im produzierenden Gewerbe der angelsächsischen Länder benutzt, um die Beschäftigungsabweichung der Gemeinkosten zu bezeichnen, sind: (1) „production level overhead variance" und (2) „production volume overhead variance".

4. Wechselseitige Beziehungen zwischen den Abweichungen könnten beispielsweise zwischen Preis- und Verbrauchsabweichungen entstehen. Wenn z. B. die gewählte Verrechnungsgrundlage für die Verbrauchsabweichungen der variablen Gemeinkosten nur einer von mehreren Kostentreibern ist, wird die Preisabweichung der variablen Gemeinkosten die Auswirkungen all dieser Kostentreiber enthalten.

5. Drei nicht finanzielle Kennzahlen, die man zur Steuerung der Fertigungsgemeinkosten nutzt, sind (1) Maschinenstunden, (2) Kilowattstunden Strom und (3) Zahl der montierten Produkteinheiten.

3.20.4 Aufgabenlösungen

1.

i. Plankostensatz variabler Gemeinkosten = 3 € je Stunde Lieferzeit
   Plankostensatz fixer Gemeinkosten = 48.000 €/(16.000 PE * 0,40 h/PE)
                                           = 48.000 €/6.400 h
                                           = 7,50 € je Stunde Lieferzeit

Die Abweichungen lauten:

	Preisabweichung	Verbrauchsabweichung
Variable Gemeinkosten	4.032 € G	3.276 € (U)
Fixe Gemeinkosten	7.200 € (U)	-

Erläuterung der Berechnung der Abweichungen als Teil einer 4er-Abweichungsanalyse:

	Istkosten zu Istpreisen (1)	Istkosten zu Planpreisen $PKSvFGK_{IEV}$ * IM (2)	Flexibles Budget (Sollrechnung) $PKSvFGK_{IEV}$ * (IPE * SM_{PE}) (3)	Verrechnete Kosten $PKSvFGK_{IEV}$ * (IPE * SM_{PE}) (4)
Variable Gemeinkosten	18.348 €	(3 €/h * 7.460 h) 22.380 €	3 €/h * (15.920 PE * 0,4h/PE) 19.104 €	3 €/h * (15.920 PE * 0,4h/PE) 19.104 €

          4.032 € G   3.276 € (U)   Abweichung
    Preisabweichung   Verbrauchsabweichung   kommt nicht vor

	Istkosten zu Istpreisen	Pauschalsumme	Pauschalsumme	Verrechnete Kosten PKSfFGK$_{IEV}$ * (IPE * SM$_{PE}$)
Fixe Gemeinkosten	55.200 €	48.000 €	48.000 €	7,50 € * (15.920 PE * 0,40 h) 47.760 €
	↑ 7.200 € (U) ↑ Preisabweichung	↑ ↑ Abweichung ↑ kommt nicht vor		↑ 240 € (U) ↑ Beschäftigungsabweichung

Die Preisabweichung variabler Gemeinkosten ist günstig. Dies könnte bedeuten, dass die Kosten der einzelnen Kostenarten im Pool der variablen Gemeinkosten (z. B. Telefonanrufe und Benzinverbrauch) niedriger waren als die budgetierten, dass der Verbrauch der Verrechnungsgrundlage geringer ausfiel oder dass eine Mischung aus beidem eingetreten ist. Vergleicht man aber die Istlieferzeit (0,469 h je Lieferung) mit der Planlieferzeit (0,40 h je Lieferung), erscheint nur die erste Erklärung plausibel. Ferner ist der Unterschied zwischen Ist- und Planlieferzeit die Ursache der ungünstigen Verbrauchsabweichung variabler Gemeinkosten.

Die Preisabweichung fixer Gemeinkosten ist auch ungünstig. Die Entwicklung ist z. T. auf den höheren Verbrauch des Kostentreibers (Lieferzeit), z. T. auch auf höhere Kosten der einzelnen Kostenarten im Pool der fixen Gemeinkosten (z. B. Versicherung und Leasing) zurückzuführen.

ii. Die Erfurter Essen auf Rädern steuert ihre fixen Gemeinkosten am besten mittels einer langfristigen Planung ihrer Kapazität und nicht durch tägliche Entscheidungen. Die meisten fixen Gemeinkosten werden festgelegt, lange bevor sie sich als Aufwand niederschlagen. Indessen erfordern die variablen Gemeinkosten einen Mix von langfristiger Planung und täglicher Verbrauchskontrolle einzelner Kostenarten, um die Kosten zu steuern.

2.

i. Standardstunden je Produkteinheit = Planfertigungsarbeitsstunden/Planoutput
= 3.600.000 h/720.000 PE = 5 h/PE

ii.-iv.

	Istkosten zu Istpreisen StKSvFGK$_{IEV}$ * IM	Istkosten zu Planpreisen StKSvFGK$_{IEV}$ * SM	Flexibles Budget (Sollrechnung) StKSvFGK$_{IEV}$ * SM	Verrechnete Kosten StKSvFGK$_{IEV}$ * SM
Variable Fertigungsgemeinkosten	186.000 €	(0,59 €/h * 315.000 h) 185.850 €	(0,59 €/h * 330.000 h) 194.700 €	(0,59 €/h * 330.000 h) € 194.700
	↑ 150 € (U) ↑ (i.) Preisabweichung	↑ ↑ 8.850 € G ↑ (iii.) Verbrauchsabweichung	↑ ↑ Abweichung ↑ kommt nicht vor	

	Istkosten zu Istpreisen	Pauschalsumme	Pauschalsumme	Verrechnete Kosten $StKSfFGK_{IEV}$ * SM
Fixe Fertigungsgemeinkosten	189.000 €	183.000 €	183.000 €	(0,61 €/h * 330.000 h) 201.300 €

6.000 € (U)   Abweichung   18.300 € G

(ii.) Preisabweichung   kommt nicht vor   (iv.) Beschäftigungsabweichung[†]

[†]Alternative Berechnung der Beschäftigungsabweichung fixer Fertigungsgemeinkosten:

$=$ [Plankostensatz fixer Fertigungsgemeinkosten] *

[Standardstunden für den Istoutput - Nennerstunden]

$=$ 0,61 €/h * [330.000 h - (3.600.000 h/12 Monate)] = 0,61 €/h * [330.000 h - 300.000 h]

$=$ 18.300 € G

Plankostensatz variabler Gemeinkosten je Fertigungsarbeitsstunde = 0,25 € + 0,34 € = 0,59 €

Plankostensatz fixer Gemeinkosten je Fertigungsarbeitsstunde = 0,18 € + 0,15 € + 0,28 €
= 0,61 €

fixe Plangemeinkosten im Monat Mai   = (648.000 € + 540.000 € + 1.008.000 €)/12
= 2.196.000 €/12
= 183.000 €

variable Istgemeinkosten   = 75.000 € + 111.000 €
= 186.000 €

fixe Istgemeinkosten   = 51.000 € + 54.000 € + 84.000 €
= 189.000 €

Es folgt eine Übersicht der 4er-Abweichungsanalyse im Blockformat:

	Preisabweichung	Verbrauchs- abweichung	Beschäftigungs- abweichung
Variable Fertigungsgemeinkosten	150 € (U)	8.850 € G	Abweichung kommt nicht vor
Fixe Fertigungsgemeinkosten	6.000 € (U)	Abweichung kommt nicht vor	18.300 € G

v. verrechnete Fertigungsgemeinkosten gesamt = verrechnete variable Fertigungsgemeinkosten + verrechnete fixe Fertigungsgemeinkosten = 194.700 € + 201.300 € = 396.000 €

3.

i.

	Istkosten zu Istpreisen (1)	Istkosten zu Planpreisen $StKSvFGK_{IEV} * IM$ (2)	Flexibles Budget (Sollrechnung) $StKSvFGK_{IEV} *$ $(IPE * StM_{PE})$ (3)	Verrechnete Kosten $StKSvFGK_{IEV} *$ $(IPE * StM_{PE})$ (4)
Variable Gemeinkosten	490.000 €	(16 €/Mh * 28.400 Mh) 454.400 €	16 €/Mh * (4.400 PE * 6 Mh/PE) 422.400 €	16 €/Mh * (4.400 PE * 6 Mh/PE) 422.400 €

↑ 35.600 € (U) ↑   ↑ 32.000 € (U) ↑   ↑ Abweichung ↑
Preisabweichung   Verbrauchsabweichung   kommt nicht vor

↑ 67.600 € (U) ↑   ↑ Abweichung ↑
Abweichung vom flexiblen Budget   kommt nicht vor

↑ 67.600 € (U) ↑
Gesamte Abweichung der variablen Fertigungsgemeinkosten

	Istkosten zu Istpreisen	Pauschalsumme	Pauschalsumme	Verrechnete Kosten $StKSfFGK_{IEV} *$ $(IPE * StM_{PE})$
Fixe Gemeinkosten	746.000 €	30 €/Mh * (4.000 PE * 6 Mh/PE) 720.000 €	30 €/Mh * (4.000 PE * 6 Mh/PE) 720.000 €	30 €/Mh * (4.400 PE * 6 Mh/PE) 792.000 €

↑ 26.000 € (U) ↑   ↑ Abweichung ↑   ↑ 72.000 € G ↑
Preisabweichung   kommt nicht vor   Beschäftigungsabweichung

↑ 26.000 € (U) ↑   ↑ 72.000 € G ↑
Abweichung vom flexiblen Budget   Beschäftigungsabweichung

↑ 46.000 € G ↑
Gesamte Abweichung der fixen Fertigungsgemeinkosten

ii.

	Soll (€)	Haben (€)
Kontrollkonto für variable Fertigungsgemeinkosten	490.000	
Kontrolle der Verbindlichkeiten und andere Konten		490.000

Zweck der Buchung:
Erfassung der Lieferantenverbindlichkeiten
(variable Istfertigungsgemeinkosten)

	Soll	Haben
Kontrollkonto für halbfertige Waren	422.400	
Verrechnete variable Fertigungsgemeinkosten		422.400

Zweck der Buchung:
Dokumentation der Verrechnung der variablen Fertigungsgemeinkosten
(4.400 PE * 6 Mh/PE * 16 €/Mh)

	Soll	Haben
Verrechnete variable Fertigungsgemeinkosten	422.400	
Verbrauchsabweichung der variablen Fertigungsgemeinkosten	32.000	
Preisabweichung der variablen Fertigungsgemeinkosten	35.600	
Kontrollkonto für variable Fertigungsgemeinkosten		490.000

Zweck der Buchung:
Isolierung der Abweichungen der Periode

	Soll	Haben
Kontrollkonto für fixe Fertigungsgemeinkosten	746.000	
Kontrollkonto für Lohnverbindlichkeiten, Kontrollkonto für kumulierte Abschreibungen usw.		746.000

Zweck der Buchung:
Dokumentation der fixen Istfertigungsgemeinkosten

	Soll	Haben
Kontrollkonto für Halbfertigwaren	792.000	
Verrechnete fixe Fertigungsgemeinkosten		792.000

Zweck der Buchung:
Dokumentation der Verrechnung der fixen Fertigungsgemeinkosten
(4.400 PE * 6 Mh/PE * 30 €/Mh)

	Soll	Haben
Verrechnete fixe Fertigungsgemeinkosten	792.000	
Preisabweichung der fixen Fertigungsgemeinkosten	26.000	
Beschäftigungsabweichung der fixen Fertigungsgemeinkosten		72.000
Kontrollkonto für fixe Fertigungsgemeinkosten		746.000

Zweck der Buchung:
Isolierung der Abweichungen der Periode

iii. Die Isolierung der Periodenabweichungen variabler Fertigungsgemeinkosten erfordert die Identifizierung der Kostentreiber für Strom, Hilfsstoffe und Instandhaltung. Dies setzt die Verfolgung und die Analyse nicht finanzieller Variablen voraus, die jede einzelne Kostenart beeinflussen. Beispiele sind: die verbrauchten Kilowattstunden, Mengen an verbrauchten Schmierstoffen sowie Ersatzteile und verbrauchte Reparaturstunden. Die sicherste Methode zur Ermittlung von Ursachen für die Plan-Ist-Abweichungen der variablen Fertigungsgemeinkosten besteht darin, die Abweichungen im Budget Zeile für Zeile zu untersuchen.

Normalerweise werden einzelne fixe Fertigungsgemeinkostenarten nicht durch tägliche Kontrollmaßnahmen beeinflusst. Vielmehr werden sie durch Planungsentscheidungen und Budgetierungsprozesse in zeitlichen Abständen von sechs Monaten bis zu einem Jahr (z. B. Managergehälter) oder bis zu mehreren Jahren (z. B. langfristige Mietverträge und Abschreibungen für Anlagen und Ausrüstungen) gesteuert.

4.

i.

$$\text{günstige variable Gemeinkostenabweichung} = 10\ \text{€/h} * (\text{Sollstunden - Iststunden})$$
$$2.000\ \text{€}^{\dagger} = 10\ \text{€/h} * (1.800\ \text{h}^{\dagger} - x\ \text{h})$$
$$2.000\ \text{€} = 18.000\ \text{€} - 10\ x\ \text{€}$$
$$10\ x\ \text{€} = 16.000\ \text{€}$$
$$x = 1.600\ \text{h}$$

ii.

$$\text{gesamte Plangemeinkosten} = \text{fixe Plangemeinkosten}$$
$$+ \text{variable Plangemeinkosten}$$
$$22.500\ \text{€} = \text{fixe Plangemeinkosten}$$
$$+ (10\ \text{€/h}^{\dagger} * 1.800\ \text{h}^{\dagger})$$
$$\text{fixe Plangemeinkosten} = 4.500\ \text{€}$$

iii.

$$\text{Antwort (ii.)} + 900\ \text{€ oder:}$$
$$\text{verrechnete fixe Gemeinkosten} = \text{fixe Plangemeinkosten}$$
$$+ \text{günstige Beschäftigungsabweichung}$$
$$= 4.500\ \text{€} + 900\ \text{€}^{\dagger}$$
$$= 5.400\ \text{€}$$

iv.

$$\text{Antwort (iii.)/1.800\ h} = \text{Standardkostensatz fixer Gemeinkosten}$$
$$= 5.400\ \text{€/1.800\ h}^{\dagger}$$
$$= 3,00\ \text{€/h}$$

v.

günstige Beschäftigungsabweichung = Standardkostensatz fixer Gemeinkosten
* (Sollstunden - Nennergrößestunden)

$$900 \, € = 3{,}00 \, €/h * (1.800 \, h^\dagger - y \, h)$$
$$900 \, € = 5.400 \, € - 3y \, €$$
$$3y \, € = 4.500 \, €$$
$$y = 1.500 \, h^\ddagger$$

Alternativ:

Standardkostensatz fixer Gemeinkosten = fixe Plangemeinkosten/Nennergröße

$$3{,}00 \, €/h = 4.500 \, €/ \, y \, h$$
$$y = 1.500 \, h^\ddagger$$

[†]Gegeben

[‡]Die 1.500 h suggerieren, dass man bei der Erstellung der Planrechnung eine kleinere Anzahl von Rechnungen annahm, als tatsächlich bearbeitet wurde. Deshalb ist hier SM > PM, nämlich 1.800 h > 1.500 h. Jedoch bearbeiteten die Mitarbeiter die tatsächliche Anzahl der Rechnungen schneller als man hätte erwarten sollen. Deshalb ist SM > IM, nämlich 1.800 h > 1.600 h, aber IM > PM, nämlich 1.600 h > 1.500 h.

Berechnung der Abweichungen

	Istkosten zu Istpreisen $IKSvFGK_{IEV} * IM$ (1)	Istkosten zu Planpreisen $StKSvFGK_{IEV} * IM$ (2)	Flexibles Budget (Sollrechnung) $StKSvFGK_{IEV} * SM$ (3)	Verrechnete Kosten $StKSvFGK_{IEV} * SM$ (4)
Variable Gemeinkosten	$(11{,}25 \, €/h * 1.600 \, h)$ 18.000 €	$(10{,}00 \, €/h^\dagger * 1.600 \, h)$ 16.000 €	$(10{,}00 \, €/h^\dagger * 1.800 \, h)$ 18.000 €	$(10{,}00 \, €/h^\dagger * 1.800 \, h)$ 18.000 €
	2.000 € (U) Preisabweichung	2.000 € G Verbrauchsabweichung	Abweichung kommt nicht vor	

	Istkosten zu Istpreisen	Pauschalsumme	Pauschalsumme	Verrechnete Kosten $StKSfFGK_{IEV} * SM$
Fixe Gemeinkosten	4.300 €	4.500 €	4.500 €	$(3{,}00 \, €/h * 1.800 \, h)$ 5.400 €
	200 € G Preisabweichung	Abweichung kommt nicht vor	900 € G Beschäftigungsabweichung	

5. Die Istfertigungsgemeinkosten in Höhe von 2.400.000 € sind nicht in variable und fixe Komponenten unterteilt worden.

i. Die gesamten Standardfertigungskosten wurden auf der Basis von 15.600 Produkteinheiten kalkuliert.

Fertigungsmaterial (30 €/PE * 15.600 PE)	468.000 €
Fertigungsarbeit (150 €/PE * 15.600 PE)	2.340.000 €
Fertigungsgemeinkosten:	
Variable (60 €/PE * 15.600 PE)	936.000 €
Fixe (80 €/PE * 15.600 PE)	1.248.000 €
Summe	4.992.000 €

Folgende Größe wird später benötigt:

Fixe Fertigungsgemeinkosten (geplante Pauschalsumme) = 1.280.000 €[†]

> [†]Fixer Fertigungsgemeinkostensatz = geplante fixe Fertigungsgemeinkosten/Nennergröße
> 16,00 € = geplante Pauschalsumme/80.000 h
> geplante Pauschalsumme = 80.000 h * 16,00 €/h
> = 1.280.000 €

ii. Die Berechnung der Abweichungen wird im Folgenden tabellarisch dargestellt. Die 3er-Abweichungsanalyse im Blockformat gestaltet sich wie folgt:

	Preisabweichung	Verbrauchs-abweichung	Beschäftigungs-abweichung
Gesamte Fertigungsgemeinkosten	157.600 € (U)	26.400 € (U)	32.000 € (U)

	Istkosten zu Istpreisen $IP_{IE} * IM$	Istkosten zu Planpreisen $PP_{IE} * IM_B$	Istkosten zu Planpreisen $PP_{IE} * IM_V$	Flexibles Budget (Sollrechnung) $PP_{IE} *$ $(IPE * StM_{PE})$	Verrechnete Kosten $PP_{IE} *$ $(IPE * StM_{PE})$
Fertigungsmaterial	(10,40 €/kg * 50.000 kg) 520.000 €	(10,00 €/kg * 50.000 kg) 500.000 €	(10,00 €/kg * 46.200 kg) 462.000 €	10,00 €/kg * (15.600 PE * 3 kg/PE) 468.000 €	

0,40 €/kg * 50.000 kg = 20.000 € (U)
a. Preisabweichung

10 €/kg * 600 kg = 6.000 € G
b. Verbrauchsabweichung

	Istkosten zu Istpreisen $IP_{IE} * IM$	Istkosten zu Planpreisen $PP_{IE} * IM$	Flexibles Budget (Sollrechnung) $PP_{IE} *$ $(IPE * StM_{PE})$	Verrechnete Kosten $PP_{IE} *$ $(IPE * StM_{PE})$
Fertigungsarbeit	(29,20 €/h * 80.200 h) 2.341.840 €	(30,00 €/h * 80.200 h) 2.406.000 €	30,00 €/h * (15.600 PE * 5 h/PE) 2.340.000 €	

0,80 €/h * 80.200 h = 64.160 € G — c. Preisabweichung

30 €/h * 2.200 h = 66.000 € (U) — d. Verbrauchsabweichung

	Istkosten zu Istpreisen	Istkosten zu Planpreisen $StKSvFGK_{IEV} * IM$	Flexibles Budget (Sollrechnung) $StKSvFGK_{IEV} *$ $(IPE * StM_{PE})$	Verrechnete Kosten $StKSvFGK_{IEV} *$ $(IPE * StM_{PE})$
Variable Fertigungs-gemeinkosten	nicht gegeben	(12,00 €/h * 80.200 h) 962.400 €	12,00 € * (15.600 PE * 5 h/PE) 936.000 €	12,00 € * (15.600 PE * 5 h/PE) 936.000 €

26.400 € (U) Verbrauchsabweichung

Abweichung kommt nicht vor

	Istkosten zu Istpreisen	Pauschalsumme	Pauschalsumme	Verrechnete Kosten $StKSfFGK_{IEV} *$ $(IPE * StM_{PE})$
Fixe Fertigungs-gemeinkosten	nicht gegeben	1.280.000 €	1.280.000 €	30,00 € * (15.600 PE * 5 h/PE) 1.248.000 €

Abweichung kommt nicht vor

32.000 € (U)[†] Beschäftigungsabweichung

Gesamte Fertigungs-gemeinkosten	(gegeben) 2.400.000 €	(962.400 € + 1.280.000 €) 2.242.400 €	(936.000 € + 1.280.000 €) 2.216.000 €	(936.000 € + 1.248.000 €) 2.184.000 €

157.600 € (U) — e. Preisabweichung

26.400 € (U) — f. Verbrauchsabweichung

32.000 € (U) — g. Beschäftigungsabweichung

[†]$\Delta B = StKSfFGK_{IEV} *$ (Nennergröße in Stunden - Sollstunden für die Istausbringungsmenge)
= 16,00 €/h * (80.000 h - 78.000 h) = 32.000 € (U)

6.

i.

Abweichungen	Summe zur anteiligen Verrechnung (1)	an Fertigungs- material- bestand (2)	an Fertigungs- material- verbrauchs- abweichung (3)	an Halb- fertigwaren (4)	an Fertig- waren (5)	an Umsatz- kosten (6)
Umfassende Übersicht der anteiligen Verrechnung aller Abweichungen (alle ungünstig)						
Fertigungsmaterial- preisabwechung	192.000 €[†]	42.000 €	6.000 €	14.400 €	43.200 €	86.400 €
Fertigungsmaterial- verbrauchsabweichung						
Saldo vor Verrechnung	75.000		75.000			
Saldo nach Verrechnung			81.000 €[‡]	8.100	24.300	48.600
Fertigungsarbeits- preisabweichung	15.000[‡]			1.500	4.500	9.000
Fertigungsarbeits- verbrauchsabweichung	75.000[‡]			7.500	22.500	45.000
Fertigungsgemeinkosten- abweichung (630.000 € - 510.000 €)	120.000[‡]			12.000	36.000	72.000
Gesamte anteilige Verrechnung	477.000 €	42.000 €		43.500 €	130.500 €	261.000 €

[†]Man verrechnet die Materialpreisabweichung auf Grundlage der Materialstandardkosten in jedem betroffenen Konto:

525.000 € + 75.000 € + [(0,60)(300.000 €)] + [(0,60)(900.000 €)] + [(0,60)(1.800.000 €)]
= 525.000 € + 75.000 € + 180.000 € + 540.000 € + 1.080.000 € = 2.400.000 €

Die Abweichung beträgt 192.000 €/2.400.000 € = 8 % des Standardpreises;
z. B. [(0,08) (525.000 €)] = 42.000 €

Alternativ kann man Prozentsätze für die anteilige Verrechnung einsetzen:

(1)	(2)	(3)	(4)	(5)	(6)
100 %	21,875 %	3,125 %	7,5 %	22,5 %	45 %

z. B. [(0,21875) (192.000 €)] = 42.000 € für die Fertigungsmaterialabweichung

[‡]Man verrechnet die verbleibenden Abweichungen auf Basis der Standardkosten in den betroffenen Konten:

300.000 = (10 %), 900.000 € = (30 %), 1.800.000 € = (60 %);
z. B. [(0,10) (81.000 €)] = 8.100 €

ii. Journaleintragungen für die anteiligen Verrechnungen:

	Soll (€)	Haben (€)
Fertigungsmaterialbestand	42.000	
Halbfertigwaren	43.500	
Fertigwaren	130.500	
Umsatzkosten	261.000	
Verrechnete Fertigungsgemeinkosten	510.000	
Fertigungsmaterialpreisabweichung		192.000
Fertigungsmaterialverbrauchsabweichung		75.000
Fertigungsarbeitspreisabweichung		15.000
Fertigungsarbeitsverbrauchsabweichung		75.000
Kontrollkonto für Fertigungsgemeinkosten		630.000

iii. Auswirkungen der anteiligen Verrechnungen auf das Betriebsergebnis:

	(a) ohne Verrechnung (€)	(b) mit Verrechnung (€)
Umsatz	2.700.000	2.700.000
Umsatzkosten (zu Standardkosten)	1.800.000	1.800.000
Gesamtabweichung (aus Spalte 1 der umfassenden Übersicht)	477.000	
Verrechnete Abweichungen (aus Spalte 6 der umfassenden Übersicht)		261.000
Umsatzkosten nach der Verrechnung	2.277.000	2.061.000
Vertriebs- und Verwaltungskosten	540.000	540.000
Gesamtkosten	2.817.000	2.601.000
Betriebsergebnis	(117.000)	99.000

iv. Das Ziel dieser Teilaufgabe besteht darin, herauszufinden, wo sich die 510.000 € an verrechneten Fertigungsgemeinkosten am Jahresende befinden. 30 % sind im Fertigwarenbestand enthalten.

Fertigwarenendbestand (vor der Verrechnung)	900.000 €
minus:	
Anteil des Fertigungsmaterials [(0,60) (900.000 €)]	(540.000)
Anteil verrechneter Fertigungsgemeinkosten [(900.000 €/3.000.000 €†) (510.000 €)]	(153.000)
Anteil der Fertigungsarbeit	207.000 €

†Summe der Kontensalden für Halbfertigwaren, Fertigwaren und Umsatzkosten vor der anteiligen Verrechnung.

3.20.5   Kritisches Denken

Man könnte die Abweichungsanalyse mit dem Konzept der Performance Gaps kombinieren. Dadurch könnte man auch Kennzahlen für nicht finanzielle Variablen ermitteln, die ein Teil des Prozesses der Planung und Kostensteuerung sind. Beispiele solcher Kennzahlen sind (1) das Verhältnis zwischen Fertigungsarbeit und Maschinenstunden, (2) die Fertigungsstraßenstunden je Produkteinheit, (3) das Verhältnis zwischen Ausschuss und Anzahl produzierter Fertigwareneinheiten sowie (4) die Anzahl der Produkteinheiten, die Nacharbeit erfordern.

3.21   Literatur

Antle, R., P. Botoft und A. W. Stark, „Incentive Problems and Investment-Timing Options", in *Essays in Accounting Theory in Honour of Joel S. Demski*, Springer, New York, 2007.

Banker, R. und G. Potter, „Economic Implications of Single Cost Driver Systems", *Journal of Management Accounting Research*, 1993.

Bethune, G. mit S. Huler, *Behind the Scenes of Continental's Remarkable Comeback: From Worst to First*, Wiley, New York, 1998.

Boyd, J., „Creative Business Reengineering", *Computing Japan*, 3/1997.

Chen, K. und S. Lambert, „Impurity of Variable Factory Overhead Variances", *Journal of Accounting Education*, 1/1985.

Coenenberg, A. G., T. Fischer und A. Raffel, „Abweichungsanalyse bei Projekten im F&E Bereich", in: G. Männel (Hrsg.), *Handbuch Kostenrechnung*, Gabler, Wiesbaden, 1992.

Cornick, M., W. D. Cooper und S. B. Wilson, „How Do Companies Analyze Their Overhead?", *Management Accounting*, 12/1988.

Groll, K.-H., *Erfolgssicherung durch Kennzahlensysteme*, Haufe, Freiburg i. Br., 1986.

Harris, M. und A. Raviv, „The Capital Budgeting Process: Incentives and Information", *Journal of Finance*, 4/1996.

Horngren, C. T., G. Foster und S. Datar, *Cost Accounting: A Managerial Emphasis*, 10. Ausgabe, Prentice-Hall, Upper Saddle River, NJ, 2000.

Ittner, C. D., D. F. Larcker und T. Randall, „The Activity Based Cost Hierarchy, Production Policies and Firm Profitability", *Journal of Management Accounting Research*, 1997.

Johnson, H. T., „Sustainability and 'Lean Operations'", *Cost Management*, 2/2006.

Kilger, W., J. Pampel und K. Vikas, *Flexible Plankostenrechnung*, 12. Auflage, Gabler, Wiesbaden, 2005.

Kim, J. B. und P. Michell, „Relationship Marketing in Japan: The Buyer-Supplier Relationships of Four Automakers", *Journal of Business and Industrial Marketing*, 2/1999.

Lappe, M., „Motivation und leistungsbezogene Vergütung für Projektteams", in E. Schott und C. Campana, *Strategisches Projektmanagement*, Springer, Berlin, 2004.

Lee, J. Y., R. Jacob und M. Ulinski, „Activity-Based Costing and Japanese Cost Management Techniques: A Comparison", *Advances in Management Accounting*, 3/1994.

Monden, Y., *Toyota Production System: An Integrated Approach to Just-In-Time*, Industrial Engineering Press, Atlanta, GA, 1998.

Monden, Y., und J. Lee, „How a Japanese Automaker Reduces Costs", *Management Accounting*, 2/1993.

Monden, Y. und M. Sakurai (Hrsg.), *Japanese Management Accounting: A World Class Approach to Profit Management*, Productivity Press, Cambridge, MA, 1998.

Monden, Y. und K. Hamada, „Target Costing and Kaizen Costing in Japanese Automobile Companies", *Journal of Management Accounting Research*, 1991.

Plaut, H.-G., „Die Plankostenrechnung in der Praxis des Betriebes", *Zeitschrift für Betriebswirtschaft*, 21. Jg., 1951.

Plaut, H.-G., „Die Grenz-Plankostenrechnung", *Zeitschrift für Betriebswirtschaft*, 23. Jg., 1953.

Ruhl, J. M., „Activity-Based Variance Analysis", *Journal of Cost Management,* 4/1995.

Sakurai, M., „Target Costing and How to Use It", *Journal of Cost Management,* 2/1989.

Sakurai, M., *Integrated Cost Management*, Productivity Press, Portland, OR, 1996.

Serfling, K., *Fälle und Lösungen zur Kostenrechnung*, Neue Wirtschafts-Briefe, Herne/ Berlin, 1993.

Shank, J. K., und V. Govindarajan, „Strategic Cost Management: The Value Chain Perspective", *Journal of Management Accounting Research*, 1992.

Solomons, D., „Flexible Budgets and the Analysis of Overhead Variances", *Management International Review* 1/1961.

Tanaka, T., „Target Costing at Toyota", *Journal of Cost Management*, 1/1993.

Thonemann, U., K. Behrenbeck und R. Diedricks, *Supply Chain Champions. Was sie tun und wie Sie einer werden*, Gabler, Wiesbaden, 2003.

Wilde, H., *Plan- und Prozesskostenrechnung*, Oldenbourg, München/Wien, 2004.

Willenson, K., „Toyota Will Coach Suppliers to Seek 30 % Cost Cut, Offer Modules to Others, Join Covisint", *Japan Automotive Digest*, 48/2000.

Womack, J. P., und D. T. Jones, „Beyond Toyota: How to Root out Waste and Pursue Perfection", *Harvard Business Review*, 5/1996.

Womack, J. P., und D. T. Jones, *Lean Thinking: Banish Waste and Create Wealth in Your Corporation*, Simon and Schuster, New York, NY, 1996.